FEDERICO PISTONO

Roboter stehlen deinen Job, aber das ist OK:

Wie man den Wirtschaftskollaps glücklich überlebt

(serendii)

ROBOTER STEHLEN DEINEN JOB, ABER DAS IST OK
COPYRIGHT © 2012-2014 FEDERICO PISTONO
COVER DESIGN – FEDERICO PISTONO
BOOK DESIGN – FEDERICO PISTONO
SERENDII PUBLISHING, SIEGENDORF – NOVEMBER 5, 2014
ISBN: 978-3-9503878-0-3

Mit dem Verständnis, dass:

Verzicht – Auf jede der oben genannten Bedingungen kann **verzichtet** werden, wenn du die Erlaubnis des Urhebers dazu erhältst.

Gemeinfreiheit – Wo das Werk oder eines seiner Elemente der Gemeinfreiheit gemäß geltendem Recht unterliegt, wird der Status dieser Lizenz in keiner Weise berührt.

Weitere Rechte – In keiner Weise sind irgendwelche der folgenden Rechte durch die Lizenz betroffen:

- Deine Kulanzrechte oder Rechte zur fairen Nutzung oder andere anwendbare Urheberrechts-Ausnahmen und -Begrenzungen;

- Die moralischen Rechte des Autors;

- Rechte anderer Personen entweder im Werk selbst oder in der Art und Weise, wie das Werk genutzt wird wie Veröffentlichungs- und Datenschutzrechte.

Beachte – Für jegliche Weiterverwendung oder Verbreitung musst du die Lizenzbedingungen dieses Werkes anderen Personen verdeutlichen.

Inhaltsverzeichnis

Empfehlungen

„Wahrhaft exzellent. Ein sehr wichtiges Werk. Ich habe es geliebt."

– Peter Diamandis
Gründer und Vorstand der X PRIZE Foundation
Vorstand der Singularity University
New York Times Bestseller-Autor
Mitbegründer der Zero-Gravity Corporation

„Danke für dieses herrliche Werk. Ich habe nie Drogen genommen, aber wenn, dann würde ich die Erfahrung damit vergleichen, dieses Buch zu lesen."

– Vivek Wadhwa
The Economist "Buch des Jahres"
Kolumnist bei The New York Times
The Wall Street Journal & Science Magazine

„Die komplexen Zusammenhänge zwischen Automation und Arbeit zu verstehen, erfordert empirische Analyse und nuancierte Untersuchung. Federico Pistonos Buch ist ein einzigartiger und furchtloser Beitrag zur laufenden Diskussion dieses Themas. Er begegnet den Fragen mit einer Perspektive, die seine Liebe für Menschen und Technologie gleichermaßen widerspiegelt. [...] Unnachgiebig konstruktiv, optimistisch und kontroversiell. Lesen Sie es, um den einzelnen Punkten danach zuzustimmen oder nicht, aber beteiligen Sie sich am Dialog!"

– Neil Jacobstein, Co-Vorstand AI and Robotics, Singularity University

„Es war ein Genuss. Exakte Statistiken und gute Ratschläge. Großartige Hinweise am Ende, sehr hilfreich."

– Dan Barry
NASA-Astronaut
Mitbegründer von 9th Sense Robotics

„Die Bandbreite dieses Buches ist beeindruckend: Die Kapitel berühren Wirtschaft, Soziologie, Philosophie, Moral und künstliche Intelligenz; und manchmal sogar gemeinsam in einem Absatz. [...] Pistono versucht, eine zukünftige Gesellschaft zu konstruieren, in der Menschen sogar dann glücklich sein werden, wenn sie weniger gebraucht werden. Anstatt einen apokalyptischen Blick auf die Zukunft zu zeichnen, ist Pistono ein seltener Prophet mit einem panglossischen Blick auf die Zukunft. [...] Pistonos Buch ist eine erfrischende Ausnahme: Nein, wir sind nicht verloren. Dies ist per se ein guter Grund, es zu lesen."

– Piero Scaruffi
Autor und Kulturhistoriker
Stanford University

„WOW – DU BIST BEEINDRUCKEND"

– Michael Smolens
Serial Entrepreneur
Gründer und Vorstand von Dotsub

„Sehr gut geschrieben und präsentiert. Großes Kompliment."

– Kay Koplovitz
Gestalter des Sci-Fi Channels,
Gründer von Springboard Enterprises

Über den Autor

Federico Pistono ist Autor, wissenschaftlich Lehrender, sozialer Aktivist, Blogger und aufstrebender Filmemacher. Er hat über Wissenschaft, Technologie, Internet-Communities, künstliche Intelligenz und Klimawandel geschrieben. Er ist BSc in Computer-Wissenschaften der Universität von Verona und hat den Online-Kurs Machine Learning der Stanford Universität abgeschlossen. 2012 hat er die Singularity Universität absolviert im NASA Ames Research Park, Silicon Valley, einem speziellen Programm, das darauf abzielt, die großen Herausforderungen der Menschheit durch exponentiell wachsende Technologien zu fördern.

Seine Forschungsarbeit wurde von mehreren großen wirtschaftlichen Institutionen, Universitäten und Think-Tanks genutzt wie der Society for Human Resource Management in Zusammenarbeit mit ihrer Economist Intelligence Unit und wurde in Fachzeitschriften im Bereich Computer-Wissenschaften und Wirtschaft referenziert.

Er tourt routinemäßig um die Welt und hält Vorträge zu exponentiellen Technologien bei Fortune-500-Unternehmen, Konferenzen, an Universitäten und Symposien; wie Qualcomm, Telenor, der Universität von Sao Paulo, der Universität von Oslo, der International Education and Resource Network Summit, TEDxVienna und der Singularity Universität. Viele Zeitungen, Radiosender, TV-Stationen und Magazine führten Interviews mit ihm durch, darunter die Huffington Post, das Wall Street Journal, Folha de S. Paulo, das italienische Staatsfernsehen; während er für CNBC, das Institute for Ethics and Emerging Technologies, The Work Foundation und das Forbes Magazine schrieb.

Er ist Gründer und CEO von Konoz, dessen Ziel es ist, die größte Quelle an kostenlosen, qualitativ hochwertigen Online-Video-Kursen weltweit zu schaffen – werbefrei, in mehreren Sprachen, wo Lehrende mehr als durch Werbung verdienen können, während sie ihre Reichweite über die von Bezahl-Modellen hinaus erweitern können.

Vorwort

Als ich Anfang 2012 von Federico über einen möglichen Ideenaustausch gefragt worden bin, war ich froh, dabei mitwirken zu dürfen. Aus dem anfänglichen Austausch von E-Mails wurde schnell eine Online-Unterhaltung und einige Tage später verabredeten wir uns zu einem Treffen. Er kam zu Besuch vorbei und blieb für einen Tag und eine Nacht bei meiner Familie und mir.

Federico zu treffen ist wie Sonnenschein in dein Leben zu lassen. Sein Enthusiasmus, seine Neugier und Leidenschaft für seine Interessen und Erfahrungen mit anderen auszutauschen macht es unmöglich, ihn nicht zu mögen. Wir hatten viele gemeinsame Themen zu besprechen und es war großartig, dem anderen Bücher und Referenzen zu nennen, um dann zu realisieren, dass wir an denselben Materialien arbeiteten. Wir erwähnten ebenso globale Bewegungen und Organisationen und bemerkten, dass wir beide deren Entwicklung verfolgten oder sogar aktiv daran teilnahmen.

Dies ist nicht nur eine kurze Beschreibung des Autors dieses Buches und meiner Erfahrungen mit ihm. Ich denke, es liefert ebenso einen Einblick darauf, was immer mehr und mehr Menschen mit ihrer Zeit und ihren Interessen tun werden können. Die Nutzung von Technologien und modernen Online-Kommunikationsmitteln, um Menschen mit gemeinsamen Zielen zu finden. Sehr schnell stellt sich gegenseitiges Vertrauen ein, wenn flexible Werkzeuge zur Kommunikation verwendet werden, um gemeinsam effektiv gemeinsame Ziele anzupacken. Ein exponentieller Pfad für menschliche Verbindungen!

Roboter stehlen deinen Job, aber das ist OK ist ein kluger, witziger, aber gründlicher, potenziell wichtiger Ansatz zu einer fundamentalen Frage unserer Zeit. Zu wissen, dass Federico daran arbeitet und dass er im Sommer 2012 die Möglichkeit hatte, seine Perspektiven durch die Erfahrungen der Singularity University zu bereichern, erfüllte mich mit aufgeregter Vorfreude. Denn wie er es in informativem und gut verfolgbarem Detail beschreibt; die Themen dieses Buches werden Milliarden von Menschen betreffen. Wir werden alle in einer Zukunft leben, in der wir unsere Rollen, Ziele und den Zweck unseres Lebens neu definieren müssen.

Eine Vielzahl an Menschen arbeitet an unterschiedlichen technologischen Lösungen für unsere am meisten drängenden Probleme. Und sogar wenn wir keine Garantie dafür haben, können wir statistisch gesehen darauf vertrauen, dass die eine oder andere dieser Lösungen gefunden wird und wir diese rasch verbreiten können. Das ist der Grund, warum es wichtig ist, sich auf Menschen zu konzentrieren: Wir biologischen Menschen können nicht einfach von Fehlern befreit werden. Unsere Vorurteile und Irrtümer lassen sich viel schwerer korrigieren als die 2.0-Version irgendeines Gerätes. Und der Prozess, eine fruchtbare Zukunft voller Wunder zu gestalten, muss die größtmögliche Anzahl von Menschen mit einschließen, die sich der Chancen bewusst sind, die vor uns liegen. Dies ist der Grund, weshalb ich derart aufgeregt bin, dass dieses Buch nun erhältlich ist und dass Sie gewählt haben, es zu lesen. Wenn Sie es mögen, wie ich hoffe, dass dies der Fall sein wird, gehen Sie sicher, es an Ihre Freunde weiter zu empfehlen, die gemeinsam mit Ihnen in der Zukunft leben, arbeiten und lieben werden.

– David Orban
CEO von dotSUB
Berater und Mitglied der Fakultät,
Singularity University
Oktober 2012, New York

Widmung

An all die großartigen Menschen, die ihr Leben dem Zweck widmen, die Welt zu einem besseren Ort für jeden zu machen.

An den entstehenden und anwachsenden Zeitgeist der offenen Wissenschaften, offenen Bildung, offenen Kultur, Creative Commons und der freien Software-Bewegung. Ihr seid die Helden dieser Generation und ihr gebt uns Hoffnung für die Zukunft.

Einleitung

Jahrelang hat mich der Gedanke begleitet, ein Buch zu schreiben, doch ich konnte mich selbst nicht dazu bringen, es zu vollenden. Immer dann, wenn ich an einem Thema interessiert war, öffnete sich für mich ein komplett neues und unentdecktes Terrain, das dann wieder zu einem anderen Universum an Dingen führte, die es zu entdecken und verstehen galt. Je mehr ich recherchierte, desto mehr Dinge gab es, die es sich herauszufinden lohnte. Immer dann, wenn ich dachte, ich hätte ein ordentliches Verständnis zu einem Thema, tauchte etwas Neues auf, das meine vorherigen Annahmen herausforderte. Und so warf es mich wieder zurück zu meinem Studium.

Vielleicht sind es meine hinterfragende Natur und zu viele Interessen. Für zu lange Zeit bei einem Thema zu bleiben, kann für mich eine schwierige Aufgabe darstellen. Im Oktober 2011 reiste ich durch Europa. Ich dachte über meine Zukunft nach und bereitete gerade eine Rede für meine nächste Konferenz vor, als ich endlich entschied, dass es Zeit für eine Veränderung war. Während eines verregneten Tages, als ich mich in Schweden befand, realisierte ich, dass mein Ziel eines 1.000-Seiten-Manifests zur Neujustierung der Gesellschaft unrealistisch war (und vielleicht ein bisschen größenwahnsinnig). Es gab zu viele Themen, alle waren komplex und ich hatte einfach nicht genügend Zeit, um sie alle in ein Buch zu packen. Also entschied ich mich dazu, dass ich nur die drängendsten Fragen herausnehmen wollte, um mich darauf zu fokussieren. Nachhaltigkeit der Umwelt und Klimawandel verhafteten sich in meinen Gedanken. Doch hier gab es bereits ausreichend exzellente Bücher zu diesen Themen (von deutlich qualifizierteren Leuten als mir). Die Zukunft der Technologie und künstliche Intelligenz war ein weiteres Thema, doch auch hier kam ich zum selben Schluss. Dann realisierte ich, dass eines der drängendsten Probleme, denen wir gegenüberstehen, sowohl für Individuen als auch Gesellschaften, einfach übersehen wird. Technologie ersetzt menschliche Arbeitskraft.

Bis heute behandeln nur sehr wenige Autoren dieses Thema. Ich war entschlossen, diese kulturelle Lücke zu schließen. Mein Publikum fand sich nicht in den Elfenbeintürmen der Wissenschaft – es würde sich aus den bewegten Massen auf den Straßen zusammensetzen. Die Menschen, die davon am meisten betroffen sein werden, sind die gewöhnlichen Arbeiter und Erklärungen komplexer Themen in einfachen, präzisen und verständlichen Worten sind selten. Ich versprach, eine leicht zugängliche Quelle zu schaffen, die auch für Change-Maker von Wert sein würde; seien es Politiker, Technophilantrophen oder CEOs.

Eines der schwierigsten Dinge für mich war, zu entscheiden, was ich inkludieren und was ich auslassen wollte. Ich hoffe wirklich, die richtige Balance gefunden zu haben. Dies ist ein komplexes Thema und mein erstes Buch kann nicht perfekt sein. Eure Rückmeldungen, sowohl positiv als auch (insbesondere) negativ, werden mir helfen, mich in zukünftigen Publikationen zu verbessern.

Ich hoffe, dieses Buch wird dich dazu bringen, über deine Zukunft nachzudenken, dich dabei begleiten, die Welt um dich herum ein bisschen besser zu verstehen und dich dabei unterstützen, durch die unendliche See sich immer verändernder Wunder zu navigieren. Und während du das tust, lässt es dich vielleicht ein bisschen lächeln und glücklicher werden.

Wenn das passiert, hat sich die Zeit und der Aufwand gelohnt, den ich investiert habe, um dieses Buch zu schreiben.

Anerkennungen

Als ich dieses Buchprojekt begonnen habe, wusste ich, dass ich etwas versuchen wollte, das sich von der typischen Art der Buchveröffentlichung unterschied. Nennen wir es ein soziales Experiment. Anstatt den üblichen Weg zu gehen und zu versuchen, einen Agenten zu bekommen, um anschließend vielleicht ein Angebot von einem Verlag zu erhalten, entschied ich mich für einen radikal anderen Weg.

Ich fühlte, dass ich für die Leute schreiben würde, die das Buch lesen und nicht für Verlage. Wenn Menschen an mich und mein Projekt glaubten, dann würden sie ihre Unterstützung zeigen. Wenn nicht, dann sollte es eben so sein. Natürlich ist es ein bisschen härter, einen Weg alleine zu beschreiten, als sich auf jemanden anderen verlassen zu können. Du musst deine Glaubwürdigkeit immer wieder unter Beweis stellen, eine Fanbasis aufbauen, Interviews geben, Artikel schreiben, die eigene Werbung organisieren und eine Vertrauensbasis zum Publikum aufbauen.

Ich entschied mich für eine Crowdfunding-Kampagne bei IndieGoGo und nur wenige Wochen später hatten sich 78 Personen dazu entschlossen, mein Projekt zu unterstützen und mein ursprüngliches Finanzierungsziel um 130% zu übertreffen. Das gab mir die Chance, einen professionellen Designer für das Buchcover zu engagieren und einige Bücher als Geschenke an Freunde zu verschicken.

Die allererste veröffentlichte Version des Buches beinhaltete einige Grammatikfehler und hatte dringend ein zusätzliches Korrekturlesen notwendig. In der derzeitigen englischen Version (Januar 2014) sollten alle Korrekturen vorgenommen worden sein und dafür muss ich meinen Freunden Immanuel Otto und Adam Waterhouse danken.

Auf meiner Seite (http://robotswillstealyourjob.com/supporters) gibt es eine Liste dieser fortschrittlich denkenden Personen, die mich während meiner Kampagne unterstützt haben. Unter ihnen zeigten sich einige besonders großzügig. Daher möchte ich besonderen Dank an Ben McLeish, Marco Bassetti, Daniele Mancinelli, Mark Henson, Justin Gress, Eric Ezechieli und Jonathan Jarvis aussprechen.

Außerdem an alle meine Freunde, die mir unbezahlbare Ratschläge gegeben haben, sowohl im „echten Leben"[1] als auch in der virtuellen Welt sowie meine Facebook-Fans und Twitter-Follower.

Die deutsche Version des Buches, die du gerade in Händen hältst, wäre ohne die ursprüngliche Crowdfunding-Kampagne womöglich nicht möglich gewesen. Ich bin sehr froh, bei der deutschen Ausgabe mit dem Verlag serendii zusammenarbeiten zu dürfen, der auch bei der Übersetzung Unterstützung geleistet hat.

Danke euch allen.

Ihr seid außergewöhnlich.

Einführung

Du wirst unnötig werden. Du glaubst, du bist besonders, einzigartig und dass was auch immer es ist, das du tust, unmöglich ersetzt werden kann. Du liegst falsch. Während wir sprechen, laufen Millionen von Algorithmen, die von Computerwissenschaftlern erschaffen wurden, verzweifelt auf Servern überall auf der Welt. Diese Algorithmen sind intelligente Computerprogramme, die die Essenz unserer Gesellschaft durchdringen. Sie treffen finanzielle Entscheidungen, sagen das Wetter voraus, sie sagen voraus, welche Staaten als nächste Krieg führen werden. Bald wird es nicht mehr viel für uns zu tun geben. Maschinen werden übernehmen.

Klingt das wie irgendeine Zukunftsfantasie? Vielleicht. Dieses Argument wird von einer wachsenden, wenn auch derzeit nur kleinen Gemeinschaft von Denkern, Wissenschaftlern und Akademikern eingebracht, die den Aufstieg der Technologie als eine destruktive Macht sehen, die schon bald unser sozioökonomisches System für immer verändern wird. Geht man nach ihnen, so wird das Ersetzen von Arbeitskräften durch Maschinen und Computerintelligenz in den nächsten fünf Jahrzehnten dramatisch ansteigen. Solche Veränderungen werden so drastisch und rasch vonstattengehen, dass der Markt nicht mehr in der Lage sein wird, neue Möglichkeiten für die Arbeiter zu schaffen, die ihre Jobs verloren haben, sodass Arbeitslosigkeit nicht nur ein Teil eines Zyklus ist, sondern struktureller Bestandteil und chronisch unumkehrbar. Es wird das Ende der Arbeit sein, wie wir sie kennen.

Einige Ökonomen verwerfen solche Argumente. Viele übergehen das Thema sogar. Und diejenigen, die das Problem erkennen, behaupten, der Markt finde immer einen Weg. Wenn Maschinen alte Jobs ersetzen, werden neue Jobs geschaffen. Dank der Genialität des menschlichen Geistes und der Notwendigkeit des Wachstums, werden Märkte immer einen Weg finden, speziell in dem gut vernetzten und globalisierten Massenmarkt, in dem wir heute leben.

In diesem Buch werde ich versuchen, jegliches Bauchgefühl, jeglichen Verdacht oder Glauben zu vermeiden. Eher werde ich versuchen, informierte, logische Begründungen anzustellen, die auf den Beweisen basieren, die wir bisher haben.

Dieses Buch teilt sich in drei Teile. Zuerst werden wir das Thema der technologischen Arbeitslosigkeit und ihren Einfluss auf Arbeit und Gesellschaft erforschen. Ich habe mich dafür entschieden, mich auf die US-Wirtschaft zu konzentrieren, aber dieselben Argumente gelten auch für den Großteil der restlichen industrialisierten Welt. Im zweiten Teil werfen wir einen Blick auf die Natur der Arbeit selbst und die Beziehung zwischen Arbeit und Zufriedenheit. Der letzte Teil ist der kühne Versuch, einige praktische Vorschläge zu bieten, wie mit den Themen aus den ersten beiden Teilen umgegangen werden kann. Eine gründliche Untersuchung jedes Bereichs durchzuführen, würde einen monumentalen Aufwand bedeuten, der vielleicht in Tausenden von Seiten resultieren würde und damit weit am Zweck dieses Buches vorbeigehen. Meine Intention ist es nicht, einen kompletten akademischen Report zu schreiben, sondern eher eine Diskussion über das zu initiieren, wovon ich überzeugt bin, dass es schon bald die größte Herausforderung sein wird, der wir als Gesellschaft und Individuen ins Auge blicken müssen. Nur zu oft behandeln wir verschiedene Probleme als separate Fächer und erkennen dabei nicht das verbindende Wesen unserer Realität. Dieser Fehler hat uns schwach und verletzbar gemacht. Während der letzten 70 Jahre haben wir die Bühne für unser eigenes Ableben bereitet. Wir sind zunehmend unzufrieden geworden, die Qualität unserer Beziehungen hat sich vermindert und wir haben aus den Augen verloren, was wirklich zählt. Heute ist, wie es der Comedian Louis CK einmal gesagt hat: „alles außergewöhnlich und niemand ist glücklich". Es ist Zeit, um einen Schritt zurück zu gehen und darüber nachzudenken, wo wir hingehen.

Lass uns die Reise beginnen.

Teil I

Automatisierung und Arbeitslosigkeit

Kapitel 1

Arbeitslosigkeit heute

Wir erhalten normalerweise eine Ahnung davon, wie gut (oder wie schlecht) die Dinge stehen, wenn wir die Nachrichten lesen und uns in der Welt um uns herum umschauen. Wir sehen, wie wir leben, wir sprechen mit unseren Nachbarn, wir lesen Zeitungen, Blogs, Tweets und schauen fern. Nur sehr wenige Menschen finden die Zeit für sich, die langen und langweiligen Tabellen des OECD-Factbook oder des US Bureau of Labor Statistics zu prüfen. Die Wirtschaftskolumnen in Zeitungen sind häufig mit Finanzjargon gespickt, der denjenigen nicht wirklich ein klares Verständnis davon vermittelt, was wirklich passiert, die mit den Feinheiten des Wirtschaftssystems nicht vertraut sind. Folge dessen haben die meisten Leute keine Ahnung davon, was *wirklich* passiert. Zumindest sollte gesagt werden, dass ein kleiner Rückblick auf die letzten Wachstumsstatistiken des Arbeitsmarktes in den USA und Europa ein wenig nachdenklich stimmen sollte.

Im Juli 2011 hat die US-Regierung einen Bericht veröffentlicht, der gezeigt hat, dass in diesem Monat 117.000 neue Jobs geschaffen wurden und die New York Times titelte den vielversprechenden Aufmacher „US-Arbeitsplätze mit stärkerem Wachstum im Juli".[2] Allerdings blieb hier eine schreckliche Wahrheit hinter dieser falschen Hoffnung versteckt. Ein Wachstum von 117.000 Arbeitsplätzen war nicht einmal genug, um das Bevölkerungswachstum auszugleichen (rund 130.000 Personen pro Monat), ganz abgesehen davon, irgendeine Veränderung bei den 12,3 Mio. Arbeitsplätzen zu bewirken, die während der Rezession 2008-2009 verlorengingen. Etwas weiter unten in diesem Artikel entdecken wir einige weitere Dinge. Die offizielle Zahl der Arbeitslosenrate lag bei 9,1% und damit bereits erstaunlich hoch, doch es wird noch bedenklicher, wenn man beachtet, dass zusätzlich rund 8,4 Mio. Menschen in Teilzeit arbeiteten, weil sie keinen Vollzeitjob finden konnten und weitere 1,1 Mio. sind bereits so entmutigt worden, dass sie damit aufgehört haben, überhaupt noch nach Arbeit zu suchen. Wenn wir diese Personen dazuzählen, lag die erweiterte Arbeitslosenrate im Juli 2011 bei 16,1%. Nimm bitte einen Moment und lass das sinken. Die Vereinigten Staaten von Amerika, möglicherweise der wohlhabendste Staat der Erde, hatte im Juli 2011 eine Arbeitslosenrate von 16,1%.

Als wenn das noch nicht genug wäre, zeigt sich auch, dass überhaupt nur 58,1% der Bevölkerung arbeiteten. Der niedrigste Wert in nahezu drei Jahrzehnten.[3] Laura D'Andrea Tyson, Professorin an der Haas School of Business an der Universität von Kalifornien, Berkeley hat berechnet, dass sogar, wenn wir in der näheren Zukunft irgendwie 208.000 neue Arbeitsplätze pro Monat schaffen könnten, es noch immer bis 2023 dauern würde, um die Lücke zu schließen.[4] Im Januar 2012 fiel die Arbeitslosenrate dank dem privaten Sektor und der Regierung auf 8,3%.[5] Ein sehr schwacher Trost, wenn man bedenkt, dass sich die Zahl der Personen in Teilzeitarbeit, die der entmutigten Arbeitskräfte und der Langzeit-Arbeitslosen während des Jahres kaum verändert hat. Und als wäre die Situation noch nicht schlimm genug, befand sich die Erwerbsbeteiligung mit 63,7% auf dem Allzeit-Tief seit 1983, als Frauen am Arbeitsmarkt noch nicht in großer Zahl vertreten waren. Und diese Zahl fällt von Jahr zu Jahr.[6]

MIT-Ökonom Erik Brynjolfsson und Andrew McAfee machen in ihrem Buch *Race Against The Machine: How the Digital Revolution is Accelerating Innovation, Driving Productivity, and Irreversibly Transforming Employment and the Economy*[7] eine klare Analyse zu diesem Problem, die die aktuelle Arbeitslosigkeitskrise behandelt und versucht, Lösungen zu bieten, teils mit einer Reformierung der Bildung, einem System wirtschaftlicher Anreize und der Bewerbung des Unternehmertums. Während ich mit ihrer Analyse übereinstimme, denke ich, dass ihre Lösungen darauf limitiert sind, wie Dinge bisher funktioniert haben. Sie scheinen anzunehmen, dass das System wirtschaftlicher Anreize, die Dinge, die Menschen antreiben und die menschliche Natur als solche nahezu unveränderlich sind. Laut Voltaire, „bewahrt uns Arbeit vor drei Übeln: Langeweile, Laster und

Mangel". Und einen Job zu haben, ist bisher unzweifelhaft die treibende Kraft gewesen, um diese drei Übel zu bekämpfen. Jedoch möchte ich die Annahme infrage stellen, dass dies der einzige Weg ist, um dieses Ziel zu erreichen und warum dies so ist, werden wir in den folgenden Kapiteln erforschen.

Andere Autoren haben dieses Thema bereits behandelt. Jeremy Rifkin war einer der Ersten, die sich dieses Problems ernsthaft angenommen haben. 1995 hat er *The End of Work: The Decline of the Global Labor Force and the Dawn of the Post-Market Era*[8] veröffentlicht, wo er vorhersagt, dass die Arbeitslosigkeit weltweit zunehmen wird, da die Informationstechnologie zig Millionen Arbeitsplätze in Produktion, Landwirtschaft und dem Dienstleistungssektor eliminieren wird. Er hat die verheerenden Auswirkungen der Automatisierung auf Produktions-, Einzelhandels- und Großhandelsmitarbeiter verfolgt: „Während eine kleine Elite an Konzernmanagern und Informationsarbeitern von den Vorteilen der Hochtechnologie-Weltwirtschaft profitiert, schrumpft die amerikanische Mittelschicht weiterhin und deren Arbeitsplatz wird mehr und mehr von Stress geprägt."[9] Wenngleich er vielleicht auch einige Details nicht richtig gedeutet haben mag, ist die generelle Aussage so auf den Punkt gebracht, dass sie schon fast wie eine Prophezeiung wirkt. Während der letzten 20 Jahre konnten wir das allmähliche Verschwinden der amerikanischen Mittelklasse feststellen, während die Kosten stiegen und die Einkommen geringer wurden.[10,11] Gleichzeitig haben die reichsten Amerikaner mehr Wohlstand zusammengehäuft als jemals zuvor in der Geschichte.

Um eine Idee von dem unangemessenen Wohlstand zu erhalten, den das System produziert und wie ungleich dieser verteilt ist und wie sich die Situation seit 1979 zunehmend verschlimmert hat, lass uns einen Blick auf folgende Grafiken werfen.[12]

Wie du an der Abbildung 1.1 erkennen kannst, ist das durchschnittliche Haushaltseinkommen für rund 80% der Bevölkerung mehr oder weniger unverändert geblieben, während das 1% an der Spitze einen enormen Zuwachs erleben konnte, insbesondere beginnend ab 1994. Noch aufschlussreicher ist die Veränderung beim Verhältnis von Einkommen vor und *nach* Steuern (Abbildung 1.2).

Die unteren 80% haben tatsächlich einen substanziellen Einkommensrückgang erlebt, während die reichste Spitze kaum betroffen war. Was noch mehr traurig stimmt, ist die Verzerrung dieses Phänomens in der

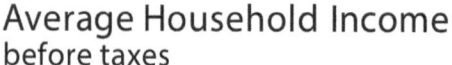

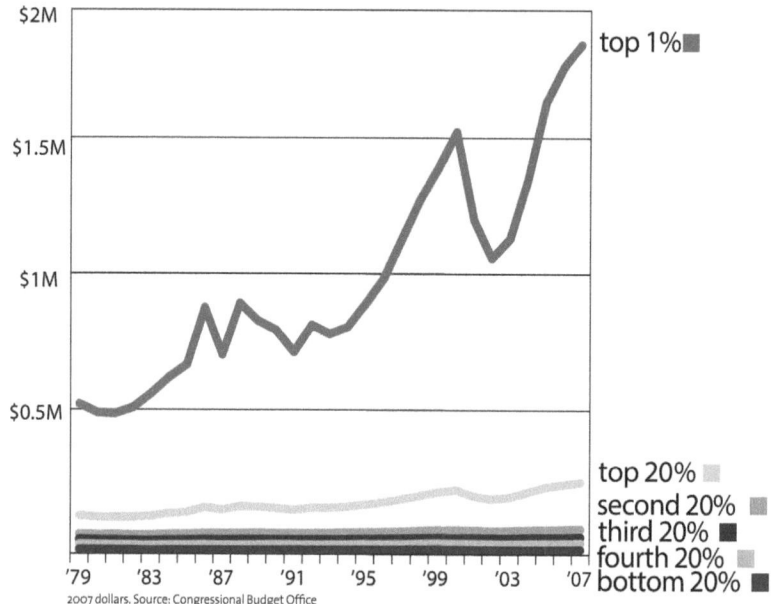

Abbildung 1.1: Durchschnittliches Haushaltseinkommen

öffentlichen Wahrnehmung. Und das, obwohl inzwischen auch die weltweite Occupy-Bewegung Verbreitung gefunden hat.

Ein Dokument aus 2011 von Harvard-Professor Michael Norton und dem Duke-Universitätsprofessor Dan Ariely mit dem Namen *Building a Better America – One Wealth Quintile at a Time* zeigt, welche Schieflage unsere Wahrnehmung hat.[13]

Die Geschichte hat Rifkin Recht gegeben. Die Mittelschicht verschwindet. Die Reichen werden reicher und machen sich keine Idee davon, wie schlimm die Lage tatsächlich ist. Die Frage ist, hatte Rifkin auch in Bezug auf Arbeit und Automatisierung Recht?

Martin Ford hat seinen Faden aufgenommen und dabei seine Perspektive als Unternehmer und Software-Ingenieur genutzt. Sein Buch aus 2009 *The Lights in the Tunnel: Automation, Accelerating Technology and the*

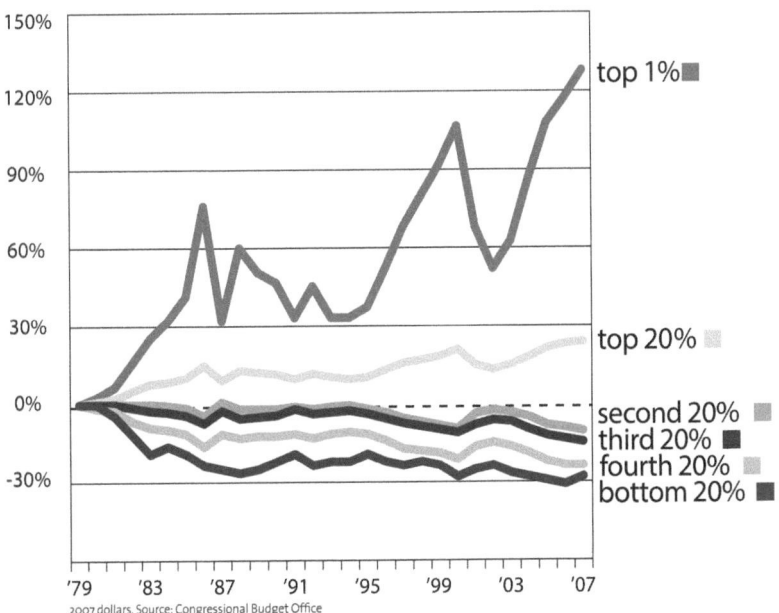

Change in Share of Income
vs. 1979, after taxes

Abbildung 1.2: Veränderung der Einkommensverteilung 1979-2007 nach Steuern.

Economy of the Future zielt darauf ab, zu zeigen, dass Automatisierung zwangsläufig zu struktureller Arbeitslosigkeit führen wird. Und Millionen von Menschen, sowohl ausgebildet als auch ungelernt, werden sich schon bald außerhalb der arbeitenden Schicht wiederfinden und nur eine geringe oder gar keine Chance haben, wieder dorthin zurück zu gelangen. Seitdem hat Ford viele Artikel auf bekannten Nachrichtenwebseiten geschrieben, um das Thema der technologischen Arbeitslosigkeit zurück in das Sichtfeld der Öffentlichkeit zu rücken. Er war außerdem Inspirationsquelle für mich, als ich entschieden habe, dieses Buch zu schreiben. Doch wie auch bei Brynjolfssons Buch denke ich, dass seine Lösungen weder machbar, noch in den meisten Fällen wünschenswert wären.

Jeder dieser Autoren hat ein reales Problem identifiziert und sie haben

Out of Balance

A Harvard business prof and a behavioral economist recently asked more than 5,000 Americans how they thought wealth is distributed in the United States. Most thought that it's more balanced than it actually is. Asked to choose their ideal distribution of wealth, 92% picked one that was even more equitable.

top 20%
second 20%
third 20%
fourth 20%
bottom 20%

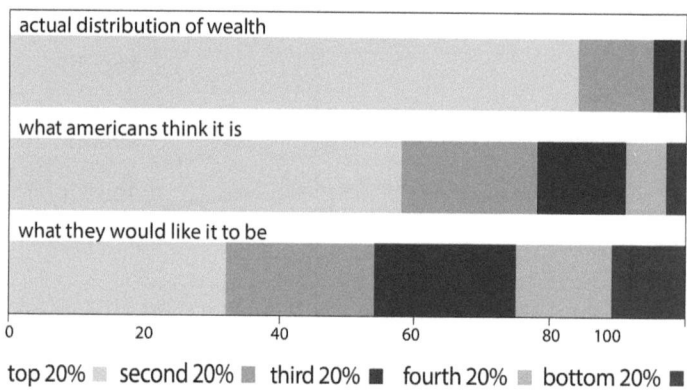

Source: Michael I. Norton, Harvard Business School; Dan Ariely, Duke University

Abbildung 1.3: *Building a Better America – One Wealth Quintile at a Time*, Michael I. Norton, Dan Ariely. Journal Perspectives on Psychological Science.

versucht, brauchbare Lösungen für dieses Problem zu liefern, indem sie ihr Wissen, ihre Fähigkeiten, Analysen und ihre Erfahrungen eingebracht haben. Als ich aber ihre Bücher las, fühlte ich, dass etwas fehlte. Irgendetwas wurde nicht berücksichtigt. Ich fühlte, dass sie versuchten, Lösungen in einem Bereich zu finden, wo Lösungen niemals gefunden werden können.

Bevor ich fortfahre, lasst uns Klarheit über einen Punkt schaffen. All die Autoren, die ich gerade genannt habe, sind hochqualifizierte und intelligente Experten, mit weitaus mehr akademischer und Arbeitserfahrung als ich selbst. Keine Frage. Aber sie wurden nicht in eine Kultur hineingeboren, in der sich die Dinge innerhalb von nur wenigen Jahren dramatisch änderten. Sie mussten sich an die Idee von raschem Wandel gewöhnen. Sie wurden nicht in einer Generation geboren, die diesen massiven beschleunigenden Wandel selbst geschaffen hat. Ich habe die freie und Open-Source-Bewegung aufsteigen sehen und wie sie eine der stärksten Kräfte auf dem Planeten wurde. Die Träume, die ich als Kind von kleinen Gruppen überzeugter und intelligenter Menschen hatte, die die Welt verändern würden, sind wahr geworden. Es war berauschend, diese Ereignisse zu beobachten, die sogar noch allgegenwärtiger werden, sobald deren wuchernde Verbreitung die Gesellschaft erschreckt und die Revolutionäre fasziniert.

Vielleicht liege ich falsch und es liegt alles nur an der arroganten, glückseligen, jugendlichen Ignoranz. Aber vielleicht gibt es da auch irgendetwas Wahres, das größer ist als ich selbst als Individuum und das durch mich spricht. Es ist die kollektive Intelligenz all der Personen, mit denen ich gesprochen habe, all der Bücher, die ich gelesen habe, die Erfahrungen die ich im stets verbundenen kybernetischen Organismus sammelte, der als Internet bekannt ist. Ich behaupte nicht, die Stimme meiner Generation zu sein oder die des gesamten Netzes für dieses Thema. Aber es ist unbestreitbar, dass diese Intelligenzen mich geschliffen, geschärft und mich über die Jahre dirigiert haben. Und nun mache ich nichts anderes als all das zusammenzuführen, was ich erhalten habe. Das ist soziale Evolution. Kopieren, transformieren und kombinieren.[14]

Doch da ist auch noch eine andere Möglichkeit. Es ist auch durchaus denkbar, dass wir alle falsch liegen. Ich und diese Autoren. Mainstream-Ökonomen und Analysten könnten richtig liegen. Vielleicht verstehen wir einige grundlegende ökonomische Konzepte nicht und unsere Analysen sind nichts als ein Irrtum, der leicht gelöst werden könnte, wenn wir unsere Zahlen berichtigen und die Geschichte ein wenig gründlicher studieren würden. Nach allem haben wir gesehen, dass Arbeitslosigkeit seit Hunderten von Jahren nach unten und oben schwankt, lediglich, um sich schließlich wieder auf dem gewöhnlichen Level einzupendeln. Wenn neue Technologien auf der Bildfläche erscheinen, bewegen wir uns zyklisch von einem Sektor zu einem anderen, schaffen neue Arbeitsplätze und alles funktioniert genau richtig. Ökonomen kennen einen Namen für dieses Phänomen, das uns weit in die Vergangenheit zurückführt. Bevor ich also weitergehe, möchte ich dir eine Geschichte erzählen.

Kapitel 2

Der Ludditen-Trugschluss

Wir befinden uns in England, am Ende des 18. Jahrhunderts. Ein Junge mit dem Namen Ned Ludd arbeitet als Weber in dem Dorf Anstey, etwas außerhalb von Leicester. Er weiß es noch nicht, aber er wird Geschichte schreiben.

Es ist ein harter und mühsamer Tag im Jahre 1779. Ludd ist in der Lehre, um den Umgang mit dem Strickrahmen zu lernen. Doch er hat eine Aversion gegen jegliche Einschränkung oder Arbeit und lehnt es ab, sich weiter anzustrengen. Sein Meister ist enttäuscht und beschwert sich beim Magistrat, das eine Tracht Prügel anordnet. In der Folge greift sich Ludd einen Hammer und zerstört den gehassten Rahmen. Dieses Ereignis wird noch in den künftigen Generationen erzählt werden und Ludd schrieb Geschichte. So oder so ähnlich geht die Erzählung.

Wie mit jedem Mythos, gibt es viele Variationen der Geschichte. Einige Quellen sagen, dass Ludd von seinem Vater gesagt wurde, er solle 'Nadeln im Quadrat platzieren'. Ludd nahm einen Hammer und 'schlug sie in Form'. Andere Geschichten sind ebenfalls zu finden und niemand weiß wirklich, welche die wahre ist, wenn überhaupt.[15]

Ob irgendetwas davon jemals wirklich passierte oder nicht, ist irrelevant. Was zählt, ist die Nachricht über das Ereignis, die sich wie jede gute Geschichte verbreitete und verzerrt wurde. Wann auch immer Strickrahmen sabotiert wurden, witzelten die Leute und meinten „Ned Ludd war es". Seine Aktionen inspirierten den volkstümlichen Charakter von Captain Ludd, der auch als König Ludd oder General Ludd bekannt ist und der

11

der angebliche Anführer und Gründer einer Bewegung wurde, die wenig
überraschend 'Die Ludditen' genannt wurde.

Die Ludditen können bis nach Nottingham in England um 1811 zurück-
verfolgt werden. Sie setzten sich vorwiegend aus Strumpf- und Spitzen-
warenarbeitern zusammen; englische Textilhandwerker, die gegen die Veränderungen protestierten, die die industrielle Revolution mit sich brachte
– oftmals mittels Zerstörung mechanischer Webstühle. Sie zerschlugen alle
Strickmaschinen, die neue arbeitskraftsparende Technologie verkörperten,
um gegen die Arbeitslosigkeit zu protestieren. Einfach gesagt, Maschinen
stahlen ihre Jobs und ihnen gefiel nicht, wohin das führte.

Die Menschen begannen zu spekulieren, ob dies der Beginn eines un-
umkehrbaren Prozesses war oder ob die Dinge sich wieder normalisieren
würden. Zu dieser Zeit wurde Automatisierung durch nichts deutlicher
symbolisiert als durch die Dampfmaschine, etwas, das im Allgemeinen nahezu als ein realistischer Ersatz für menschliche Arbeitskraft angesehen
werden konnte. Einige meinten, dass das Problem der maschinellen Automatisierung sich in den nächsten Jahren verschärfen könnte und Firmen,
die Waren produzierten, einem Risiko aussetzen würde. Der Industrielle
Henry Ford verstand dies sehr gründlich. Tatsächlich zahlte er seinen Arbeitern das Doppelte des üblichen Lohns, sodass sich diese die Autos leisten
konnten, die sie selbst produzierten.[16]

Das macht Sinn. Du brauchst Menschen mit Geld, damit sie die Pro-
dukte kaufen könne, die du produzierst. Andernfalls ist der Zyklus von
Produktion und Konsum unterbrochen. Wenn Automatisierung Menschen
schneller ersetzt als sie neue Beschäftigungen finden können, hast du ein
Problem. Als Folge werden die Leute womöglich verärgert und beginnen,
eine Gefahr für die Maschinen darzustellen, um sicherzustellen, dass die
Arbeiter nicht ihre Jobs verlieren. Bis zu diesem Tag nennt man diese
Personen „Ludditen".

Neoklassische Ökonomen haben solche Vorschläge als Nonsens abgetan.
Sie behaupten, dass dieses Argument ein Trugschluss ist. Ökonom Alex
Tabarrok sagte bekanntermaßen im Jahr 2003:

> *Wenn der Ludditen-Trugschluss wahr wäre, hätten wir alle kei-
> ne Arbeit mehr, weil die Produktivität zwei Jahrhunderte lang
> zugenommen hat.*[17]

Und wenn du dich umsiehst, sieht es tatsächlich so aus, als wäre das Ludditen-Argument ein Irrtum. Wenn man die historischen Daten studiert, sollte einen das wirklich optimistisch in Bezug auf die Zukunft der Wirtschaft stimmen. Automatisierung und Mechanisierung wurden mehr und mehr eingeführt und haben zu einer Steigerung der Produktivität geführt. Mehr Arbeit konnte mit weniger Arbeitskräften bewältigt werden. Mehr Produkte verließen die Fabriken. Mehr Wohlstand wurde geschaffen. Doch die absolute Nachfrage nach Arbeitskräften ging nicht zurück. In dem Maße, wie die Wirtschaft wuchs, stieg auch unser Lebensstandard an. Und unsere Wahrnehmung dafür, was notwendig ist, um ein angenehmes Leben zu führen, wandelt sich gleichsam. Vor 100 Jahren konnten nicht einmal die reichsten Menschen der Welt davon träumen, ein kleines elektronisches Gerät zu besitzen, das sie mit jedem, den sie wünschten, verbinden würde, egal wo auf der Welt. Heute ist es für die meisten Menschen undenkbar, kein Mobiltelefon zu besitzen. Sogar in den ärmsten Ländern haben Menschen Zugang zu Handys. Ein Junge im ländlichen Afrika mit einem Mobiltelefon (du wärst erstaunt darüber, wie viele von ihnen eines haben) hat Zugang zu mehr Informationen als der Präsident der Vereinigten Staaten vor 20 Jahren. Einige gehen sogar so weit, zu sagen, dass die Ärmsten heute reicher sind als die reichsten Könige in der Vergangenheit. Ich würde damit nicht übereinstimmen, denn häufig ist es sogar günstiger, diese technologischen Wunder zu erstehen als Nahrung zu finden. Aber du verstehst, worum es geht.

In den letzten zwei Jahrhunderten haben wir damit weitergemacht, uns auf Maschinen zu verlassen, um unsere Produktivität zu steigern, aber wir sind nicht von ihnen ersetzt worden. Andererseits haben wir neue Jobs geschaffen, neue Branchen und neue Möglichkeiten. Maschinen haben es uns ermöglicht, kreativer zu werden und produktiver. Als wir vom landwirtschaftlichen zum produzierenden Sektor wechselten und dann zum Dienstleistungssektor, begannen wir, unsere Vorherrschaft über den Planeten auszudehnen.

Wenn also die Annahme, dass Automatisierung Arbeitslosigkeit schafft, ein Irrtum ist, müssen wir uns eigentlich um nichts Sorgen machen. Das atemberaubende Tempo, in dem sich die Arbeitslosigkeit heute, 2012, verbreitet (8.2% in den USA, 24.1% in Spanien, 21.7% in Griechenland, 14.5% in Irland[18]) ist lediglich einer von vielen Wirtschaftszyklen. Oder vielleicht auch Ergebnis schlechter Politik. Oder schlechter Politiker. Oder der finanziellen Blase der Subprime-Hypotheken, die vor einigen Jahren geplatzt ist. Vielleicht ist es eine Kombination aus allem. Wenn das der Fall ist, müssen wir lediglich bessere Politiker wählen, bessere Reformen fordern und den Einfluss des Finanzsektors auf die Wirtschaft reduzieren. In anderen Worten, es könnte sich nur um eine Frage der Zeit handeln, bis sich die Dinge wieder normalisieren. Rappel dich wieder auf, arbeite hart und alles wird sich wieder legen. Ich würde das nur zu gerne glauben. Wirklich. Doch die Realität ist vielleicht dennoch eine andere.

Während diese Vorsätze sicherlich gute Ideen sind und notwendig, um eine bessere Gesellschaft zu schaffen, sind sie vielleicht nicht ausreichend. Tatsächlich ist es vielleicht egal, wie stark wir es versuchen, wie gut die neue Riege der Politiker ist, wie kraftvoll unsere Unternehmen sind oder wie genial wir sein können - wir werden dennoch niemals vor dieser Krise flüchten können. Wir wissen nicht, ob dies der Fall ist. Aber es ist eine Möglichkeit. Eine, die wir sorgfältig in Betracht ziehen und erforschen sollten.

Es wird behauptet, dass Kurt Vonnegut sehr viel ausgesagt hat, als er eine Ansprache an einer privaten Mädchenschule hielt:[19]

> *Die Dinge werden sich unvorstellbar verschlechtern, um dann niemals mehr besser zu werden.*

Ich weiß, es ist nicht genau das, was du hören wolltest. Die ansteigenden Arbeitslosenraten der letzten Jahre könnten gerade einmal die Spitze eines riesigen Eisberges sein. Und wir alle könnten ein Ticket für eine wirtschaftliche Titanic des 21. Jahrhunderts gekauft haben. Ich würde gerne glauben, dass dies nichts als unberechtigter Pessimismus ist. Doch Glaubensmuster werden stark von Emotionen beeinflusst. Und die Wahrheit kümmert es nicht, was wir glauben. Sie ist einfach nur.

Wie sollten wir dieses Rätsel also angehen? Wirst du der ewige Optimist bleiben, der Glauben in die Macht der Märkte hat, die sich immer wieder anpassen, wenn sich eine neue Herausforderung stellt? Oder wirst du der unverbesserliche Pessimist sein, der glaubt, dass wir verloren sind und es keine Hoffnung mehr gibt? Welche Seite wirst du wählen?

Du siehst, ich glaube, es geht darum, den eigenen Standpunkt zu wählen oder den Glauben oder das eigene Bauchgefühl. Ich würde gerne eine möglichst objektive Position einnehmen. Ich glaube an gute Informationen und gute Logik, um diese Informationen zu interpretieren. Ich glaube, wir sollten unsere Ideologien beiseite räumen sowie unsere persönlichen Annahmen und wir sollten unsere Vernunft nutzen und versuchen, die Zukunft von einer informierten Perspektive aus zu betrachten. Wenn wir das tun möchten, werden wir vorher einige Dinge näher betrachten müssen. Es handelt sich um keine einfachen Konzepte. Doch einmal ordentlich erklärt, sind sie sehr simpel. Gleichzeitig sind sie auch bemerkenswert nützlich und außergewöhnliche Werkzeuge, die uns helfen, die Welt um uns herum besser zu verstehen. Glaube es oder nicht. Diese Werkzeuge sind so einfach, dass sie problemlos in Grundschulen gelehrt werden könnten, wenngleich ich viele College-Abgänger getroffen habe, die damit gescheitert sind, sie auf dem grundlegendsten Niveau anzuwenden. Offensichtlich aber nicht deshalb, weil diese Personen nicht klug genug sind, um sie zu verstehen, aber weil sie nie gelernt haben, unter Berücksichtigung dieser Werkzeuge über die Zukunft nachzudenken.

Ich will versuchen, diese Ideen so gut es mir möglich ist, zu erklären. Wenn ich erfolgreich bin, wirst du in der Lage sein, diese Konzepte einfach zu erfassen und mit ihnen die Welt von einer komplett neuen Perspektive aus zu sehen. Du wirst alle notwendigen Werkzeuge haben, um dieser herausfordernden Aufgabe zu begegnen und dir deine eigenen Gedanken darüber zu machen, welche Seite der Debatte du ergreifen solltest. Von dort aus werden wir starten, über die Zukunft nachdenken und sehen, wie wir dementsprechend besser leben.

Lass uns beginnen.

Kapitel 3

Exponentielles Wachstum

Eines der wichtigsten, wenngleich auch am öftesten falsch verstandenen Konzepte unseres Lebens ist die Wesensart der Exponentialfunktion. Du hast vielleicht schon einmal davon gehört. Vielleicht wurde der Begriff in einem Zeitungsartikel im Technologie-Ressort genannt, kurz zitiert und kaum erklärt. Oder vielleicht unter dem Namen „Zinseszins", wenn du schon einmal einen Kredit von der Bank aufgenommen hast. Natürlich tendieren sie dazu, seine tatsächliche Bedeutung zu beschönigen und nur selten erklärt jemand, was es wirklich bedeutet. Ja, es durchdringt alle Facetten unseres Lebens, die Wirtschaft und die Entscheidungen, die wir in der Zukunft machen müssen. Die Macht der Exponentialfunktion zu verstehen ist der Schlüssel, um in der Analyse, die in diesem Buch präsentiert wird, weiter zu gehen.

Albert Bartlett, Professor emeritus of Physics an der Universität von Colorado-Boulder gab während einer sehr berühmten Vorlesung, die er gehalten hat, an, dass „das größte Manko der menschlichen Rasse unsere Unfähigkeit ist, die Exponentialfunktion zu verstehen."[20] Das ist keine einfache Behauptung. Professor Bartlett hat seit 1969 über 1.600 Vorlesungen über Arithmetik, Bevölkerung und Energie gehalten und versucht, so viele Menschen wie möglich über die Gefahr zu warnen, die von unserer Unfähigkeit ausgeht, dieses wichtigste Konzept zu verstehen.

Noch vor Ende dieses Kapitels möchte ich dir ein klares Verständnis von der Exponentialfunktion verschaffen. Es ist nicht wichtig, ob du einen Abschluss in Philosophie oder Wirtschaft hast, ob du die Schule abgebrochen hast, ungelernt oder arbeitslos bist, ob du ein Professor an einer

Universität oder der Geschäftsleiter eines multinationalen Konzerns bist; die Chancen stehen gut, dass du nicht vollständig verstehst, was exponentielles Wachstum bedeutet. Doch es ist unerlässlich, dass du es tust.

In meinem Leben habe ich viele Vorlesungen vor unterschiedlichen Menschen gehalten. Sogar unter den am meisten gebildeten von ihnen mussten die Zuhörer aufgeben, wenn sie mit sehr einfachen Beispielen von exponentiellem Wachstum konfrontiert wurden.

Genug mit meinem Geschwafel, bist du bereit? Gut. Lass uns einsteigen und nachsehen, worum es geht.

$$\text{Verdopplungszeit} = \frac{70}{\text{konstante Wachstumsrate}}$$

Die Exponentialfunktion wird verwendet, um alles, das über einen Zeitverlauf stetes Wachstum erlebt, zu beschreiben. Stellen wir uns z.B. vor, du willst ein Haus kaufen und die Bank gibt dir einen Kredit zu 7% Zinsen. Was das heißt ist, dass der Geldbetrag, den du zurückzahlen musst, jedes Jahr um 7% wächst. Im ersten Jahr wächst die Zahl nur um eine kleine Menge (und verwandelt die Gesamtschuld in 107% des Ausgangsbetrages), aber im zweiten Jahr wächst die Schuld relativ zum letzten Betrag und nicht zum ursprünglichen Ausgangsbetrag. Also um 7% von 107%. Im nächsten Jahr wächst es noch mehr und so geht es weiter. Kannst du erahnen, wie hoch der Betrag in 20 Jahren sein wird? Nicht einfach, wenn du in der Schule nicht Statistik hattest. Es ist nicht meine Absicht, die Funktionsweise der Exponentialfunktion zu erkunden (obwohl es wirklich interessant ist und ich einigen vorschlagen würde, das zu tun). Ich will, dass du es sehr klar und effektiv verstehst. Also gebe ich dir eine einfache Formel, die du immer und überall anwenden kannst. Und alles, was du brauchst, ist Mathematik der ersten Klasse. Wenn du wissen möchtest, wie lange es dauert, bis eine beliebige Zahl sich bei einem fixen Zinssatz verdoppelt, nimm die Zahl 70 und dividiere sie durch die prozentuelle Wachstumsrate.[21] Das nennt man Verdopplungszeit:

Gehen wir zurück zu unserem Beispiel. Das Wachstum war 7% pro Jahr. Es hat sich bisher nicht allzu beeindruckend angehört oder? Nun, nehmen wir 70 und dividieren es durch 7. Das ergibt 10. Das bedeutet, dass sich der Betrag, den wir der Bank schulden, ca. alle 10 Jahre verdoppeln wird.

Das sah einfach aus oder nicht? Nämlich deshalb, weil es auch einfach ist. Es ist eine einfache Rechnung, eine, die ein 10-Jähriger lösen kann, ohne zu schwitzen. Und trotzdem versagen die meisten Politiker, Politik-Gestalter, Stadtplaner und Ökonomen weltweit dabei, sie zu verstehen. Um fair zu sein, jeder Ökonom muss einen Statistikkurs an der Universität absolvieren und die 70er-Regel (oder eine ihrer Variationen[22]) ist unter Akademikern weit verbreitet, sodass sie davon Kenntnis haben. Doch wenngleich die Rechnung einfach ist, so sind die Auswirkungen einer Verdoppelung über einen Zeitablauf weitaus weniger offensichtlich und oft missverstanden.

Bisher haben wir gesehen, was es braucht, um einen Ausgangsbetrag zu verdoppeln. Nun wollen wir uns den Effekt dieser Verdoppelung im Zeitablauf ansehen. Stellen wir uns vor, wir haben uns €100.000 von der Bank bei 7% Zinsen ausgeliehen. Wie wir vorher gesehen haben, werden wir ihr in nur 10 Jahren €200.000, schulden bzw. den Ausgangsbetrag verdoppeln. Aber wie steht es mit 20 Jahren? Dann werden es nicht €300.000, sondern stattdessen €400.000 sein. Denn das ist der doppelte Betrag von €200.000 (der selbst schon das Doppelte des Ausgangsbetrages darstellt). Wie sieht es in 30 Jahren aus? Du liegst richtig, €800.000! Zehn weitere Jahre sind es bereits €1,6 Millionen. Einige Jahre mehr und du wirst mehr Schulden haben als du in deinem ganzen Leben verdienen kannst. Glücklicherweise laufen die meisten Kredite nicht länger als 30 Jahre. Doch wie steht es mit anderen Dingen? Dinge, die keine Hypothekarkredite sind und die vielleicht weitaus länger wachsen als 30 Jahre? Schnall dich an, denn wir fangen gerade erst an.

3.1 Explosive Kraft

Das Konzept des exponentiellen Wachstums ist nicht gänzlich neu. In Wahrheit geht es tausende Jahre zurück. Der Legende nach geht es zurück bis zum Erfinder des Schachspiels (einige sagen, es war ein antiker indischer Mathematiker.[23]) Als er seine Erfindung dem Herrscher seines Landes vorführte, war der König so beeindruckt, dass er dem Erfinder das Recht gab, sich für seine Erfindung einen Lohn auszusuchen. Der Mann, der sehr weise war, bat den König um Folgendes: Für das erste Feld auf dem Schachbrett sollte er ein Korn Weizen erhalten, am folgenden Tag zwei für das zweite Feld und am Tag danach vier für das dritte Feld und so weiter. Jedes Mal sollte sich die Menge verdoppeln. Der König, der keine Ahnung von der

Macht der Exponentialfunktion hatte, akzeptierte das Angebot des Erfinders schnell, auch wenn er sich nahezu beleidigt fühlte, dass der Erfinder einen solch geringen Preis forderte. Er befahl seinem Schatzmeister, den Weizen zu zählen und während der nächsten Tage dem Erfinder zu übergeben. Einige Tage vergingen, während denen der Erfinder nur eine Handvoll Getreide erhielt und der König verdutzt blieb. Nach einer Woche begann der Erfinder damit, einige große Säcke Weizen mit nach Hause zu nehmen. Einige Tage später... Du siehst, wo das hinführt, richtig? Wir starten bei 1, am nächsten Tag verdoppeln wir, also haben wir 2 Weizenkörner. Am nächsten Tag sind es 4 Weizenkörner. Dann 8, 16, 32, 64, 128, 256, 512... in nur 10 Tagen sind wir von 1 bei 1024 Körnern angelangt. 10 Verdoppelungen ergeben eine 1.000-fache Steigerung der ursprünglichen Anzahl. 10 weitere Verdoppelungen und wir haben 1 Million Körner. 10 mehr: 1 Milliarde Körner. Dann 1 Billion Körner... wir können hier aufhören. Wir haben die Grenzen unseres Gehirns bereits hinter uns gelassen. Abbildung 3.1 ist eine grafische Präsentation, um den Prozess zu beschreiben:[24]

Auf dem gesamten Schachbrett wären

$$2^{64} - 1 = 18.446.744.073.709.551.615$$

Weizenkörner, die 461.168.602.000 Tonnen wiegen. Das muss eine Menge Weizen sein. Doch über wie viel Weizen reden wir? Mehr als der König sich leisten könnte. Das kann ich dir sagen. Tatsächlich wäre es ein Berg Weizen größer als der Mount Everest, dem größten Berg der Erde, dessen Bergspitze sich 8.848 Meter über dem Meeresspiegel befindet. Das ist rund 1.000-mal größer als die weltweite Weizenproduktion im Jahr 2010 (464.000.000 Tonnen). Das ist eine Menge Weizen. Es kann gut sein, dass es mehr Weizen ist als die gesamte Weizenproduktion seit Anbeginn der Menschheit zusammengenommen.

So beeindruckend und unglaublich dies vielleicht klingen mag, müssen wir uns daran erinnern, dass es sich nicht nur um ein faszinierendes Märchen handelt, das wir gerne erzählen möchten. Es ist nicht nur eine intellektuelle Kuriosität. Es ist eine Geschichte, die uns hilft, die Welt um uns herum zu verstehen und Voraussagen darüber zu treffen, wie wir vorgehen sollten, um unsere Zukunft zu gestalten.

Während der letzten drei Jahre habe ich eine Vielzahl von Vorträgen gehalten und häufig spiele ich ein kleines Spiel mit dem Publikum, um das Verständnis von exponentiellem Wachstum zu testen. Die meisten Men-

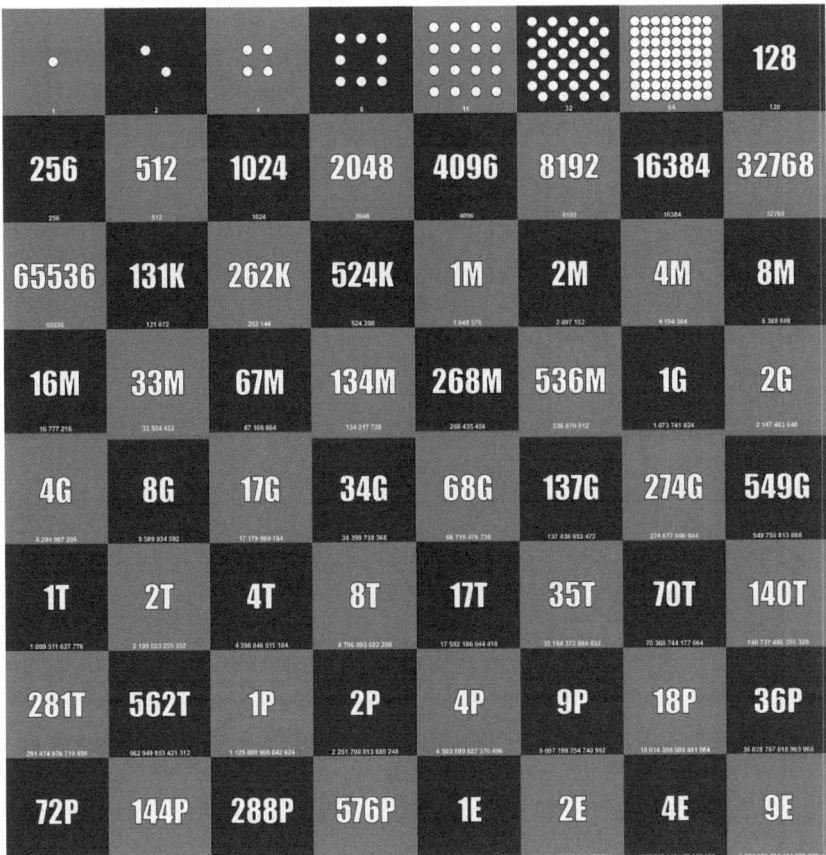

Abbildung 3.1: Oben links beginnt es mit 1 Korn. Es verläuft nach rechts mit 2, 4, 8, 16... dann werden die Zahlen groß, wir verwenden nun die binäre Aufzählung K=kilo (1 Tausend), M = Mega (1 Million), G = Giga (1 Milliarde), T = Tera (1 Billion), P = Peta (1 Billiarde), E = Exa (1 Trillion).

schen verstehen es nicht sofort, nicht einmal die am meisten Gebildeten aus dem Publikum. Also muss sich niemand schlecht fühlen, der das Verständnis dafür nicht sofort entwickelt.

Stelle dir ein leeres Glas Wasser vor (technisch gesehen ist ein Glas aus Glas gemacht und voller Luft, aber bitte nehmen wir Rücksicht auf die Grenzen unserer Sprache). Platzieren wir ein Bakterium darin und lassen wir es sich selbst vervielfältigen, indem wir ihm Nahrung geben. Der

Vervielfältigungsprozess gestaltet sich so, dass sich die Zahl der Bakterien jede Minute verdoppelt. Nach 60 Minuten ist das Glas voll und da kein Raum mehr für Nahrung vorhanden ist, sterben die Bakterien. Die Frage ist: Zu wieviel Prozent war das Glas mit Bakterien nach 55 Minuten gefüllt?

Abbildung 3.2: Links, bei Minute Null sind keine Bakterien im Glas. Rechts nach einer bestimmten Anzahl von Verdoppelungen haben die Bakterien das ganze Glas gefüllt. Aber was passiert nach Minute 55? (in der Mitte)?

Wie viel würdest du sagen? Nimm einen Stift und verwende die leere Seite für Zeichnungen, Skizzen und Kalkulationen. Die Antwort ist auf der nächsten Seite, aber ich bitte dich inständig darum, diesen Spaß mitzumachen und es zuerst alleine zu versuchen.

Kritzle, zeichne und viel Spaß dabei!

Ich hoffe, du hast versucht, es alleine zu lösen, weil Lernen so viel mehr erfüllend ist, wenn es interaktiv ist. Wenn nicht, schade für dich. ☺

In Wahrheit haben die Bakterien nur 3,125% des Glases gefüllt. Aber wie kann das sein? Nun, es ist ganz einfach. Wenn sie sich jede Minute verdoppeln und das Glas nach 60 Minuten komplett füllen, dann ist das Glas zur Hälfte gefüllt in der Minute vor Minute 60 (oder 50% nach 59 Minuten), die Hälfte davon in der Minute 59 (oder 25% nach 58 Minuten) und so weiter. Tabelle 3.1 Zusammenfassung der letzten 10 Minuten, beginnend am Ende.

Jetzt macht es alles Sinn, richtig? Plötzlich wird es klar und sogar offensichtlich. Wer würde es nicht verstehen? Es ist so einfach, richtig? Offenbar ist es das aber nicht. Die häufigsten Antworten, die ich erhalte, liegen zwischen 50% und 90%. Sogar College-Absolventen liegen üblicherweise falsch. Und lasst uns gar nicht erst von Politikern sprechen.

Wir werden darauf im Anhang mit einigen Beispielen aus der realen Welt zurückkommen. Für den Moment denke ich, können wir sagen, dass wir alle verstehen, was stetes Wachstum bedeutet. Schauen wir uns nun an, ob dies auch auf unseren Schwerpunkt im nächsten Kapitel zutrifft: Informationstechnologie.

Zeitablauf	Menge gefüllt
60 Minuten	100,000%
59 Minuten	50,000%
58 Minuten	25,000%
57 Minuten	12,500%
56 Minuten	6,250%
55 Minuten	3,125%
54 Minuten	1,563%
53 Minuten	0,781%
52 Minuten	0,391%
51 Minuten	0,195%

Tabelle 3.1: Exponentielles Wachstum der Bakterien in einer Flasche während der letzten 10 Minuten.

Kapitel 4

Informationstechnologie

Nun, da wir ein solides Verständnis von der Exponentialfunktion haben, können wir damit beginnen, die Dinge von einer informierteren Perspektive aus zu betrachten. Du hast vielleicht schon einmal vom mooreschen Gesetz (Moore's Law) gehört, das besagt, dass sich die Anzahl an Transistoren, die in integrierten Schaltkreisen eingebaut werden können, ungefähr alle zwei Jahre verdoppelt. Das heißt im Endeffekt, dass die Computerleistung sich ca. alle 24 Monate verdoppelt. Als Gordon E. Moore, Mitgründer der Intel Corporation, dem weltgrößten Halbleiter-Chiphersteller, diesen Trend in seinem berühmten Bericht[25] aus dem Jahr 1965 beschrieben hat, waren die Menschen sehr skeptisch. Er hat festgestellt, dass sich die Anzahl von Komponenten in integrierten Schaltkreisen seit der Erfindung des integrierten Schaltkreises 1958 bis 1965 jedes Jahr verdoppelt hatte und sagte voraus, dass dieser Trend „für mindestens zehn Jahre" anhalten würde. Viele haben ihm nicht geglaubt. Sie meinten, es wäre eine ungenaue Vorhersage. Man könne nicht erwarten, dass die Steigerung weitergehen würde, da es verschiedene technische Probleme gebe. Diese Skeptiker lagen falsch. Tatsächlich war die Verdoppelung über 50 Jahre lang festzustellen, ohne ein Anzeichen, zu stoppen. Aber das mooresche Gesetz ist nicht die ganze Geschichte. Die exponentielle Expansion von Technologie ging über lange Zeit bemerkenswert ruhig vor sich hin. Und integrierte Schaltkreise sind lediglich ein kleiner Teil des gesamten Spektrums der Veränderung, die den technologischen Fortschritt durchdringt.

Ray Kurzweil vermerkt,[26] dass das mooresche Gesetz der integrierten Schaltkreise nicht das erste, sondern schon das fünfte Paradigma ist, das ein beschleunigtes Preis-Leistungsverhältnis aufweist. Computergeräte haben ihre Leistung konsistent vervielfacht (pro Zeiteinheit). Von mechanischen Rechengeräten, die für die US-Volkszählung 1890 verwendet wurden, über die relaisbasierte Turing-Bombe, die den Enigma-Code der Nazis geknackt hat, den CBS-Vakuumröhrencomputer, der die Wahl von Eisenhower vorausgesagt hat, die transistorbasierten Maschinen, die für die ersten Weltraum-Raketenstarts verwendet wurden bis hin zum auf integrierten Schaltkreisen basierenden Computer, wie ihn Kurzweil 2001 nutzte, um eben das Essay zu diktieren, das das Phänomen beschreibt.

Um eine Idee davon zu bekommen, was exponentielles Wachstum bedeutet, schau dir die folgende Grafik an, die den Unterschied zwischen einem linearen Trend und einem exponentiellen zeigt.

Wie du sehen kannst, beginnt der exponentielle Trend erst wirklich, wo das 'Knie der Kurve' anfängt. Davor sieht es nicht wirklich danach aus, als würde sich irgendetwas großartig verändern. Es ist genau wie bei der Geschichte von dem Schachbrett und dem König. In den ersten paar Tagen passiert nichts Außergewöhnliches, aber bald, wenn die Kurve ansteigt, geschieht etwas Dramatisches und die Dinge geraten außer Kontrolle.

Müssten wir dieselbe Grafik auf einer logarithmischen Skala einzeichnen, würde die Linie, die den exponentiellen Trend darstellt – und in der ersten Grafik bald außer Kontrolle gerät – bewältigbarer aussehen. Auf der Y-Achse (vertikal), die die Anzahl darstellt, würden wir, anstatt uns von 20 zu 40 zu 60 zu bewegen, uns von 10 zu 100 zu 1.000 bewegen. Demnach würde eine Kurve, die normalerweise in einem linearen Diagramm direkt zur Decke schießen würde, in einer logarithmischen Zeichnung wie eine gerade Linie aussehen. Du wirst verstehen, warum wir Logarithmen verwenden, wenn wir über Exponentiale sprechen – ohne sie wäre einfach kein Platz, um die Kurve darzustellen.

Noch bemerkenswerter ist, dass Kurzweil, als er die weltweit schnellsten Rechner seit 1900 in einem Diagramm verzeichnete, etwas sehr Überraschendes feststellte. Erinnerst du dich, dass eine gerade Linie in einem logarithmischen Diagramm exponentielles Wachstum bedeutet? Wenn du dachtest, exponentielles Wachstum wäre schnell, hast du noch nichts gesehen. Schau dir diese Grafik an.

Dieses Diagramm ist logarithmisch. Du kannst sehen, dass die Y-Achse

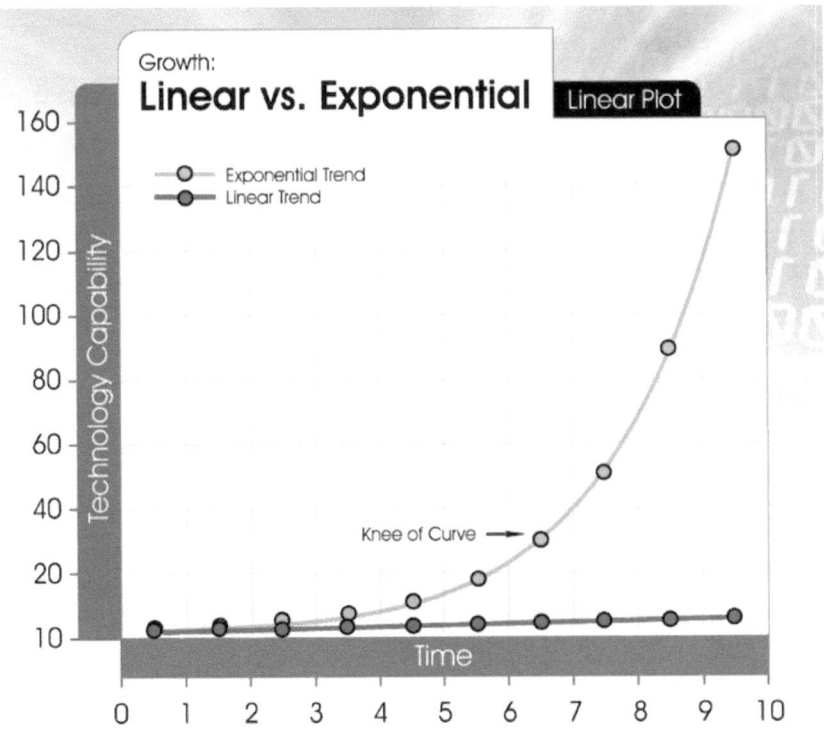

Abbildung 4.1: Der Unterschied zwischen einer linearen und einer exponentiellen Kurve. Mit freundlicher Genehmigung von Ray Kurzweil.

mit der Nummer 10 mit jedem Schritt um fünf Größenordnungen wächst (Das bedeutet jedes Mal eine 100.000-fache Steigerung!), aber die Kurve ist keine gerade Linie. Stattdessen handelt es sich bei dem, was wir hier sehen, um einen Aufwärtstrend. Was das bedeutet ist, dass es eine andere exponentielle Kurve gibt. In anderen Worten, es gibt ein exponentielles Wachstum innerhalb des exponentiellen Wachstums. Bedenken wir, was wir gerade über exponentielles Wachstum gelernt haben, würde ich sagen, dass dies sehr bemerkenswert ist. Die Computergeschwindigkeit (pro Kosteneinheit) hat sich zwischen 1950 und 1966 alle zwei Jahre verdoppelt und verdoppelt sich nun jedes Jahr. Die Computerleistung nimmt nicht einfach zu. Sie steigert sich schneller und schneller mit jedem Jahr.

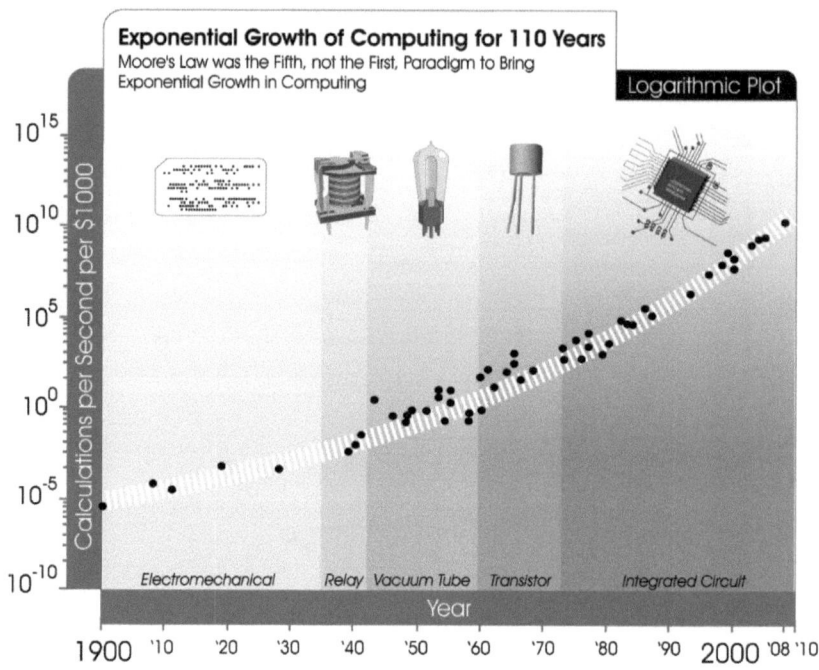

Abbildung 4.2: Exponentielles Wachstum der Computerleistung in den letzten 100 Jahren. Mit freundlicher Genehmigung von Ray Kurzweil.

Geht man nach den verfügbaren Materialien, können wir annehmen, dass dieser Trend sich in der absehbaren Zukunft fortsetzen wird oder zumindest für weitere 30 Jahre. Vielleicht wird die Entwicklung an physische Grenzen stoßen, die von den Naturgesetzen vorgegeben sind und die Steigerung muss sich verlangsamen. Einige schlagen vor, dass wir dieses Problem vielleicht umgehen können, wenn die Singularität einmal erreicht ist.

Technologische Singularität bezieht sich auf eine Zeit, in der die Geschwindigkeit der technologischen Veränderung dermaßen schnell ist, dass es unmöglich ist, vorherzusagen, was passieren wird. Zu diesem Zeitpunkt wird die Computerintelligenz die menschliche übersteigen und wir werden nicht einmal mehr in der Lage sein, zu verstehen, welche Veränderungen geschehen. Der Begriff wurde erstmals von Science-Fiction-Autor Vernon Vinge geprägt und anschließend durch andere Autoren bekannt gemacht, insbesondere von Ray Kurzweil in seinen Büchern *The Age of Spiritual Ma-*

chines und *The Singularity is Near*. Diese Idee ist jedoch hoch spekulativ und es geht weit über den Zweck dieses Buches hinaus, ihre Machbarkeit zu überprüfen. Es reicht aus, zu sagen, dass die Singularität keine Notwendigkeit ist, um die meisten menschlichen Arbeitskräfte zu ersetzen, wie wir in den nächsten Kapiteln erfahren werden. Ob du an das Singularitäts-Argument glaubst oder nicht, ist nicht wichtig, die Daten sind klar. Fakten sind Fakten und wir müssen nur einige wenige Jahre in die Zukunft blicken, um Schlussfolgerungen zu ziehen, die alarmierend genug sind.

Der **Turing-Test** ist ein Gedanken-Experiment, das 1950 von dem brillanten englischen Mathematiker und Vater der Computer Alan Turing vorgeschlagen wurde. Stell dir vor, du betrittst einen Raum, wo ein Computer auf einem Schreibtisch steht. Du bemerkst, dass es ein Chat-Fenster gibt und zwei Gespräche geöffnet sind. Gerade als du beginnst, eine Nachricht einzutippen, wird dir gesagt, dass du dich tatsächlich mit einer anderen Person und mit einer Maschine unterhältst. Du kannst dir so viel Zeit nehmen, wie du möchtest, um herauszufinden, wer wer ist. Wenn du nicht in der Lage bist, sie zu unterscheiden, hat die Maschine den Test bestanden.

Es gibt viele Variationen dieses Experiments. Man könnte mehr Gesprächspartner haben und sie könnten alle Maschinen sein oder alle menschlich und du würdest dich vielleicht reinlegen lassen und genau das Gegenteil vermuten. Wie auch immer die Ausprägung, die Grundidee ist klar: Du führst Gespräche mit natürlicher Sprache, um herauszufinden, ob du mit einem Menschen oder einem Computer sprichst. Von einer Maschine, die es schafft, den Turing-Test zu bestehen, könnte man sagen, sie hätte menschliches Intelligenzniveau erreicht. Oder wird zumindest als Intelligenz wahrgenommen (ob wir der Meinung sind, dass es sich um wahre Intelligenz handelt oder nicht, ist für das Argument irrelevant). Einige Menschen nennen dies starke künstliche Intelligenz. (Strong AI), und viele sehen starke künstliche Intelligenz als einen unerreichbaren Mythos an, weil das Gehirn rätselhaft ist und so viel mehr als die Summe seiner einzelnen Komponenten. Manche behaupten, dass das Hirn arbeitet, indem es unbekannte, vielleicht auch nicht intelligente quantenmechanische Prozesse nutzt und jeder Versuch, es zu kopieren oder sogar zu übertreffen, ist pure Fantasie. Andere behaupten, dass das Gehirn lediglich eine biologische Maschine ist und dass es nur eine Frage der Zeit ist, bevor wir es mit unseren künstlichen Kreationen übertreffen. Dies ist sicherlich ein faszinierendes Thema. Eines, das einer gründlichen Untersuchung bedürfte.

Vielleicht werde ich es in einem anderen Buch erforschen. Für den Moment wollen wir uns auf die Gegenwart konzentrieren. Auf das, das wir sicher wissen und auf die nähere Zukunft. Wie wir sehen werden, ist es gar nicht notwendig, dass Maschinen starke künstliche Intelligenz erreichen, um das Wesen der Wirtschaft, Arbeit und unseres Lebens für immer zu verändern.

Wir beginnen damit, zu schauen, was Intelligenz bedeutet, wie sie nützlich sein kann und ob Maschinen intelligent geworden sind, vielleicht sogar mehr als wir.

Kapitel 5

Intelligenz

Es gibt viel Verwirrung um die Bedeutung des Wortes „Intelligenz", vor allem, weil niemand wirklich weiß, worum es sich dabei handelt. Es gibt Bestrebungen, dieses Wort zu definieren, aber sie sind nicht ausreichend, wenn sie mit logischen und informierten Fragen konfrontiert werden. Das Oxford English Dictionary definiert es wie folgt:

> *Intelligenz [ɪnˈtɛlɪdʒəns]: Die Fähigkeit, sich Wissen und Fertigkeiten anzueignen und anzuwenden.*

Anhand dieser sehr breiten Definition kann man sehr einfach auch Tiere, beispielsweise große Affenarten in die Kategorie von „intelligenten" Wesen einordnen. Ebenso können wir Computerprogramme inkludieren. Denken wir an Google. Es eignet sich Wissen an (durchsucht Webseiten) und wendet Fertigkeiten an (wirft Suchergebnisse basierend auf dem angeeigneten Wissen aus. Ein Hinweis darauf, was es bedeutet, intelligent zu sein, könnte von der Etymologie des Wortes ausgehen, insofern es aus dem Latein stammt; *intelligentia* oder „Der Akt der Wahl zwischen". Daher könnten wir die Definition aktualisieren zu „die Fähigkeit, sich Wissen anzueignen, Fertigkeiten anzuwenden und sachkundige Entscheidungen zu treffen."

Wenn man Menschen danach fragt, würden die meisten Maschinen nicht in irgendeiner Weise als „intelligent" bezeichnen. Sicher, sie können Entscheidungen aufgrund von deterministischen Algorithmen treffen oder aufgrund von wahrscheinlichen Entwicklungen, aber sie *verstehen* nichts.

Maschinen verstehen nicht, was sie tun oder *warum* sie es tun. Es klingt absurd, das Wort „verstehen" in Verbindung mit Maschinen zu verwenden. Es ist einfach nicht passend für sie. Was auch immer sie tun, es ist *ihr* Ding und wir unterscheiden uns von ihnen.

Dies ist das Argument, das in der öffentlichen Meinung und in akademischen Kreisen am meisten vorherrscht. Es gibt ein berühmtes Beispiel namens *Das chinesische Zimmer.*[27] Dies zeigt das Konzept, doch ich denke, es ist recht langweilig. Ich möchte gerne ein anderes vorschlagen; eine persönliche Geschichte.

Vor einigen Jahren ging ich durch die Korridore meiner Universität, als ich einen Freund von mir traf. Er schien sehr euphorisch zu sein, also fragte ich ihn, was los war. Er lachte wie verrückt und antwortete nicht, was mich noch neugieriger machte. Nachdem er sich gefangen hatte, sagte er, dass die Ergebnisse des letzten Tests da wären. Dabei muss erwähnt werden, dass er einige Tage zuvor komplett vergessen hatte, dass er diesen Test hatte und ihn dann dennoch völlig unvorbereitet geschrieben hatte. Er schlief auch häufig in der Klasse, also hatte er keine Chance, die richtigen Antworten mittels seines Wissens zu geben.

„Also?" fragte ich ihn.

„Ich hatte keinen blassen Schimmer, worum es ging. Dann bemerkte ich, dass es ein Test mit mehreren richtigen Antworten war. Ich kreuzte einfach die Antworten AC/DC von oben bis unten an."

Enttäuscht von dem vermeintlich wenig intelligenten Einfall meines Freundes klatschte ich als Geste meine Handfläche auf meine Stirn.[28] Dann setzte er fort „Mann, ich hatte 87% richtig! Das zweitbeste Ergebnis in der Klasse!"

Was können wir von dieser Anekdote lernen? Die dubiose Hypothese göttlicher Intervention vom Gott des Heavy Metal einmal beiseitegelassen, ist es klar, dass er nichts von dem verstanden hatte, was in dem Test vorkam. Doch in den Augen des Professors war er klug. Er war sogar die zweitklügste Person der ganzen Klasse, zumindest, was das betroffene Fach angeht. Aber nur weil jemand die richtigen Antworten ankreuzt, bedeutet dies noch lange nicht, dass er auch nur irgendetwas verstanden hätte. Vielleicht war es auch nur Glück. Oder vielleicht wusste er auch nur bestimmte Regeln anzuwenden, um die Ergebnisse zu erhalten. Doch wenn man die Fragen nur ein wenig ändern würde, wäre das Ergebnis miserabel. Einige Menschen betrachten dies als Semantik (aus dem Griechischen *sēmantiká*, neutraler Plural von *sēmantikós*), womit die Lehre von der Bedeutung beschrieben wird. Doch was ist es genau, das die Bedeutung verleiht? Können wir Bedeutung objektiv quantifizieren? Ich glaube nicht, dass wir das können. Dinge, Situationen und Sätze sind alle inaktiv. Sie haben keinen Zweck, keine intrinsische Wichtigkeit. Wir sind es, die sie deuten. Wenn du mir nicht glaubst, versuche dieses Experiment. Nimm eine €20-Note (oder etwas Gleichwertiges) aus deiner Brieftasche. Es ist nur ein Stück Papier. Eine dünne Schicht Zellulose mit etwas Tinte darauf. Für sich selbst hat sie keinen Wert, keine Bedeutung, keinen Zweck. Nun wirf sie auf die Straße. Ich verspreche dir, die Banknote wird dort nicht lange bleiben. Der Grund dafür ist, dass wir ihr eine bestimmte Bedeutung geben. Wir geben ihr Wert durch eine kollektive Vereinbarung. Dem Geldschein selbst ist es allerdings egal, ob er dort bleibt oder aufgehoben wird.

Nun wollen wir dies auf Computer ummünzen. Sie können sicherlich intelligent agieren. Sie können korrekte Ergebnisse liefern, in einigen Fällen mit weitaus besseren Leistungen als viele Menschen, sogar in Bereichen auf hohem Niveau wie Sprachmanipulation, Wortspielen oder musikalischen Kompositionen (mehr dazu später in diesem Kapitel). Aber wie können wir wissen, ob sie auch wirklich meinen, was sie sagen oder ob sie überhaupt irgendetwas davon verstehen? Ich denke, die Antwort ist, dass wir es nicht wissen. Und es könnte sein, dass wir es nicht wissen können, weil die Frage für sie gar nicht gilt.

Vielleicht ist Intelligenz keine absolute Eigenschaft, die unabhängig von ihrem Umfeld existiert und wir sind die Einzigen, die Intelligenz in anderen sehen. Oder wie Rodney Brooks es ausdrückt:[29]

„Intelligenz liegt im Auge des Betrachters"

Dies ist mit Sicherheit ein faszinierendes Thema, in das man eintauchen kann und viele exzellente Bücher wurden darüber geschrieben;[30] doch es hat wenig Relevanz, wenn wir darüber sprechen, wie maschinelle „Intelligenz" unsere Kultur grundlegend verändert hat und wie sie unsere Wirtschaft und unsere Art zu leben dramatisch verändern wird. Von einer ausschließlich praktischen Perspektive aus gesehen, ist es egal, ob der Ausführende wirklich „intelligent" war oder nicht wirklich verstanden hat, worum es geht, wenn es nur darum geht, eine Aufgabe zu erledigen. Alles, was für uns wichtig ist, ist das Ergebnis und die Erfolgsquote.

Mir ist bewusst, dass wir das Rätsel, Intelligenz zu definieren und zu klären, ob Maschinen intelligent sind oder nicht, noch nicht gelöst haben. Doch wir haben unseren Fokus auf einen praktischen Ansatz gelenkt, der es uns erlaubt, mit Nützlichkeit anstatt mit Bedeutung zu bewerten. Also bitte ich um Geduld, während wir weiter in den Bereich künstlicher Intelligenz eintauchen oder die Fähigkeit von Maschinen, „intelligent" zu agieren.

Kapitel 6

Künstliche Intelligenz

Ich muss ein Geständnis machen. Als ich den Titel für dieses Buch wählte, *Roboter stehlen deinen Job*, war ich nicht ganz ehrlich mit dir. Roboter werden *eventuell* deinen Job stehlen, aber davor wird etwas anderes geschehen. Tatsächlich ist das bereits passiert. In einer viel durchdringenderen Art und Weise als dies eine Maschine jemals tun könnte. Ich spreche natürlich von Computerprogrammen im Allgemeinen. Automatisches Planen, maschinelles Lernen, natürliche Sprachverarbeitung, maschinelle Beobachtung, Computer-Visualisierung, Spracherkennung, Affective-Computing, Computer-Kreativität, das alles sind Felder der künstlichen Intelligenz, die sich nicht gegen die schwierigen Herausforderungen behaupten müssen, denen sich die Robotik stellen muss. Es ist weitaus einfacher, einen Algorithmus zu verbessern, als einen besseren Roboter zu bauen. Ein exakterer Titel dieses Buches wäre gewesen „*Maschinelle Intelligenz und Computer-Algorithmen stehlen bereits deinen Job und sie werden es in der Zukunft sogar noch verstärkt tun.*" – aber das wäre kein wirklich eingängiger Titel gewesen.

Die Öffentlichkeit nimmt intelligente Maschinen als menschenähnliche Roboter wahr, die unsere täglichen Aufgaben erledigen. Danke Hollywood! In Wirklichkeit benötigen die meisten „intelligenten" Ausführenden keinen physischen Körper und sie arbeiten vorwiegend im Bereich von Berechnungen. Datenauswertung und -zusammenfassung ist das, was sie am besten können. Ironischerweise ist es schwieriger, eine Haushaltshilfe zu automatisieren als einen Radiologen zu ersetzen.[31] Ein Radiologe ist ein medizinischer Doktor, der sich auf das Analysieren von Bildern spezialisiert hat, die mit unterschiedlichen medizinischen Scan-Technologien erzeugt wurden. Es ist ein beliebtes Betätigungsfeld für frisch gebackene Ärzte, da es recht gute Bezahlung und regelmäßige Arbeitszeiten bietet, Arbeit an den Wochenenden nicht notwendig ist und es auch keine Notfälle gibt. Die andere Seite ist, dass es sich um einen sehr eintönigen Job handelt. Obwohl es mindestens 13 Jahre an Studium und Training benötigt, ist es relativ einfach, diesen Job zu automatisieren.[32] Denk darüber nach. Der Kern dieses Jobs besteht darin, visuelle Bilder zu bewerten und zu analysieren, wobei die Rahmen-Parameter dafür gut definiert sind, da sie häufig direkt von computergesteuerten Scangeräten stammen. Es ist ein geschlossenes System mit einer Anzahl wohlbekannter Variablen, von denen die meisten bereits bestimmt wurden. Und der Prozess wiederholt sich immer wieder. Es ist gleichzusetzen mit einer Informationsdatenbank (dreizehn Jahre Studium und Training) verknüpft mit einem visuellen Erkennungssystem (das Gehirn des Radiologen); ein Prozess, der bereits heute existiert und zahlreiche Anwendungen findet.

Visuelle Muster-Erkennungs-Software ist bereits sehr weit entwickelt. Ein Beispiel dafür ist Google Images. Du kannst ein Bild in die Suchmaschine hochladen, damit Google computergesteuerte visuelle Simulationstechniken nutzt, um dein Bild mit anderen Bildern im Index von Google Images und weiterer Bildersammlungen zu vergleichen. Von den Übereinstimmungen versucht Google eine genauere „beste Schätzung" einer Text-Beschreibung deines Bildes zu generieren und ebenso andere Bilder zu finden, die vielleicht denselben Inhalt wie dein hochgeladenes Bild zeigen.

Abbildung 6.1: Hauptseite in Google Images. Du kannst das Kamera-Symbol rechts des Eingabefeldes sehen. Klick darauf und du kannst dein Bild hochladen.

Ähnlich haben viele Regierungen Zugang zu Softwareprogrammen, die

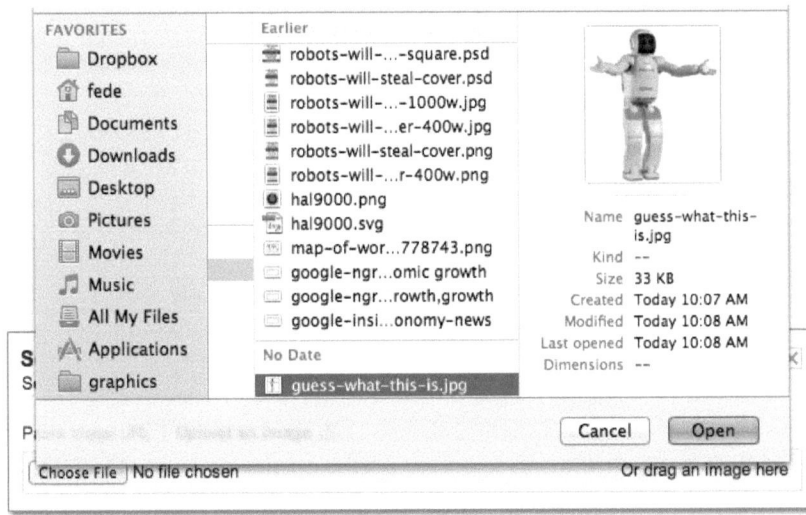

Abbildung 6.2: Ich lade mein Bild hoch mit dem Namen „guess-what-this.is.jpg"

dabei helfen können, Terroristen an Flughäfen zu identifizieren, indem Bilder von Sicherheitskameras analysiert werden.[33] Sicherheits-Überwachungskameras in London und vielen anderen Städten besitzen fortschrittliche Systeme, um menschliche Gesichter zu erkennen und helfen somit der Polizei dabei, potenzielle Kriminelle zu identifizieren.[34]

Die Radiologie ist bereits von einer Auslagerung nach Indien und andere Regionen betroffen, wo die durchschnittlichen Löhne für dieselben Aufgaben zehnfach günstiger sind.[35] Wie lange denkst du, wird es dauern, bis an Arbeiter „ausgelagert" wird, die überhaupt keinen Lohn brauchen, sondern lediglich ein bisschen Elektrizität, um zu funktionieren?

Im Gegensatz dazu stellen die Aufgaben eines Hausmädchens, einem Job, der keine Ausbildung oder spezielle Fähigkeiten voraussetzt, eine Reihe hoch komplizierter Tätigkeiten für einen Roboter dar. Dieser Roboter bräuchte fortschrittliche motorische Fähigkeiten und Koordinationsfähigkeit in einem dreidimensionalen Umfeld. Er muss Tausende von verschiedenen Objekten erkennen können, sich frei im Haus bewegen können, Treppen steigen, Dinge mit äußerster Sorgfalt erledigen und Millionen von Entscheidungen pro Sekunde treffen; und das alles, während er sehr wenig Energie

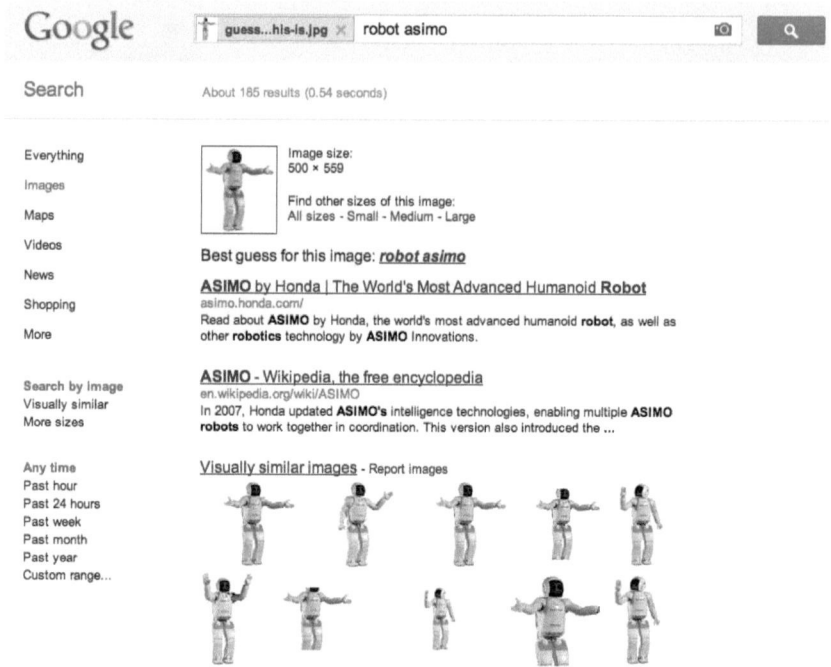

Abbildung 6.3: Die Software erkennt es korrekt als den Roboter ASIMO von Honda und bietet ähnliche Bilder an. Beachte bitte, dass die vorgeschlagenen Bilder ASIMO in verschiedenen Positionen und Perspektiven zeigen und nicht nur dasselbe Bild in verschiedenen Größen. Dieser Algorithmus erkennt Millionen verschiedener Muster, da es sich um eine Anwendung für allgemeine Zwecke handelt. Eine aufgabenspezifische Erkennungssoftware ist einfacher zu entwickeln, obwohl sie viel genauer sein muss, da die Ansprüche höher sind.

verbraucht und günstiger als ein Hausmädchen für €10 pro Stunde ist. Der am meisten fortgeschrittene Roboter, der dies tun könnte, ist Hondas ASI-MO, der Millionen kostet und sich nicht bewegen kann wie eine reguläre Reinigungskraft.

Günstige, zuverlässige, menschenähnliche Roboter werden vielleicht einmal verfügbar sein. Doch für den Moment ist es Zeit für künstliche Intelligenz!

6.1 Klüger, besser, schneller, stärker

Vielleicht denkst du, dass Computer dumm sind, weil sie den Sinn von Dingen nicht erkennen können, wie wir das tun. Das ist wahr. Du kannst einem Kleinkind ein Bild zeigen und es wird dir sofort sagen, ob es ein Bild von einer Person, einem Buch oder einer Katze ist. Computer funktionieren so nicht. Es ist sehr schwer für Computerprogramme, Muster in derselben Weise zu erkennen wie Menschen das tun. Wir können auf Bilder blicken, sie in voller Gestalt sehen und bekannte Muster leicht erkennen. Wir sind gut darin. Wir haben diese einzigartige Fähigkeit entwickelt, weil sie uns einen Vorteil gegenüber anderen Spezies im Überlebenskampf verleiht. Computerprogramme auf der anderen Seite haben sich nicht entwickelt wie unsere Gehirne und funktionieren daher auf sehr unterschiedliche Art und Weise. Sie können komplexe mathematische Kalkulationen durchführen und Millionen von Differenzialgleichungen in Sekunden lösen, während viele von uns sich schon schwer damit tun, grundlegende Rechenaufgaben zu lösen. Bild-Interpretation, mühelos und unmittelbar durchführbar für Menschen, bleibt eine bedeutende Herausforderung für künstliche Intelligenz. [36]Computer verarbeiten Daten, während wir den Sinn daraus erkennen. Das war für die meiste Zeit der Vergangenheit der Fall. Doch ist es auch heute noch der Fall?

Jüngste Entwicklungen im Bereich der künstlichen Intelligenz, im Speziellen maschinelle Lernapplikationen, haben begonnen, dies zu verändern. Über die letzten 20 Jahre haben wir verschiedene mathematische Algorithmen erdacht und perfektioniert, die aus Erfahrung lernen können, ganz so wie wir das tun. Das Prinzip dahinter ist recht einfach: Trainiere ein Computerprogramm, zu lernen, ohne es explizit zu programmieren. Wie funktioniert das? Es gibt viele Methoden, um das zu erreichen. Begleitetes und nicht begleitetes Lernen, bestärkendes Lernen, Übertragung mit verschiedenen Variationen und Kombinationen davon. Jede dieser Methoden wendet dabei bestimmte Algorithmen an. Einige davon werden dir bekannt sein (z.B. neurale Netzwerke) und die meisten davon klingen vielleicht sehr seltsam (z.B. Support-Vektor-Maschinen, lineare Regression, naive Vorsicht). Du musst diese Fachbegriffe nicht lernen, aber die Grundidee ist folgende: Genau wie wir aufgrund von Erfahrungen lernen, tun es auch diese Programme. Sie haben sich entwickelt.

Wir unterscheiden uns demnach nicht mehr so sehr von ihnen.

6.2   Alles dreht sich um Algorithmen

Lernende Algorithmen verbessern sich hinsichtlich Genauigkeit und Leistung täglich. Vor nur fünf oder sechs Jahren waren sie noch sehr schlampig und ihre Ergebnisse waren fehlerhaft. Doch heute verändern sich die Dinge schnell. Google-Suchergebnisse waren für jeden gleich, egal, woher er kam. Heute ist es sogar möglich, dass keine Google-Suche immer dieselben Ergebnisse liefert. Stattdessen bekommst du eine personalisierte Version, die die Seiten enthält, die dich basierend auf einer Reihe von Kriterien am meisten interessieren könnten. Sagen wir, du suchst nach einer Pizzeria. Sie können deine IP-Adresse auslesen, deinen Standort dank GPS-Technologie bestimmen und die Top-Ergebnisse in deiner Region auswerfen. Wenn du ein registriertes Google-Konto hast, können sie die Historie all deiner bisherigen Suchen ansehen, wohin du geklickt hast, wann du geklickt hast, wie oft, welche Domain du am öftesten besucht hast (oder am seltensten). Sie wissen, ob du männlich oder weiblich bist, jung oder alt und basierend darauf können sie die Suche auf einem noch stärker personalisierten Niveau herunterbrechen. Wenn du ein Gmail-Konto besitzt, werden sie viele Dinge über dein Verhalten wissen, die Orte, die du besucht hast, die Plätze, die du besuchen willst und die Menschen, mit denen du üblicherweise in Kontakt bist. Sie können ihre Suchen verknüpfen und diese Daten ebenso nutzen. Wenn ich „sie" sage, meine ich natürlich keine bestimmte Person. Da ist niemand, der sich persönlich dein Profil ansieht, deine Daten und deine Such-Historie oder deine Gewohnheiten. Das würde gegen Datenschutzgesetze verstoßen. Ich meine Programme. Alles, was ich beschrieben habe, geschieht milliardenfach jeden Tag. In Millisekunden oder weniger für jeden Anlassfall. Neben der Tatsache, dass es gegen den Datenschutz verstoßen würde, wenn eine Person dich analysieren würde, wäre es auch praktisch unmöglich, diese Dinge mit menschlicher Überwachung zu tun. Doch diese Programme lernen jeden Tag etwas Neues über uns.

Ein weiterer wesentlicher Unterschied besteht darin, dass Computer schneller lernen können und virtuell keine Begrenzungen haben, hinsichtlich dessen, wie viel sie lernen können (dank des exponentiellen Wachstums bei Computerleistung und Speicherkapazität). Denk darüber nach: Es braucht einige Jahre, um einem Kind eine Sprache zu lernen, zu lesen, zu schreiben, Dinge zu erkennen und sogar noch mehr Zeit, um eine fortgeschrittene technische Fähigkeit zu erlernen. Um ein qualifizierter Arzt zu werden, kann es 20 Jahre und mehr an Studium und Erfahrungen brauchen, bevor Expertenstatus erreicht ist. Wenn dieser Arzt eines Tages stirbt, einfach aufhört zu arbeiten, in Dauerurlaub geht oder in die Rente, wird es weitere 20 Jahre dauern, bis die nächste Person seinen Platz einnehmen kann. Zugegeben, der gesamte Beruf entwickelt sich vielleicht weiter, aber die Zeit, die es benötigt, um aktuelle Standards zu erreichen, ändert sich nicht dramatisch. Computer kennen solche Begrenzungen nicht. Es braucht vielleicht viel Zeit zu Beginn, aber sobald ein Fortschritt gemacht wurde, wird er im gesamten Netzwerk unterstützt. Der nächste Computer muss nicht alles neu lernen – er kann sich einfach mit dem bestehenden Netzwerk verbinden und vom kollektiven Wissen profitieren, das von den Mitwirkenden auf anderen Computern bereits gewonnen wurde.

Sicher, der verwendete Algorithmus ist wichtig. Wenn man einen schlechten Algorithmus verwendet, wird nichts Interessantes dabei herauskommen. Was aber wirklich die größte Veränderung in den letzten 10 Jahren gebracht hat, ist die schiere Menge an Daten, die uns zur Verfügung stehen. Wir werden sprichwörtlich von Daten aller Art begraben. So sehr, dass wir gar nicht genügend Köpfe haben, die diese Daten analysieren und ihre Bedeutung erschließen. Während der letzten Jahre gab es eine Welle von Daten aus allen Quellen: Regierungen, NGOs, öffentliche Büchereien ebenso wie private Webseiten, die Echtzeit-Daten von Menschen sammeln. Wir tragen dazu bei, diese kollektive Wissensdatenbank zu formen, indem wir einfach nur unsere Leben leben. Jeder Tweet, den wir übermitteln, jede Suche, die wir ausführen, jedes Bild, das wir hochladen, jeder Freund, den wir in einem sozialen Netzwerk hinzufügen, jeder Ort, den wir besuchen, jeder Telefonanruf, den wir machen, alles füttert diesen riesigen, verteilten Supercomputer, der aus Milliarden von Computern rund um die ganze Welt besteht, die durch das Internet miteinander verbunden sind.

Dies gesagt, wirst du dich vielleicht darüber wundern, wie weit wir bereits im Bereich von künstlicher Intelligenz gekommen sind. Hat sie menschliches Niveau bereits erreicht? Wenn nicht, wird sie es je? Welche Technologie existiert bereits?

Für den Moment können wir uns sicher zurücklehnen. Systeme mit künstlicher Intelligenz haben nicht einmal im Ansatz menschliches Niveau *allgemeiner Intelligenz* erreicht. Doch sie entwickelt sich schnell und einige erwarten, dass sie den Menschen bereits 2030 erreicht oder gar überholt.[37] Andere stimmen dem nicht zu. Nur die Zeit wird zeigen, wer Recht behält.

Was wir sicher wissen, ist, dass wir heute *schon* Maschinen haben, die Menschen in vielen *aufgabenspezifischen Intelligenzen* übertreffen. Dies führt uns als Nächstes zur Erforschung der Beweise für Automatisierung.

Kapitel 7

Beweise für Automatisierung

W ir verstehen, was exponentielles Wachstum bedeutet. Wir haben gesehen, wie Informationstechnologie während der letzten 150 Jahre gewachsen ist. Nun wollen wir nachsehen, wie weit uns dies gebracht hat.

Ich habe damit begonnen, die Grundlagen für dieses Kapitel zu sammeln, als ich mich im Oktober 2011 dazu entschlossen habe, dieses Buch zu schreiben. Seitdem habe ich mehr als 300 Artikel zusammengetragen, alle aus seriösen und zuverlässigen Quellen. Diese Geschichten berichten von Maschinen, die wie wir agieren, Computer, die besser „denken" als wir und Roboter, die unvorstellbar komplexe Aufgaben durchführen. Jeden Tag öffnete ich meinen News-Feed, um etwas Neues zu finden und es meiner Liste hinzuzufügen. Ab einem bestimmten Punkt erkannte ich, dass ich aufhören musste. Ich wusste, dass es kein Ende dieser Entwicklung geben könnte, allerdings hatte ich nicht erwartet, dass es so schnell anwachsen würde. Einmal mehr hatte ich die Macht der Exponentialfunktion unterschätzt. Als die Liste begann, aus den Proportionen zu geraten, entschied ich, sie einzufrieren, das Buch fertigzustellen und es zu veröffentlichen oder ich würde andernfalls nie fertig werden. Um Lesern aktuelle Daten zur Verfügung zu stellen, werde ich damit fortfahren, Aktualisierungen auf der Webseite `http://robotswillstealyourjob.com` zu veröffentlichen. Anstatt eine lange sachliche Liste von Technologien in diesem Buch zu bieten, möchte ich lieber über einige davon diskutieren, von denen ich denke, dass sie für die Zwecke der Argumentation am meisten relevant sind.

7.1 Automatisiertes Einkaufen

Du hättest vielleicht nicht daran gedacht, aber Verkaufs-Automaten sind eigentlich eine primitive Form von Robotern. Ihre Funktion ist sehr einfach. Sie verfügen über ein Warenlager, haben ein elektronisches Display, akzeptieren Geld und versorgen dich mit dem Produkt, das du gekauft hast. Es ist eine 30 Jahre alte Technologie und sie hat sich seitdem nicht viel weiter entwickelt. Oder hat sie? In Europa und den USA denken wir nicht oft an Verkaufsautomaten, aber das ist nur deshalb der Fall, weil wir sie noch nicht ernst genommen haben. In Japan beispielsweise, wo es eine hohe Bevölkerungsdichte gibt, ein begrenztes Platzangebot, hohe Kosten für Arbeitskraft, wenige Vorfälle bei Vandalismus und Kleinkriminalität und die meisten Menschen zu Fuß oder mit dem Rad einkaufen gehen, werden Verkaufsautomaten sehr ernst genommen.

In Japan gibt es rund 8,6 Millionen Verkaufsautomaten. Einen pro 14 Personen. Die höchste Zahl pro Kopf in der Welt.[38] Diese Roboter, die dort als jido-hanbaiki (von jido oder „automatisch"; hanbai, oder „verkaufen"; und ki, oder „Automat", oft abgekürzt als jihanki bekannt sind, sind weit verbreitet und werden oft verwendet für alle Arten von Waren: Nicht nur Zeitungen, Snacks oder Getränke, sondern auch Bücher, DVDs, Kondome, Eiscreme, heiße Instant-Nudeln, Reis, Magazine, Brillen, hartgekochte Eier, Schirme, Halstücher, Schuhe, Gemüse, iPods, lebende Hummer, Onsen (heißes Quellwasser) und sogar buddhistische Gebetsrollen. Sicher, wir können darüber lachen, aber macht es nicht Sinn? Die Tage, als es noch den kleinen Laden um die Ecke gab – mit einer lächelnden Person, der der Laden gehörte und die wusste, was sie tat und dir wirkliche Beratung bieten konnte – sind langsam gezählt.

Die meisten geschäftlichen Transaktionen physischer Güter werden heute im Einkaufszentrum oder in riesigen Supermarktketten getätigt. Die Kassakräfte in diesen Firmen arbeiten in Teilzeit als einen der vielen Jobs, die sie haben, da ein einziger Job nicht genügend Geld einbringt, damit sie ihre Miete, ihre Arztrechnungen, die Studienkosten, Hypotheken und anderes bezahlen können. Die Wahrheit ist, dass es für die Gesellschaft richtig Sinn machen würde, Einkaufszentren zu betreiben, in denen die meisten Dinge automatisiert sind. Das Problem dabei ist natürlich, dass die Menschen, die dort derzeit arbeiten, in wirklich große Schwierigkeiten geraten würden.

Stell dir Folgendes vor. Du gehst in einen Laden und hast eine interaktive Karte auf deinem Handy, die dir zeigt, wo alle Produkte sich befinden. Du kannst nach Produkten suchen, sie nach Kategorien filtern und Informationen zu jedem einzelnen Produkt erhalten, die weit über Nährwerte hinausgehen; Du kannst den Herstellungsprozess nachverfolgen, die Firma, die dahinter steht und Produkte basierend auf deinen Suchkriterien miteinander vergleichen. Du kannst auch Berichte von anderen Menschen über diese Produkte lesen, genau wie bei Amazon.com heute. Bevor du mit deinen Waren das Einkaufszentrum verlässt, bleibst du für einige Sekunden in einer Begutachtungszone stehen, die Signale von RFID-Chips an den Produkten erhält. Dann ziehst du deine Kreditkarte über den Schalter oder akzeptierst nur eine Zahlungsanfrage auf deinem Handy. Der ganze Prozess, die Zeit zwischen der Entscheidung, den Laden zu verlassen und dem Moment, in dem du tatsächlich hinausgehst, nimmt weniger als 10 Sekunden in Anspruch. Kein Mensch war darin involviert, kein Mensch wurde benötigt. Keine Schlangen, keine Wartezeit.

Klingt futuristisch? Jedes Stück Technologie, das benötigt wird, um das umzusetzen, existiert bereits und das bereits seit vielen Jahren. Doch warum gibt es das dann noch nicht? Warum können wir nicht sehen, wie diese Entwicklung in allen Läden Einzug hält? Vielleicht ist es kostspielig, solch ein System einzurichten. Tatsächlich wäre es weitaus günstiger, als Menschen anstellen zu müssen, die diesen Job machen. „Aber du brauchst menschlichen Kontakt! Was ist mit dem zusätzlichen Wert, den nur ein menschlicher Angestellter bieten kann?" Hast du jemals in einem Einkaufszentrum gearbeitet? Falls ja, wie motiviert warst du und wie lange? „Aber du brauchst menschliche Arbeiter, die die Produkte in den Regalen platzieren!" Tatsächlich ist sogar diese Technologie bereits verfügbar, wenngleich sie jünger ist als die anderen. Einige Lagerhäuser sind bereits komplett automatisiert und benötigen lediglich Personal, um den kompletten Ablauf zu steuern. Paletten und Produkte bewegen sich auf einem System automatisierter Fließbänder, Kräne und automatisierte Lager- und Abfragesysteme mit programmierbaren, logischen Steuerungen und Computern, die auf einer Logistik-Automatisierungs-Software laufen. Ihre Genauigkeit und Produktivität übersteigt die menschlicher Arbeitskräfte bei Weitem. Diese Maschinen sind schneller und präziser, sie können riesige Lasten heben, ohne Rückenprobleme zu bekommen. Sie können Tag und Nacht ar-

beiten und haben einen geringen Wartungsaufwand. Amazon.com kaufte
jüngst für $775 Millionen Kiva Systems, einen Hersteller von knallorangen
Robotern, die durch Lagerhäuser wieseln und Bestellungen bearbeiten.[39]
Bei CNN gibt es ein Video der arbeitenden Roboter (Bitte in den Link der
letzten Fußnote schauen oder auf der Buch-Webseite). Es ist ein erstaunlicher Anblick. Hunderte von Robotern transportieren Waren durch riesige
Lagerhäuser mit der Präzision eines Uhrwerks und in perfektem Timing,
als ob sie zu einem stillen Musikstück tanzen würden, das in einem Code
aus Nullen und Einsen geschrieben wurde. Diese Roboter sind klug genug,
um die Produkte an den besten Platz in der optimalen Distanz zu platzieren, basierend darauf, wie oft sie benötigt werden, wie schwer sie sind
und vielen anderen Kriterien. Sie arbeiten 24 Stunden am Tag an sieben
Tagen in der Woche und machen niemals Fehler. Die Anwendung ähnlicher
automatisierter Systeme in Einkaufszentren wäre eine kleinere Herausforderung für Ingenieure, eine, die leicht innerhalb von einigen Monaten gelöst
werden könnte, wenn es jemals die Intention dazu gäbe.

Wenn das alles möglich ist, warum sehen wir es noch nicht?

Tesco ist der drittgrößte Einzelhändler der Welt, gemessen am Umsatz
(nach Walmart und Carrefour) und der zweitgrößte gemessen am Gewinn
(nach Walmart). Tesco hat einen großen Marktanteil in Süd Korea (wo
der Konzern als „Home plus" auftritt) und ist dort zweitgrößter Händler
nach E-Mart, hauptsächlich, weil dieses Unternehmen mehr Filialen besitzt. Wie man vermuten kann, will der Konzern seine Gewinne steigern.
Der typische Ansatz würde darin bestehen, mehr Geschäfte zu errichten,
um die Filialdichte von E-Mart im Land zu erreichen. Man entschied sich
für eine andere Strategie, eine, die mehr auf Automatisierung und weniger
auf Mitarbeiter setzt.

Stell dir vor, du befindest dich in Korea auf dem Weg zur Arbeit. Du
brauchst einige Dinge für das Abendessen, aber du hast nicht viel Zeit.
Während du auf die nächste U-Bahn wartest, siehst du an den Wänden
angebrachte Leuchtplakate, die aussehen wie die Regale im Supermarkt.
Du verwendest dein Smartphone, um den QR-Code an den Waren ein-
zuscannen und bezahlst dann. Wenn du heimkommst, wurden deine Einkäufe bereits an die Haustüre geliefert. Wirklich bequem oder nicht? Das
Ergebnis dieses Experiments: Online-Verkäufe zwischen November 2010
und Januar 2011 nahmen um 130% zu, während die Zahl der registrierten
Mitglieder um 76% anstieg. Home plus ist zum größten Online-Shop des

Landes geworden, während gleichzeitig auch der Offline-Markt erfolgreich entwickelt werden konnte.[40]

Dieser anhaltende Trend hat das Potenzial, die Wirtschaft zu destabilisieren. Bedenke nur die Millionen von Angestellten, die davon betroffen wären. Wenn Walmart diese Technologie systematisch implementieren würde (automatisierte Lagerhaltung, Einkauf und Lieferung), wären die Konsequenzen für die, die dort derzeit angestellt sind, desasträs. Für die meisten von ihnen wäre es praktisch unmöglich, einen anderen Job zu finden. Die meisten Personen realisieren nicht, wie groß Walmart tatsächlich ist. Heute ist Walmart der größte Einzelhändler auf dem Planeten. Tatsächlich ist er viel mehr als das: Die Finanzen, der Fußabdruck und das Personal dieses Riesen lässt ganze Regierungen und Branchen geradezu zwergenhaft erscheinen.[41] Seine gewaltigen $421 Milliarden Jahresumsatz stellen das BIP von mehr als 170 Ländern in den Schatten. Seine 2,1 Millionen Angestellten könnten das zweitgrößte stehende Heer auf dem Planeten formen. 2010 war der Umsatz von Walmart höher als der der größten Öl-Konzerne, der größten Hersteller und der größten Pharmaunternehmen in den Vereinigten Staaten. Sogar zusammengerechnet fallen die Einnahmen von Chevron, General Electric und Pfizer noch immer geringer aus als die von Walmart. Um das anschaulich darzustellen: Wäre Walmart ein Land, wäre es mit seinem BIP an 25. Stelle der größten Volkswirtschaften der Welt (zweimal so groß wie Irland). Wenn Walmart sich dazu entscheiden würde, eine aggressive Automatisierungsstrategie zu initiieren, könnte das Unternehmen sein Geschäft in wenigen Jahren locker mit weniger als 100.000 Angestellten betreiben. Das würde 2 Millionen Menschen, zumeist nicht ausgebildet und ohne spezielle Fertigkeiten, arbeitslos machen. Wo würden diese Menschen hingehen? Und was würden sie essen? Was wird mit ihren Familien geschehen?

In der Vergangenheit haben wir gesehen, wie Automatisierung Arbeitskräfte ersetzt hat, aber ungelernte Arbeiter kamen an Plätzen wie Walmart unter, wo sie einen einfachen (obwohl wenig zufriedenstellenden) Job fanden. *Dies ist eine der vielen unausgesprochenen Tragödien der so genannten modernen Gesellschaft. Der Gedanke, dass das größte Ziel einer Person darin bestehen soll, in einem mechanischen und monotonen Job zu arbeiten, um die Rechnungen zahlen zu können, ist eine Beleidigung der Würde jedes Einzelnen. Jedes menschliche Wesen, vom Moment der Geburt an, ist ein unschätzbares Meisterstück, mit weitaus großartigeren*

Fähigkeiten, als wir es uns heute vorstellen können. Auch nur daran zu denken, uns an ein wirtschaftliches System zu klammern, das Innovation und Automatisierung verhindert, um monotone und stumpfsinnige Jobs zu erhalten, zeigt den großen Verlust an Perspektive und Fähigkeit in unseren veralteten Institutionen.

Wenn Walmart mit Automatisierung beginnt (und ich erwarte das), gibt es kein Zurück für die Einzelhandelsbranche. Es ist ein unwiderruflicher Prozess. Die gestrichenen Arbeitsplätze werden nicht mehr zurückkommen. Aber wenn diese Jobs weg sind, was werden die Millionen von Menschen dann tun?

Warte, bevor du antwortest, wir sind noch nicht fertig.

7.2   Automatisierte Produktion

Die Anfänge der Automatisierung in der produzierenden Industrie sind wohlbekannt. Rund ein Jahrhundert ist es her, seit wir damit begonnen haben, Maschinen zu nutzen, um unsere Produktivität zu steigern. Denk nur an eine Autofabrik. Das Fließband, das zwischen 1908 und 1915 durch die Ford Motor Company entwickelt wurde, sorgte für eine Verbreitung der automatisierten Fließbandarbeit und die damit verbundene Massenproduktion brachte unvorhersehbare soziale Umwälzungen mit sich. Interpretiert man das alte lateinische Sprichwort *divide et impera* (teile und herrsche) neu, so waren wir in der Lage, lange und komplizierte Aufgaben zu verändern und daraus viele verschiedene kleine mechanische Handgriffe zu machen, die sich einfach ausführen lassen. Dieser Ansatz funktionierte ein Jahrhundert lang sehr gut mit Maschinen, die gemeinsam mit Menschen in fruchtbringender Kooperation standen.

Roboter ersetzten zwar menschliche Arbeitskräfte, aber wir haben immer eine andere Beschäftigung gefunden. Und das ist zwei Hauptursachen geschuldet:

- Es war genügend Zeit, um uns anzupassen und neue Fertigkeiten zu erlernen.

- Einige Aufgaben waren für Maschinen zu komplex oder die Kosten, um eine Maschine zu bauen, die solche Aufgaben ausführen könnte, waren zu hoch. Warum auch all die Probleme auf sich nehmen, um

einen komplexen Roboter zu erschaffen, wenn günstige Arbeitskräfte
den Job auch einfacher und zu geringeren Kosten machen könnten?

Das war die Vergangenheit, doch die Dinge haben sich nun verändert.
Arbeitskraft ist nicht mehr so billig. Auch die menschliche Entwicklung
macht nirgendwo mehr Halt. Menschen fordern (zu Recht) ihre Rechte
ein. Obwohl noch immer Millionen unter Bedingungen arbeiten, die wir
unter heutigen Standards als Sklaverei bezeichnen würden, sind Arbeitsbedingungen und Standards überall im Steigen begriffen, sogar in relativ
unterentwickelten Ländern. Auf der anderen Seite werden Algorithmen exponentiell verbessert. Robotertechnologie wird in hoher Geschwindigkeit
vorangetrieben und Maschinen werden billiger in der Herstellung (sogar
für komplizierte Aufgaben). Wir können die Auswirkungen davon bereits
überall sehen.

Foxconn ist der weltweit größte Hersteller elektronischer Komponenten und der größte Exporteur Chinas[42,43] mit einem jährlichen Umsatz von
mehr als 74 Milliarden Euro.[44] Sie produzieren theoretisch alles. Wenn du
ein iPad, ein iPhone, einen Kindle-Reader, eine PlayStation 3 oder eine
Xbox 360 hast, ist die Wahrscheinlichkeit hoch, dass Foxconn es produziert hat. Ohne die Berücksichtigung nationaler öffentlicher Dienstgeber ist
Foxconn der drittgrößte Arbeitgeber der Welt mit eindrucksvollen 1,2 Mio.
Mitarbeitern direkt nach Walmart (2,1 Mio).[45] Das Unternehmen hat Ver-
träge mit Acer, Amazon.com, Apple, Cisco, Dell, Hewlett-Packard, Intel,
Microsoft, Motorola, Nintendo, Nokia, Samsung, Sony, Toshiba und mit so
gut wie jeder größeren Technologiefirma, an die du denken kannst. Foxconn
ist keine Firma: Es ist ein riesiges Monster, ein Elektronik-Supergigant, der
alleine für nahezu die Hälfte der gesamten Technologieproduktion in diesem Segment verantwortlich zeichnet.[46]

Wenn sie ihre 1,2 Millionen Arbeiter ersetzen wollten, würden sich die
Dinge für viele Menschen zum Negativen wenden. Wie es der Zufall will,
hat Foxconn erst 2011 angekündigt, dass das Unternehmen beabsichtigt,
eine Armee von Robotern einstellen zu wollen, um „einige seiner Arbeitskräfte mit 1 Million Robotern in drei Jahren zu ersetzen, um die steigenden
Lohnkosten zu senken und die Effizienz zu verbessern." – angekündigt von
Terry Gou, dem Gründer und Vorstand des Unternehmens.[47] Es ist noch
immer unklar, ob sie diesen Plan wirklich durchziehen wollen und wie viele
Arbeiter durch diese Initiative ersetzt werden, aber es scheint so, als hät-

ten sie bereits eine Forschungs- und Entwicklungseinheit sowie eine Fabrik in Taiwan errichtet und in Betrieb genommen, um sich eigene Roboter zu bauen; während gleichzeitig rund 2.000 Ingenieure eingestellt wurden, um das Projekt voranzutreiben.[48] Es scheint, als ob Foxconn zur Automatisierung seines Betriebes steht und es wäre keine Überraschung. Warum sollten sie auch nicht? Roboter sind günstiger und zuverlässiger als menschliche Arbeiter. Sie fragen nicht nach Urlaub, begehen nicht Selbstmord, protestieren nicht für mehr Rechte und können die Profite des Unternehmens sichern – was für einen multinationalen Konzern und seine Stakeholder am meisten zählt.

Gerüchte und Erzählungen rund um die Vorgänge rund um Foxconn begannen sich zu verbreiten, nachdem über eine Welle von Suiziden in westlichen Medien berichtet wurde. Nachdem im Jahr 2010 14 Arbeiter tot aufgefunden worden waren, erstellten rund 20 chinesische Universitäten einen Bericht, indem sie Foxconn-Fabriken als Arbeitslager beschrieben und Details über die verbreitete Ausnützung der Arbeiter sowie illegale Überstunden berichteten.[49] Geschichten über überfüllte, winzige Wohnunterkünfte, unmöglich lange und anstrengende Arbeitszeiten und Sicherheitsleute, die Arbeiter zu Tode schlagen sind nur einige Hinweise darauf, was tatsächlich in diesen Höllenlöchern vor sich geht und das es schafft, die große Mauer der Zensur in China zu überwinden, um unsere digitalen Ufer zu erreichen.[50] Nachdem sich Proteste in den USA und Europa entfachten, um bessere Arbeitsbedingungen zu fordern, war die makabre Antwort von Foxconn-Funktionären lediglich, dass man Netze zur Selbstmord-Vorbeugung installieren wollte, um Menschen aufzufangen, die versuchen, Suizid zu begehen, indem sie sich von Gebäuden stürzen (ich mache keine Scherze) und sie versprachen außerdem höhere Löhne an ihren Produktionsstandorten in Shenzhen. Aber sie haben noch etwas anderes gemacht. Arbeitskräfte werden nun dazu gezwungen, ein rechtlich bindendes Dokument zu unterschreiben, in dem sie garantieren, dass ihre Verwandten das Unternehmen nicht verklagen werden, wenn es zu einem unvorhersehbaren Tod, Selbstverletzung oder Suizid kommen sollte.[51]

Der traurigste Teil dieser Geschichte besteht nicht darin, dass Arbeiter bei Foxconn unter Horror-Bedingungen leben. Was wirklich erstaunt ist, dass Foxconn tatsächlich höhere Löhne, bessere Arbeitsbedingungen und eine niedrigere Suizidrate hat als die durchschnittliche chinesische Firma.[52] Foxconn ist mehr oder weniger lediglich der Bericht, der es in die Nachrichten geschafft hat und uns so empört hat. Doch es gibt nichts, worüber man überrascht sein müsste: Es ist einfach das Wesen unseres aktuellen sozioökonomischen Systems. *Effizienz und Profit werden als wichtiger erachtet als menschliches Leben.*

Foxconn ist nicht die einzige Firma, die sich in Richtung der Automatisierung bewegt. **Canon** kündigte im Juni 2012 an, dass eine ihrer Kamerafabriken menschliche Arbeiter auslaufen lassen wird, um die Kosten zu reduzieren. Es ist zu erwarten, dass Roboter die nächste Generation an Kameras herstellen werden, vielleicht schon 2015. Selbstverständlich war der Firmensprecher Jun Misumi gut darin, den Verdacht zurückzuweisen, dass dies mit Entlassungen bei Canon einhergehen könnte, als er dies der Associated Press mitteilte. „Wenn Maschinen fortschrittlicher werden, können menschliche Wesen für neue Aufgaben verwendet werden."[53] Das sind nette Worte, aber ich zweifle, dass sie ihr Versprechen halten werden. Fließbandarbeiter haben jahrelang denselben geistlosen, wiederholenden, mechanischen Job gemacht. Bevor sie begonnen haben, in einer Fabrik zu arbeiten, waren sie Meisterwerke von Evolution und natürlicher Selektion, Individuen mit Vorstellungskraft, Träumen und Zielen. Sie hatten unendliche Möglichkeiten. Sie konnten Künstler, Wissenschaftler oder Musiker werden. Sie hätten die treibenden Kräfte neuer, erstaunlicher Entdeckungen werden können, die die Menschheit voranbringen. Nach einigen Jahren in einer Fabrik wurde aus jedem von ihnen lediglich ein weiteres Paar Hände in einem unendlichen Meer sich bewegender Teile. Ihre Träume wurden zerstört; ihre Hoffnungen und Ziele reduzierten sich mehr und mehr darauf, nur genügend Geld nach Hause zu bringen, um ihre Köpfe für ein weiteres Monat über Wasser zu halten. Ich bezweifle, dass all diese Menschen nun plötzlich Ingenieure, Industriedesigner, Verkaufsmanager und Computerwissenschaftler werden – wenn wir uns vorstellen, dass eine verhältnismäßig größere Anzahl solcher Jobs 2015 bei Canon geschaffen wird (das wird nicht passieren).

Foxconn und Canon sind lediglich zwei von vielen Beispielen. China ersetzt seine Arbeiter zunehmend mit Robotern[54] und mittlerweile realisieren dies sogar wichtige Zeitungen. Erst vor einigen Tagen (zum Zeitpunkt des Schreibens) brachte die New York Times einen 6-seitigen Bericht heraus mit dem Titel „Die Maschinen übernehmen"[55] und das Wall Street Journal sagt „Weshalb Software die Welt auffrisst."[56] Ich schätze, Artikel wie diese werden in der näheren Zukunft häufiger zu lesen sein.

Der Trend ist klar. Firmen im produzierenden Sektor automatisieren und die typische Aussage, dass „Menschen eine andere Beschäftigung finden werden" ist einfach ein kleiner Ausschnitt, der die Realität der Situation nicht in Betracht zieht. – diese Veränderung geschieht zu schnell und die meisten Arbeitskräfte, die durch Maschinen ersetzt werden, werden nicht ausreichend Zeit haben, um neue Fertigkeiten zu erlernen. Abgesehen davon, ob wir überhaupt in der Lage sein werden, irgendwie die gleiche Anzahl an neuen Jobs zu finden, die der der entlassenen Arbeitskräfte entspricht – ich bezweifle das sehr (mehr dazu in Kapitel 9).

7.3   3D-Druck

Du bist gerade zu Hause und feierst eine Party mit ein paar Freunden. Wie es so ist, hat einer von ihnen ein bisschen zu viel getrunken und lässt ein Glas auf den Boden fallen. Normalerweise müsstest du nun losgehen und ein neues kaufen oder es online bestellen. Aber du könntest auch zum Computer gehen, die CAD-Datei für das Glas herunterladen, auf Drucken klicken und dabei zusehen, wie dein 3D-Drucker eine perfekte Kopie des Glases erstellt, um das zu ersetzen, das dein Freund zerbrochen hat. Ziemlich praktisch, aber nicht wirklich eine weltbewegende Veränderung.

Nun stell dir vor, du bist der Kapitän eines Containerschiffs. Du hast vor einigen Tagen China verlassen und befindest dich auf dem Weg nach San Francisco. Nun bist du inmitten des Pazifiks. Plötzlich stoppt das Schiff und der Chef-Ingenieur kommt zu dir auf die Brücke, um dir zu sagen, dass ein Teil des Motors beschädigt ist. Er hat kein Ersatzteil und es gibt keinen Weg, eine Ersatzlösung zu finden. Du realisierst, dass ihr gestrandet seid. Alles, was du tun kannst, ist Hilfe zu rufen, zu warten, den Liefertermin zu verpassen und eine Menge Geld zu verlieren. Keine schöne Situation. Oder du könntest einen 3D-Drucker an Bord haben. Such dir die Datei, klick auf Drucken und repariere den Motor und in weniger als einer Stunde bist du wieder unterwegs. *Das* ist wirklich praktisch.

Es ist wie der Replikator aus Star Trek.[57] „Tee. Earl Grey. Heiß." Viele Fans der Nächsten Generation werden diese Worte erkennen. Sag nur das Wort und alles, was du willst, wird direkt vor deinen Augen erscheinen. Wie weit sind wir von dieser fantastischen Technologie noch entfernt?

Heutzutage ist 3D-Druck ein Multi-Millionen-Dollar-Geschäft und es

Abbildung 7.1: Der Replikator aus Star Trek stellt eine Tasse Kaffee her.

wächst exponentiell.[58] Es gibt viele Arten von 3D-Druckern, von Do-it-yourself Open-Source-Modellen zu hoch entwickelten kommerziellen Produkten, von einigen hundert bis zu einigen tausend Euro. Die Idee dahinter ist einfach. Genauso wie handelsübliche Tintenstrahl- oder Laser-Drucker beginnt alles mit einer Datei auf deinem Computer. Dann wird die Materie entsprechend geändert, um alles, was du dir wünscht, zu erzeugen. Der einzige Unterschied besteht darin, dass sie in 3 Dimensionen drucken können, anstatt nur in 2. Und sie verwenden viele unterschiedliche Materialien. 3D-Drucker werden bereits für schnelle Prototypen-Erstellung genutzt und Do-it-Yourself-Enthusiasten sowie Hacker nutzen sie daheim für eine Menge Spaß. Obwohl diese Maschinen noch nicht wirklich dazu in der Lage sind, um sämtliche kommerzielle Produktion zu ersetzen, sind sie mit Sicherheit auf einem guten Weg. Das äußerst erfolgreiche Open-Source-Projekt RepRap hat zu einer großen Fülle von Erfolgsprojekten geführt. Und das dank seiner Offenheit und der unglaublichen Community der Menschen rund um das Projekt. Um nur einige der verfügbaren 3D-Drucker unter €1.000 zu nennen; es gibt MakerBot, Thing-O-Matic, The

Replicator, Ultimaker, Shapercube, Mosaic, Prusa, Huxley, Printrbot. Sie
alle sind nur in wenigen Jahren auf den Markt gekommen. Wenn du sie als
Bausatz kaufst und selbst zusammenstellst, kannst du sie sogar für weniger
als €300 bekommen.

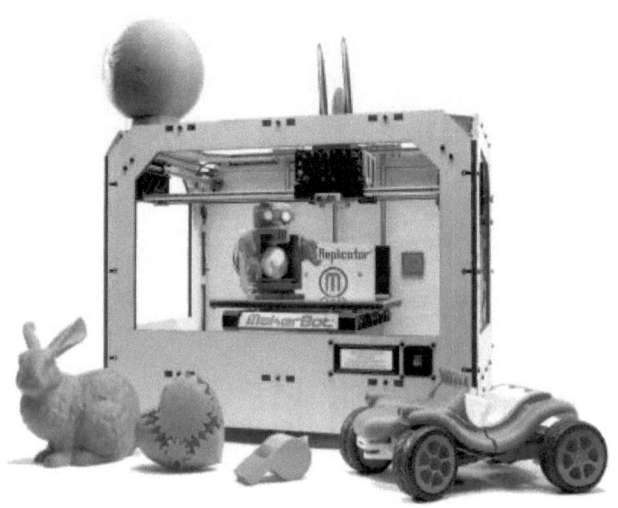

Abbildung 7.2: Der „Replikator", ein günstiger 3D-Drucker, der Objekte in
Farben druckt.

Drucker in der unteren Preisklasse sind nach wie vor in ihrer Leistung
limitiert. Sowohl hinsichtlich der Auflösung (man kann die Fehler sehen.)
als auch in den Materialien, die sie nutzen (zumeist Kunststoffe). Doch
kommerzielle Drucker sind anders. Während ich schreibe, kann das am
meisten hochentwickelte Gerät mit einer Genauigkeit von 16 Mikrometern
drucken.[59] Das sind 0,016 Millimeter! Um dies in die Perspektive zu rücken,
das Limit für die Auflösung des menschlichen Auges liegt bei 100 Mikrometern und die Pixel des iPhone 4 Retina Displays weisen 78 Mikrometer
auf.[60] Diese Geräte können mit unterschiedlichen Materialien drucken wie
ABS-Kunststoffe, PLA, Polyamide (Nylon), glasgefüllte Polyamide, stereo-
lithographische Materialien (Epoxidharze), Silber, Titanium, Wachs, Poly-
strol, Keramik, rostfreier Stahl, Titanium, Photopolymere, Polycarbonat,
Aluminium und verschiedene Legierungen wie Kobalt-Chrom.[61] Du kannst

in Farbe drucken und sogar Strukturen kreieren, die komplexer sind als industriell hergestellte Strukturen – oder sogar unmöglich in irgendeiner anderen Art und Weise hergestellt werden können.[62] Du kannst Teile mit beweglichen Komponenten erzeugen und sogar Teile innerhalb von Teilen.

3D-Drucker werden nicht nur genutzt, um Standardprodukte in alternativer Herstellungsweise zu produzieren. Viele Menschen haben bereits coole personalisierte Prothesen damit ausgedruckt,[63] knochenähnliches Material[64] und sogar menschliche Organe. [65,66]

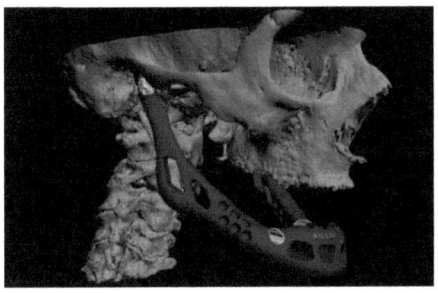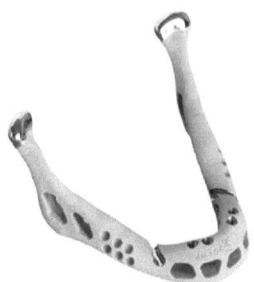

Abbildung 7.3: Ein durch einen 3D-Drucker kreierter Unterkiefer, der dem Gesicht einer 83-jährigen Frau angepasst wurde. Ärzte meinen, es ist die erste Operation dieser Art überhaupt.

Ein überaus inspirierendes Beispiel dafür, wie 3D-Drucker sich nutzen lassen, um die Menschheit voranzubringen, stammt von Scott Summit und seinem Team von Industriedesignern und orthopädischen Chirurgen, deren Mission es ist, einen sensiblen und sehr persönlichen Service für Menschen zu bieten, denen seit ihrer Geburt oder nach einem Unfall Gliedmaßen fehlen. In ihren Worten ist „jeder unserer Körper einzigartig so wie es auch unser Geschmack und Stil sind. Menschen sind alles andere als gleichförmig und wir wollen diese Tatsache anerkennen. Das schaffen wir, indem wir Produkte kreieren, die es unseren Kunden erlauben, ihre Prothesen zu personalisieren. Wir hoffen, dass dadurch schneller eine emotionale Bindung zu den Prothesen geschaffen werden kann und unsere Kunden sie selbstbewusst als eine Form des persönlichen Ausdrucks tragen."[67] Für Menschen, die ein Bein verloren haben, kann das Leben sehr schwierig sein. Anstatt den Defekt zu verstecken und sich dafür zu schämen, können sie ihre personalisierten Prothesen mit Stolz tragen und die verlorene Bindung zu ihrem Körper zurückgewinnen.

Ich erwarte, dass wir schon bald einen schnellen Anstieg der Qualität dieser Maschinen erleben werden, während die Kosten so deutlich sinken werden, dass sie zur alltäglichen Ware werden wie eine Mikrowelle und sich in den meisten Häusern finden werden. Marktplätze wie iTunes, Android und Amazon.com werden folgen, gemeinsam mit deren 'Piraten' und Open-Source-Gegenspielern. Tatsächlich weist die Open-Source-Community bereits den Weg (wie immer). Bei Thingiverse gibt es Tausende von kostenlosen Designs, die Menschen herunterladen, drucken oder verbessern können[68] und Pirate Bay hat vor kurzem angekündigt, eine neue Kategorie namens „Physible" einführen zu wollen mit CAD-Designs physischer Objekte, legal oder auch nicht.[69] In wenigen Jahren werden die meisten von uns einen Mikrometer-Präzisions-3D-Drucker besitzen, der bei uns zu Hause in vielfältigen Materialien und Farben druckt. Designs werden extrem günstig oder überhaupt nichts kosten.

Heutzutage ist 3D-Druck nur ein etwas ausgereifteres Hobby, aber schon bald wird es vielleicht ein Game-Changer für ganze Industrien sein. Ein weiterer Vorteil von 3D-Druck besteht darin, dass anstatt von standardisierten Größen und Formen, die sich auf Grundlage effizienter Produktion ergeben, sich Objekte an dich anpassen können und wir uns von einer Wirtschaft der Massenproduktion zu einer Wirtschaft der Massenpersonalisierung bewegen. Wie viele Jobs hängen heute von der Produktion ab? Nun ja, wir werden vielleicht auch sie verschwinden sehen.

7.4   Automatisiertes Bauwesen

Normalerweise dauert es zwischen 6 Wochen und 6 Monaten, um ein zweistöckiges Haus in den USA oder Kanada zu bauen. Vor allem, weil zig Menschen die Arbeit erledigen. Doch es gibt neuere und klügere Wege, um Häuser zu errichten und einige davon werden bereits genutzt. In China sind sie bereits in der Lage, einen 30-stöckigen Wolkenkratzer mit allem modernen Komfort in 15 Tagen zu bauen. Das sind 2 Stockwerke pro Tag, Non-Stop. Das Gebäude wird aus vorgefertigten Teilen hergestellt und kann Erdbeben der Stärke 9 standhalten. Es hat ein ausgezeichnetes Isolationssystem, ist fünfmal so effizient wie normale Hotels und weist ausgeklügelte Systeme für die Luftzirkulation und -qualitätskontrolle auf.[70] Die Auswirkungen davon sind signifikant: wir haben ein System entwickelt, das dich überall bauen lässt, bei Bodenunebenheiten von +/- 0,2 mm und das sogar innerhalb von wenigen Tagen.[71]

Das ist, was wir heute tun können. Werfen wir einen Blick auf morgen. Sollen wir?

Contour Crafting ist ein Bauprozess, der einen computergesteuerten Kran nutzt, um Gebäude schnell und effizient ohne manuelle Arbeiten zu errichten. Es ist möglich, dass die Technologie innerhalb von einem Jahrzehnt so weit fortschreiten wird, dass wir in der Lage sein werden, die Design-Spezifikationen in unseren Computer zu laden, auf Drucken zu klicken und zuschauen können, wie massive Roboter ein richtiges Haus innerhalb von weniger als einem Tag ausspucken. Keine Menschen werden benötigt, außer ein paar Überwacher und Designer. Vielleicht denkst du jetzt, dass das wie ein riesiger 3D-Drucker funktioniert! Und du liegst richtig. Die Idee ist dieselbe, nur der Maßstab und die Materialien unterscheiden sich.

Contour Crafting wird von Behrokh Khoshnevis am Information Science Institute der University of Southern California entwickelt. Ursprünglich war es dafür gedacht, Formen für industrielle Teile herzustellen, aber Khoshnevis entschied, die Technologie für den schnellen Hausbau zu adaptieren, um damit Gegenden wieder aufzubauen, die von Naturkatastrophen heimgesucht werden wie von den verheerenden Erdbeben, die in seiner Heimat Iran wüteten.[72] Khoshnevis behauptet, sein System könnte ein komplettes Haus innerhalb eines Tages bauen und sein elektrisch betriebener Kran würde nur sehr wenig Baumüll erzeugen. Das ist insofern interessant, weil ein normales Hausbauprojekt heutzutage 3 bis 7 Tonnen Müll produziert und natürlich auch Abgase von Maschinen und Fahrzeugen ausgestoßen werden.[73] Gar nicht zu denken an die Tausenden von Toten jedes Jahr durch Unfälle am Arbeitsplatz.[74] Contour Crafting könnte die Kosten reduzieren, unseren Einfluss auf die Umwelt verringern und Materialien und Leben schonen. Selbstverständlich werden ebenfalls viele Jobs verschwinden.

Einige Branchen und Institutionen haben bereits Interesse an dieser Technologie bekundet. Caterpillar Inc. hat seit dem Sommer 2008 das Viterbi-Projekt finanziert.[75] Die NASA bewertet Contour Crafting gerade hinsichtlich seiner Eignung für die Errichtung von Basen auf dem Mars und dem Mond[76] und Absolventen der Singularity University haben das ACASA-Projekt mit Khoshnevis als dem CTO gegründet, um Contour

Crafting auf den Markt zu bringen.[77]

7.5 Automatisierter Journalismus

Vielleicht denkst du, Schreiben ist eines der Dinge, die Maschinen niemals tun werden. Natürlich, du kannst sie so programmieren, dass sie Text generieren, aber es wird immer noch steril und verfälscht klingen. Es hätte keine Seele. Du würdest es sofort erkennen, richtig? Richtig?

Lass uns schauen, wie gut du das machst. Untenstehend sind einige Zeilen von drei Artikeln über ein Baseball-Spiel. Kannst du sagen, welche davon von einem Menschen aus Fleisch und Blut geschrieben wurden und welche (wenn überhaupt) von einem Computer erstellt wurden?

Das Original in Englisch:

a) *The University of Michigan baseball team used a four-run fifth inning to salvage the final game in its three-game weekend series with Iowa, winning 7-5 on Saturday afternoon (April 24) at the Wilpon Baseball Complex, home of historic Ray Fisher Stadium.*

b) *Michigan held off Iowa for a 7-5 win on Saturday. The Hawkeyes (16-21) were unable to overcome a four-run sixth inning deficit. The Hawkeyes clawed back in the eighth inning, putting up one run.*

c) *The Iowa baseball team dropped the finale of a three-game series, 7-5, to Michigan Saturday afternoon. Despite the loss, Iowa won the series having picked up two wins in the twinbill at Ray Fisher Stadium Friday.*

Die möglichst akkurat übersetzte Version in Deutsch

a) *Das Baseball-Team der Universität von Michigan nutzte einen Four-Run im fünften Inning, um das Finalspiel in seiner 3-Spiele-Wochenend-Serie gegen Iowa zu retten, um am Samstagnachmittag (24. April) 7:5 im Wilpon Baseball Komplex, der Heimat des historischen Ray Fisher Stadions, zu gewinnen.*

b) *Michigan wehrte Iowa am Samstag für einen 7:5 Sieg ab. Die Hawkeyes (16:21) waren unfähig, einen Four-Run-Verlust im sechsten Inning zu überwinden. Die Hawkeyes schlugen im achten Inning zurück und stellten einen Run auf.*

c) *Das Baseball-Team aus Iowa gab im Finale einer 3-Spiele-Serie 7:5 gegen Michigan am Samstagabend nach. Ungeachtet der Einbuße gewann Iowa die Serie, indem es bereits freitags zwei Siege auf der Punktetafel im Ray Fisher Stadion holte.*

Nimm dir einen Moment Zeit und versuche, zu raten. Sie sehen alle ziemlich ähnlich aus, aber welcher ist das Produkt einer leblosen Maschine? Alle davon? Keiner? Es ist Zeit für den Moment der Wahrheit. Wenn du dachtest, c) wurde von einem Computer erstellt, hast du richtig getippt. Ich kann mir vorstellen, wie du nun einen Absatz nach oben gehst und die Zeilen noch einmal liest und denkst „Ja, jetzt wo ich es sehe, macht es Sinn. Keine von ihnen hat das Zeug zum Pulitzer-Preis, aber c) sieht definitiv stumpfer aus als die anderen. Er muss computergeneriert sein." Irgendwie hat dein Unterbewusstsein diese Tatsache nun bereits verinnerlicht und es beginnt, diese zu festigen. Wenn du zurückgehst und die Zeilen erneut liest, bin ich sicher, dass du den Fehler sofort erkennen kannst. Wie auch bei unterschwelligen Botschaften funktionieren sie nicht mehr, sobald du sie erkannt hast.

Es tut mir leid, dass ich dich enttäuschen muss, aber du bist hinters Licht geführt worden. Die korrekte Antwort ist tatsächlich b), *das* ist der computergenerierte Artikel.[78] Wenn du reingefallen bist, fühl dich bitte nicht allzu schlecht. Die Wissenschaft der Berichterzählung und andere Firmen haben viele Kunden aus der Medienbranche, die diese Technologie bereits nutzen. Die meisten Menschen bemerken es nicht. Die Identität dieser Medienfirmen ist geheim, aber wir wissen, dass es sie gibt, weil die Firmen, die diese intelligenten Algorithmen kreiert haben, mehrere Millionen Euro in sehr kurzer Zeit verdient haben. Diese Software wird derzeit vorwiegend für Berichte in den Bereichen Sport, Finanzen, Wirtschaft, Märkte und Immobilien eingesetzt. Ich werde nicht so weit gehen und sagen, dass die Algorithmen, die bisher entwickelt wurden, ausreichen, um alle Journalisten zu ersetzen. Und ich erwarte nicht, dass eine Software in nächster Zeit einen Leitartikel über die Menschenrechte in China schreiben wird. Aber erinnere dich daran, um eine Branche zu stören, musst du nicht *alle* Jobs darin ersetzen, sondern nur einen bedeutenden Teil davon.

Ich habe bemerkt, dass Menschen häufig dazu neigen, den folgenden logischen Irrtum auszusprechen: *Wenn du ein Beispiel finden kannst, wo ein Mensch nicht von einer Maschine ersetzt werden kann, dann ist das Argument der technologischen Arbeitslosigkeit falsch.* Auf der anderen Seite würde ich argumentieren, wenn du auf das eine spezielle Beispiel vertrauen musst, um das Argument im Sinne der Menschen zu untermauern, hast du lediglich meine Meinung bewiesen. Die Durchschnittsperson in diesem Beruf ist dazu verdammt, Opfer der technologischen Arbeitslosigkeit zu werden.

Nun stell dir vor, wenn einige der großen Player (z.B. Google, Amazon.com etc.), die Millionen von Terabyte an persönlichen Informationen über unsere Lesegewohnheiten sammeln, sich dazu entscheiden, in den Markt des automatisierten Journalismus einzutreten. Wir haben bereits gesehen, wie Google News sich auf Nachrichtenseiten ausgewirkt hat, indem Google Artikel in Kategorien zusammensammelt und personalisierte News-Feeds schneller und besser erstellt, als es das menschliche Gehirn je könnte. Was, wenn diese Art von Software damit beginnen würde, die Artikel selbst zu schreiben? Wenn du in Jahrzehnten denkst, bist du bereit für eine Überraschung.

7.6 Assistenten mit künstlicher Intelligenz

Du erinnerst dich vielleicht an den Mai 1997, als der legendäre Schachspieler Garry Kasparov von IBM Deep Blue geschlagen wurde. Und zwar in dem Schachspiel, das bis heute als „das spektakulärste Schach-Match der Geschichte"[79] bezeichnet wird. Während des Spiels war es IBMs Plan, auf die Überlegenheit der Computerleistung seiner Maschine zu vertrauen und dabei die *Brute-Force-Methode*[80] anzuwenden. Dabei werden Milliarden von Kombinationen verarbeitet; gegen die Intuition, Gedächtnisabruf und die Muster-Erkennungsgabe des russischen Schach-Großmeisters. Niemand dachte, dass dabei irgendeine Form großartiger Intelligenz zum Vorschein kommen würde, da der Prozess in einer sehr mechanischen Art und Weise vor sich ging. Junge, haben wir uns seitdem weiterentwickelt.

Der klassische „Turing-Test-Ansatz" ist als realistisches Rechercheziel weitgehend verschwunden und ist heute lediglich eine intellektuelle Kuriosität (der jährliche Loebner-Preis für realistische Chat-Gespräche[81]), aber half dabei, die zwei dominanten Themen der modernen Erkenntnis und künstlichen Intelligenz hervorzubringen: Die Kalkulation von Möglichkeiten und die Produktion komplexer Verhaltensweisen aus der Interaktion vieler kleiner, einfacher Prozesse. Bis heute (2012) glauben wir, dass diese sehr ähnlich das wiedergeben, was unser menschliches Gehirn tut und sie wurden bereits in einer Reihe von realistischen Anwendungen genutzt: Googles autonome Autos, Suchergebnisse, Empfehlungssysteme, automatische Sprachübersetzung, persönliche Assistenten, kybernetische Computer-Suchmaschinen und IBMs neuestes Supergehirn **Watson**.

Lange glaubte man, dass natürliche Sprachverarbeitung eine Aufgabe wäre, die nur Menschen erledigen könnten. Ein Wort kann je nach Kontext unterschiedliche Bedeutungen haben, ein Satz meint nicht, was er aussagt, wenn es ein Witz oder Wortspiel ist. Der Sinn erschließt sich vielleicht durch eine implizierte Botschaft oder durch spezifische kulturelle Anknüpfpunkte, die sich auf ein geografisches oder kulturelles Gebiet beziehen. Die Möglichkeiten sind unendlich. Ein Spiel, das die Feinheiten und Nuancen der englischen Sprache sehr gut aufzeigt, ist *Jeopardy!* Diese Show, die über ein halbes Jahrhundert lang auf Sendung war, hat einige außergewöhnliche Genies präsentiert. Brad Rutter ist der größte Gewinner aller Zeiten in dem Spiel (Er machte bisher $3.455.102[82]) und Ken Jennings ist der Rekordhalter für die längste Gewinnserie (74 Siege[83]).

Im Februar 2011 entschied sich das Team von IBM dazu, beide Champions zu einem historischen Spiel zwischen Mensch und Maschine einzuladen. Es war ein Moment der Wahrheit. Watson dominierte über die beiden Menschen und brachte den Preis von $1 Million nach Hause (der für wohltätige Projekte gespendet wurde), während Jennings und Rutter $300.000 und $200.000 erhielten und beide ebenfalls die Hälfte ihrer Gewinne wohltätigen Projekten spenden wollten. Dies war ein wahrhaft historischer Moment für Wissenschaftler im Bereich der künstlichen Intelligenz, weil sie in der Lage waren, eine Grenze zu erreichen, von der wenige Jahre zuvor lediglich Science-Fiction-Autoren und Futurologen glaubten, dass es möglich war, sie zu erreichen.

Auch wenn der Erfolg von IBM sehr eindrucksvoll sein mag, müssen wir die Dinge wieder aus der richtigen Perspektive betrachten. Watson hat Zugang zu 200 Millionen Seiten von strukturierten und unstrukturierten Inhalten, die vier Terabyte Speicherplatz benötigen und den gesamten Inhalt von Wikipedia inkludieren. Die Hardware ist ein Monster aus 2.880-Prozessorkernen und läuft auf massiver Parallelität, die es Watson erlauben, *Jeopardy!*-Fragen in weniger als drei Sekunden zu beantworten.[84] Die gesamten Kosten der Hardware liegen bei €2,23 Millionen. Watsons Gehirn verbraucht 80 kW an Elektrizität und benötigt 20 Klimaanlagen,[85] während Ken Jennings und Brad Rutters Gehirne in einer Schuhschachtel Platz hätten und von ein paar Gläsern Wasser und einigen Sandwiches angetrieben werden.

Nun lade ich dich dazu ein, dir die Macht des exponentiellen Wachstums im Computerwesen noch einmal in Erinnerung zu rufen. Während unsere Hirne in den nächsten 20 Jahren relativ unverändert bleiben werden, werden sich Computereffizienz und Computerleistung rund 20 Mal verdoppelt haben. Das kommt einer millionenfachen Steigerung gleich. Demnach wirst du für die gleichen €2,23 Millionen einen millionenfach leistungsfähigeren Computer als Watson bekommen oder du könntest einen Computer auf Watsons Niveau für €2,23 haben.

Watsons Computerleistung und seine außergewöhnlichen Fähigkeiten fortschrittlicher natürlicher Sprachverarbeitung, maschinellen Lernens und der Beantwortung von Fragen zu offenen Themen wurden mittlerweile bereits besserem Nutzen zugeführt als der Präsentation in einem TV-Wettbewerb. IBM und Nuance Communications Inc. arbeiten in einem Forschungsprojekt zusammen, um in den nächsten 18 bis 24 Monaten ein marktfähiges Produkt zu gestalten, das Watsons Möglichkeiten in einem klinischen Entscheidungs-Unterstützungssystem anwenden soll, um bei der Diagnose und Behandlung von Patienten zu helfen.[86] Erinnern wir uns an das Beispiel automatisierter Radiologen, das früher genannt wurde. Watson wäre komplett in der Lage, diese Aufgabe zu erfüllen, wenn es jemals Überlegungen gäbe, das zu tun. Und selbst dann würden wir lediglich einen kleinen Teil seiner immensen Leistung nutzen.

Dies ist erst der Anfang. Ähnliche Technologien wie Watson könnten theoretisch überall angewendet werden: Juristische Beratung, Stadtplanung (IBM und Cisco arbeiten bereits an intelligenten Städten),[87] und warum nicht auch Politik?[88]

Das Internet der Dinge kommt und wir sollten besser bereit dafür sein. Technologie wird so billig und leistungsfähig werden, dass sie in alltägliche Dinge integriert werden wird, die uns dabei helfen werden, bessere Entscheidungen zu treffen. Wenn alle Objekte der Welt mit winzigen Identifizierungs-Geräten ausgestattet sind, wird sich das tägliche Leben auf der Erde einer Transformation von epischem Ausmaß unterziehen.[89] Firmen werden keine leeren Lager mehr haben und würden keine Produkte verschwenden, da die beteiligten Parteien wissen werden, welche Produkte gebraucht und konsumiert werden.[90] Verlegte und gestohlene Gegenstände könnten einfach verfolgt und lokalisiert werden. Ebenso wie die Menschen, die sie verwenden. Deine Fähigkeit, mit Dingen zu interagieren, könnte aus der Ferne verändert werden, basierend auf deinem aktuellen Status und existierenden Nutzungsverträgen. Wir sind noch nicht dort, doch wir kommen näher und näher.[91]

Zurück zur Gegenwart. Schauen wir, was der Markt uns heute zu bieten hat. Siri ist der Versuch von Apple, einen persönlichen Assistenten zu schaffen und jeder, der es jemals genutzt hat, weiß, dass es mehr als nur ein Spielzeug ist. Jeder, der versucht, dich vom Gegenteil zu überzeugen, redet Marketing-Müll. Schon jetzt hat es künstliche Intelligenz eingebaut, um Sprache zu erkennen und einige Verbindungen im Dialog zu kreieren, Termine zu machen und E-Mails zu versenden; dann fragt es die Berechnungs-Suchmaschine WolframAlpha ab, um dir Computerergebnisse auf natürlich gesprochene Fragen zu liefern; doch es geht nicht allzu weit. Der so genannte 'Smart-Assistant' versteht nur sehr wenig gesprochene Sprache. Es passt sich nicht an viele verschiedene Akzente an und es fühlt sich nicht an wie ein Gespräch mit einer echten Person. Ehrlich gesagt, fühlt es sich an, als müsstest du dich eher daran anpassen als umgekehrt.

Dies gesagt, kann man nicht sein immenses Potenzial übersehen, vor allem unter Berücksichtigung dessen, was wir im Kapitel *Informationstechnologie* über die exponentielle Kurve gelernt haben. Siri ist nur der erste Prototyp eines baldigen tatsächlichen intelligenten Assistenten, der jede Sprache versteht, egal von wem sie gesprochen wird und Menschen bei allem hilft, was sie brauchen. Mit der Zeit wird er sich weiter und weiter entwickeln, mehr und mehr intelligent werden (gemeint ist nützlich, nicht zwangsläufig 'intelligent' wie wir es sind). Sein Fortschritt wird sich automatisch an alle verbundenen Geräte verbreiten, überall in der Welt und sofort. Google arbeitet bereits an einem Konkurrenten zu Siri als Teil seiner Android-Plattform und wir können erwarten, dass Watson von IBM ebenfalls eine Rolle in der Szene spielen wird. Und das sind nur die bekannten

Mitspieler. Heutzutage kann ein Team aus 3 bis 4 Personen mit Zugang zu Cloud-Computing ein revolutionäres neues System entwickeln, dass von Millionen von Menschen genutzt werden kann. Das initiale Investment ist sehr niedrig und dank der Verteilung der Berechnungen werden die Kosten nur schrittweise erhöht, wenn das Geschäft expandiert.

Wir stehen kurz davor, bedeutende Veränderungen in solchen Technologien zu erleben, deren Konsequenzen für uns in diesem Moment unvorstellbar sind. Genauso wie Höhlenmenschen sich komplexe Städte und Gesellschaften nicht vorstellen konnten, in denen wir heute leben, können wir uns ebenso wenig im Detail ausmalen, was bald auf uns zukommen wird.

7.7   Autonome Fahrzeuge

Menschen sagen häufig, dass eine Sache entweder offensichtlich ist und alles verändern wird oder dass sie nie passieren wird. Doch es zeigt sich, dass die Dinge nicht ganz so einfach sind. Gesellschaften haben viele Facetten, sind komplex, bilden Organismen heraus mit vielen Variablen und einem bestimmten Grad an Unvorhersehbarkeit. Techniker versagen häufig darin, den menschlichen Faktor mit einzuberechnen, die Psychologie der Massen und wie Ereignisse sich natürlich entfalten. Ich denke, beide Perspektiven bilden nicht wirklich ab, wie wir als Menschen auf diese Ereignisse reagieren. Humanisten verstehen Technologie üblicherweise nicht, wodurch ihre soziale Kritik im Angesicht einer störenden Veränderung zu kurz ausfällt.

Angenommen, wir nehmen den Fall der automatisierten Fahrzeuge her. Dies sind selbstfahrende Maschinen: Autos, Lkw und Busse, die keinen menschlichen Fahrer benötigen. Die Idee von selbstfahrenden Fahrzeugen gibt es dank Science-Fiction-Autoren in der Populärkultur bereits seit einiger Zeit. Doch zum ersten Mal haben wir die Ingenieurskunst, die mathematische und die Berechnungsfähigkeit, um diese Idee in die Realität zu bringen. Einige Menschen stehen dieser Technologie sehr enthusiastisch gegenüber. „Es geht immer um Zeit. Ich kann es nicht erwarten, um endlich einen davon zu bekommen" - sagte eine der Personen, die ich interviewt habe - „Es ist offensichtlich, dass menschliche Fahrer schon sehr bald verschwinden werden."Doch ich habe auch viele andere Antworten erhalten:

„Ich traue diesen Maschinen nicht, sie werden nie wie wir sein. Ich werde niemals in ein solches Auto einsteigen. Ich will die Kontrolle haben. Die Menschen werden es nicht akzeptieren, sie werden niemals automatisierte Autos auf den Straßen fahren lassen." Diese Vision wird von vielen anderen geteilt, die ich interviewt habe. Einige von ihnen zeigten sich teilweise sogar verstört vom Gedanken an selbstfahrende Autos (überraschenderweise sogar junge Leute).

Es gibt viele Faktoren zu beachten und die Evolution des Fortschritts durchläuft verschiedene Schritte. Zuerst gibt es die Entwicklung einer neuen Technologie. Computerwissenschaftler, Mathematiker, Physiker und Ingenieure formen sich irgendwo zu einem kleinen Forscherteam zusammen und entscheiden, einige spezifische Probleme zu lösen. Nach einigen Jahren Forschung und Entwicklung, manchmal auch nur in wenigen Monaten, haben sie einen funktionstüchtigen Prototypen. Sie testen ihn, verbessern ihn und testen ihn wieder. Sie verändern die Bedingungen und testen ihn wieder und wieder bis sie mit den Ergebnissen zufrieden sind. Nun haben wir eine funktionierende Technologie, die sowohl unter normalen als auch unter extremen Bedingungen stressgeprüft wurde und alle Daten deuten darauf hin, dass sie verlässlich ist. Tatsächlich ist sie verlässlicher als jeder Mensch; sie ist sicherer und arbeitet schneller. Dies ist nur der erste Schritt. Anschließend folgt die gesellschaftliche Akzeptanz einer solchen Technologie. Dies ist nicht so unkompliziert, wie es vielleicht scheint. Erinnere dich, dass Menschen sehr unterschiedlich auf die Verwendung dieser Maschinen reagieren. Zumeist werden gegensätzliche Meinungen von mangelndem Verständnis der Grundlagen der besagten Technologie verursacht. Sie sehen es als eine Frage des Vertrauens oder Glaubens. Sie erstellen ihre Meinung auf Grundlage von Intuition oder ihrem Bauchgefühl. Was auch immer der Fall ist, diese unterschiedlichen Einstellungen sind real und haben sehr ernsthafte Konsequenzen. Als Ergebnis daraus wird eine Technologie, nur weil sie existiert und uns hilft, besser zu leben, noch lange nicht auch zwangsläufig sofort verwendet, weil es viele soziale Faktoren gibt, die hier mitspielen.

Um zu erklären, wie sich dieser Prozess entwickelt, werde ich versuchen, vorherzusagen, wovon ich denke, dass es ein mögliches Zukunftsszenario für den Fall der selbstfahrenden Autos sein könnte. Unnötig zu sagen, dass ich die Gabe der Vorhersage nicht beherrsche, aber ich werde versuchen, eine informierte Einschätzung abzugeben. Einige dieser Ereignisse haben sich

zur Zeit des Schreibens bereits zugetragen. Viele andere nicht. Die Zeit
wird zeigen, ob ich richtig oder falsch gelegen bin.

7.8 Eine (mögliche) Geschichte autonomer Kfz

Google kündigte an, selbstfahrende Autos entwickelt zu haben. Nach
einigen Jahren der Forschung mit sehr wenig Geld und einem kleinen Team
gelang es ihnen, die Macht der Maschinen zu bändigen, um eine der größten Herausforderungen unserer Zeit zu lösen. Durch die Nutzung neuraler
Netzwerke und fortschrittlicher maschineller Lernalgorithmen, einer immensen Datenmenge und dank der Macht der sich exponentiell ausbrei-
tenden Technologien, die Computer günstiger und schneller gemacht haben
sowie Sensoren, GPS und Lasersystemen hatte Google nun einen funktio-
nierenden Prototypen eines Autos, das keinen menschlichen Fahrer mehr
benötigt. Danach begannen sie, das Auto auf der Straße zu testen und
ließen es Tausende von Kilometern fahren. Es erkannte Straßenschilder,
Ampeln, Fußgänger, querende Hunde, einfach alles rundherum. Es hatte
eine 360-Grad-Sicht der Umgebung. Es funktionierte unter allen Bedingungen, inklusive Sonnenschein, Regen, Nebel, vereisten Straßen, Schnee, auf
großen und auf kleinen Straßen. Es konnte durch die ländlich geprägten
Landstriche fahren, über Autobahnen und auch durch Innenstädte mit hohem Verkehrsaufkommen und vermied überall Hindernisse. Es verhinderte
sogar Unfälle, wenn es zu potenziell gefährlichen Situationen kam wie etwa, wenn ein Kind mitten auf die Straße sprang oder ein Radfahrer ohne
Vorwarnung über den Mittelstreifen fuhr – Situationen, die natürlich vom
Design-Team berücksichtigt wurden. Anschließend wurden die Ergebnisse
der Öffentlichkeit präsentiert. Die Menschen waren geteilter Meinung und
bekannten sich schnell als Befürworter oder Kritiker. Die meisten von ihnen
recherchierten keinerlei Details: Entweder sie liebten es oder sie hassten es
a priori. Die Medien halfen auch nicht wirklich, da viele Berichterstatter
die ganze Sache mit einigen uninformierten Bemerkungen verwarfen; und
die Öffentlichkeit erhielt keinerlei Informationen, die dazu beitragen hätten
können, ihre Meinung zu ändern. Da der Hauptgrund, warum sie die Nachrichten lasen, darin bestand, informiert zu werden, akzeptierten sie, was sie
hörten, als gegeben. Einige Nachrichtenkanäle boten einen sehr guten Service; aber allzu oft gaben sie lediglich persönliche Meinungen ab, die von

irgendjemandem stammten, der kein Verständnis der Materie hatte und der von der TV-Anstalt bezahlt wurde, um deren Ignoranz darzustellen und diese an das Publikum zu vermitteln.

In der Zwischenzeit wurden weitere Tests durchgeführt und die Autos begannen, die Aufmerksamkeit vieler Unternehmen und Investoren zu erregen. Sie planten, die erste Version von Hybriden, teilweise automatisierten Fahrzeugen, auf den Markt zu bringen, wobei die Standardversion von einem Menschen gelenkt wurde, aber es möglich war, jederzeit in den automatisierten Modus umzuschalten und das Auto selbst fahren zu lassen. Einige Staaten und Länder schlugen neue Gesetze vor, um diese Autos zu berücksichtigen und Versicherungen planten, ihre Versicherungspolizzen entsprechend anzupassen. Dieser Prozess nahm einige Zeit in Anspruch – Monate und in einigen Fällen Jahre, vor allem aufgrund der sozialen Spannungen, die sich immer deutlicher zeigten. Die Zentralthemen waren Sicherheit und Verantwortung: Wer ist verantwortlich, wenn ein Unfall passiert? Der Autobesitzer? Der Fahrzeughersteller? Das Forscherteam, das das System entwickelt hat? Der Staat, der es erlaubt hatte, dass sich diese Autos frei in seinen Städten bewegen konnten? Einige brachten ein anderes Problem zum Vorschein: Diese Technologie vernichtete Jobs. Der Verlust von Arbeitsplätzen (der menschlichen Berufskraftfahrer), ohne einen Plan, um diesen Verlust aufzufangen. Diese Menschen wurden größtteils ignoriert und das Thema kam im politischen Diskurs nicht auf, weil man glaubte, es wäre die Aufgabe des Marktes, dieses Problem zu lösen.

Nach diesem Medienwahnsinn kamen endlich die ersten selbstfahrenden Autos auf den Markt. Nur in einigen Staaten war es möglich, sie im Automatik-Modus zu fahren, sodass der Schalter für den manuellen Modus essenziell war. Man sah sich mit starkem Gegenwind aus vielen Gruppen konfrontiert: technophobe, politische Gruppen, Lobbyisten, Mitbewerber, die diese Technologie noch nicht hatten und Eltern, die sich Sorgen um ihre Kinder machten, weil die Nachrichten ihnen erzählten, dass diese Maschinen gewissenlos ihre Babys töten würden. Es war nicht einfach, Akzeptanz zu erreichen.

Auf der anderen Seite waren die Fahrer, die diese neue Technologie nutzten, extrem zufrieden. Zu Beginn wurden die Autos lediglich von Menschen mit speziellen Bedürfnissen gekauft (Menschen mit eingeschränkter Mobilität/oder eingeschränktem Sehvermögen und ältere Menschen), aber dann begann die Popularität der Autos an Boden zu gewinnen. Die

Kosten sanken und die Botschaft der selbstfahrenden Autos breitete sich überall hin aus. In Staaten, wo die Autos erlaubt waren, verschwanden Verkehrsstaus und wurden ein Ding der Vergangenheit.[92] Besitzer der kybernetischen Autos waren sehr glücklich über ihre Investition und genossen die Ausflüge damit. Sie konnten sich entspannen, die Nachrichten lesen, ihr Smartphone benutzen, Arbeit erledigen oder sogar einfach nur aus dem Fenster schauen und den Himmel genießen, als wenn sie sich in einem Zug befänden. Man könnte einfach einsteigen, die Destination auf dem Navi wählen und die Fahrt genießen. Doch die 'Wahnsinnsfunktion' schlechthin ist der „Bring-mich-heim-Befehl". Dieser war teilweise sehr nützlich in stressigen und kritischen Situationen. Nach einem langen Arbeitstag gab es nichts, das die Autobesitzer mehr schätzten als nach Hause zu kommen, ohne sich um irgendetwas Gedanken machen zu müssen. Noch wichtiger, sie könnten auch mit Freunden ausgehen, etwas trinken, ins Auto einsteigen und murmeln „Fahr heim" oder den „Nach-Hause-Knopf" auf dem Armaturenbrett drücken und einschlafen, während das Auto den Rest besorgt. Erzählungen davon, wie diese Autos Menschen halfen und entscheidend deren Lebensqualität verbesserten, begannen sich zu verbreiten: Berichte in Zeitungen, Interviews im Fernsehen und einiger Zuspruch von Prominenten. Verkehrsstaus verminderten sich weiterhin und die Zahl der Unfälle begann deutlich zu sinken. Es schien, als würde sich die Situation verändern und die öffentliche Meinung veränderte sich zunehmend ins Positive. Dann passierte der erste größere Unfall.

Ein selbstfahrendes Auto fuhr wie immer umher als ein anderes Auto, das von einem Menschen gelenkt wurde, mit ihm kollidierte. Die Person, die das altmodische Fahrzeug lenkte, war schneller gefahren als erlaubt und beachtete auch nicht die Straßenschilder. Kurz gesagt, es war ihre Schuld. Das kybernetische Auto versuchte, die Kollision zu vermeiden, aber das andere Auto war einfach zu schnell unterwegs und es geschah zu schnell. Das Ergebnis: Der Fahrer des altmodischen Autos und sein Beifahrer starben. Die Nachrichten überschlugen sich. Titelmeldungen wie „Selbstfahrendes Auto tötet zwei Menschen", „Die Killer-Maschine" und „Wer wird dafür bezahlen?" dominierten die Medien. Die Familien der Opfer wurden von nationalen TV-Kanälen interviewt und ihr Schmerz und ihre Wut verstärkten den Hass auf die Maschinen, die bis dahin stillstanden. „Ich wusste, dass das passieren würde" – „Du kannst einer Maschine nicht vertrauen" – „Ich habe gegen dieses Gesetz gestimmt" – „Wir werden tun, was immer notwendig ist, um sicherzustellen, dass dies nie wieder passieren wird." und anderer Unsinn wie dieser war in jeder Ecke der Nachrichten zu lesen. Nur wenige nannten die Tatsache, dass in der Zeit zwischen der Einführung der ersten selbstfahrenden Autos und dem ersten größeren Unfall Tausende von Unfällen durch menschliche Fahrer mit hunderten Todesopfern verursacht wurden, von denen es kein einziger in die Nachrichten geschafft hatte. Es schien nicht von Bedeutung zu sein: Tatsachen sind nicht wichtig; was zählt, ist die Wahrnehmung der Realität der Menschen. Einige Staaten erklärten, dass sie es nicht zulassen würden, dass diese teuflischen Maschinen weiteren Schaden anrichteten. Mehr Gesetzgebung, mehr öffentlicher Diskurs, mehr Debatten und Widerstand folgte.

Inzwischen hatte sich die Technologie exponentiell weiterentwickelt: Die Autos wurden sogar noch verlässlicher, sie verbrauchten weniger Energie, ihr Algorithmus wurde verbessert. Sie wurden billiger und verbreiteten sich weiter. Mehr Unternehmen entwickelten solche Technologien und die Nachfrage für diese Autos stieg an. Schon bald war es der einzige Wachstumsmarkt in der Autoindustrie und Unternehmen, die es nicht schafften, mitzuziehen, liefen Gefahr, auszusterben. Auf der anderen Seite gab es noch immer eine kleine Gruppe überzeugter Menschen, die weiterhin vom Genuss des Fahrens erzählten, vom Wert, den Geist in Gang zu halten und der „guten alten Zeit." Sie behaupteten außerdem, dass es wichtig war, die Kontrolle über unsere Werkzeuge zu behalten und dass die Richtung, in die die Menschen gingen, hässlich und gefährlich war. Sie hatten einige Unterstützer und blieben dieser Perspektive trotz der weiterhin wachsenden Fortschritte in diesem Feld treu.

Nach einigen Jahren wurden diese Autos zur Normalität in den meisten industrialisierten Ländern. Es gab noch immer Hybrid-Modelle, aber die Menschen vertrauten ihren Fahrkünsten immer weniger. Die Straßen wurden sicherer und die Anzahl an Verkehrsstaus wurde größtenteils reduziert. Einige große Unternehmen begannen, völlig neue Fahrzeugkonzepte zu gestalten: komplett autonome, kybernetische Fahrzeuge, bei denen der menschliche Fahrer nicht mehr gebraucht wurde. Dadurch konnten sie die Kabine von Grund auf neu gestalten. Die Sitze waren nun in alle Richtungen beweglich, alle vier Personen konnten sich, wenn sie wollten im Kreis zusammensetzen. Sich in einem Auto zu befinden, wurde zu einer gänzlich neuen Erfahrung; es konnte ein wahrhaft soziales Ereignis sein. In dieser Situation würde jeder erwarten, dass jedes Auto, jeder Bus, jeder Lkw und jedes Taxi von nun an autonom fahren würde. Es wäre sicherlich die richtige Entscheidung gewesen: effizienter, weniger Unfälle, weniger Staus, billiger und verlässlicher als menschliche Fahrer... nur mehr selbstfahrende Autos zu nutzen, wäre logisch. Doch die Dinge entwickeln sich nicht immer logisch. Sie folgen komplexen Dynamiken, die mit der Gesellschaft zu tun haben, mit Gruppendenken und komplexen Dynamiken, die wenig mit Technologie und dem, was gut ist, zu tun haben; und viel mit Politik, Marketing, Emotionen, alten Gewohnheiten, Trugbildern, Glaubenssätzen und was scheint, gut zu sein.

Die Erfindung und Gestaltung einer Technologie mag vielleicht eine Herausforderung sein, aber manchmal ist soziale Akzeptanz dieser Technologie noch eine weitaus härtere.

Kapitel 8

Gesellschaftliche Akzeptanz

Sogar wenn eine Technologie vielleicht getestet, verlässlich und vollendet für den Gebrauch ist, ist die soziale Akzeptanz nicht naheliegend. Angst, Unsicherheit, Zweifel, Ignoranz und spezielle Interessen wirken alle zusammen, um Innovation zur Verbesserung unseres Lebens zu ersticken. Nehmen wir die wohl größte Innovation in der Geschichte der Menschheit: Das Internet. Ein Ozean voller Möglichkeiten: Demokratisierung von Information, verteilte kostenlose Verbreitung von Ideen, jederzeitige Kommunikation über den gesamten Globus, die Nivellierung von Rasse und Klasse; jeder hat überall dieselben Möglichkeiten. Das war das Potenzial. Und die Realität? Eine Handvoll Firmen kontrolliert die essenziellen Dienstleistungen für den Zugang zum Internet und eine ebenso kleine Zahl an Konzernen vereint einen großen Teil des Traffics im Internet auf sich. Auch wenn wir die Technologie und die Fähigkeit haben, um den 7 Milliarden Menschen auf der Welt kostenlosen und ungehinderten Internetzugang zu geben, ist nur ein Drittel der Welt mit dem globalen Geist verbunden.[93]

Und auch wenn es das Internet schafft, zu den Menschen zu gelangen, entwickeln sich die Dinge nicht so, wie erwartet. Die Politik sollte die Meinungsfreiheit sichern, aber Versuche, das Internet zu zensurieren, sind weit verbreitet und werden auf der ganzen Welt mehr und mehr. Ein kurzer Blick auf den Freedom House Bericht aus dem Jahr 2011 *Freedom on the Net* zeigt uns ein sehr trauriges Bild. Von den 37 beobachteten Ländern wurden 8 als „frei" bewertet(21%), 18 als „teilweise frei" (49%), und 11 als „nicht frei" (30%).[94] Die Ergebnisse der Studie zeigen, dass die Bedrohungen der Freiheit des Internets anwachsen und vielfältiger geworden sind.

Cyber-Attacken, politisch motivierte Zensur und Kontrolle der Regierung über die Internet-Infrastruktur zeichnen sich als besonders deutliche Bedrohungen ab. Und sogar in den wenigen Ländern, die als „frei" gehandelt werden, gibt es einen Haken. Beispielsweise werden die Vereinigten Staaten von Amerika als angeblich „frei" bezeichnet, aber es gibt eine lange Geschichte von Gesetzesvorschlägen auf Bundes- und Staatenebene, die darauf abzielen, den Zugang zu bestimmten Seiten oder Leistungen zu begrenzen oder Personen zu kontrollieren.[95] Einigen dieser Gesetze liegen gute Intentionen zugrunde, aber sie wurden leicht verzerrt und missbraucht. Der letzte Auswuchs dieser Unflätlichkeiten wurde SOPA (Stop Online Piracy Act) genannt und kam zusammen mit seiner Zwillingsschwester, dem PROTECT IP Act (Preventing Real Online Threats to Economic Creativity and Theft of Intellectual Property Act of 2011; United States Senate Bill S.968), die der Unterhaltungsindustrie die Macht der Zensur im Internet verliehen. Filmemacher Kirby Ferguson erklärte es sehr nett:[96]

> „Protect-IP wird Internet-Piraterie nicht stoppen, sondern wird riesiges Potenzial für Zensur und Missbrauch liefern, während das Internet unsicherer und unverlässlicher wird. Das ist das Internet, über das wir sprechen. Es ist ein lebendiges Medium in Bewegung und unsere Regierung verändert die Grundstruktur, damit die Menschen vielleicht mehr Hollywood-Filme kaufen. Aber Hollywood-Filme wählen keine Kandidaten aus dem Volk, sie überführen keine korrupten Regime und die gesamte Unterhaltungsindustrie trägt überhaupt nicht allzu viel zu unserer Wirtschaft bei. Das Internet tut genau das und noch mehr. Konzerne haben bereits Werkzeuge, um Piraterie zu bekämpfen. Sie haben die Macht, um spezielle Inhalte zu löschen, um Peer-to-Peer-Firmen aus der Existenz zu verklagen und um Journalisten nur dafür zu verklagen, wenn diese darüber berichten, wie man eine DVD kopiert. Sie haben eine lange Geschichte, in der sie ihre Macht expandierten und missbrauchten. Sie versuchten, ein Baby-Video von YouTube zu löschen, nur wegen der Musik, die im Hintergrund spielte. Sie haben gesetzliche Strafen genutzt, die für kommerzielle Piraterie im großen Stil vorgesehen waren, um damit Familien und Kinder zu verfolgen. Sie haben sogar gegen VCR und den ersten MP3-Player

geklagt. Die Frage ist also: Wie weit werden sie es treiben? Die
Antwort an diesem Punkt ist klar: So weit wie wir sie lassen."

Am 18. Januar 2012 haben die englische Wikipedia, Reddit und 7.000
andere kleinere Webseiten einen Service-Ausfall koordiniert, um das Bewusstsein gegen diesen Wahnsinn zu erhöhen. An diesem Tag haben über
160 Millionen Menschen den Banner von Wikipedia gesehen; die Electronic
Frontier Foundation, Google und viele andere sammelten viele Millionen
Unterschriften, viele begannen Firmen zu boykottieren, die die Gesetze
unterstützten und in New York City fand eine Kundgebung mit mehreren tausend Aktivisten statt.[97] Indem wir unsere Kräfte und kollektiven
Anstrengungen vereinten, waren wir in der Lage, diese Monstrosität abzu-
würgen, aber sie kommen bereits wieder zurück mit ähnlichen (wenn nicht
sogar noch störenderen) idiotischen Vorschlägen.[98]

Politiker sind nicht nur ignorant demgegenüber wie grundlegende Dinge
funktionieren, bei denen Technologie beteiligt ist, sie agieren auch als wichtige Vertreter von Konzernen. Genauer gesagt, ihre angebliche Ignoranz
erlaubt es zahlenden Lobbyisten, die Gesetze in der Form zu schreiben, die
am meisten vorteilhaft für unsere angeblichen Vertreter sind. Die wahren
Wahlkreise - die Konzerne und deren Eigentümer, die sich mit der Mehrheit
am Kuchen nicht zufrieden geben, sondern das ganze Ding wollen. Dies ist
ein Problem, das es Geld erlaubt, als eine Form der 'Meinungsfreiheit' zu
agieren. Es ist ein Wettrüsten mit mehr und mehr Geld, das versucht, die
'richtigen' Gesetze zu kaufen und die Menschen (Konzerne), die finanziell
von diesen Gesetzen profitieren, werden immer mehr Geld haben, um immer mehr Gesetze zu kaufen.[99] Das ist weder eine zynische Perspektive,
noch ist es eine Verschwörungstheorie. Es ist eine gut dokumentierte Tatsache, dass die reichsten 0,1% in den USA die Hälfte aller Kapitalgewinne
erhalten.[100]

Als wenn dies noch nicht genug wäre, stellen Politiker und Konzerne nur einen kleinen Teil des Problems dar. Studien zeigen, dass die Fähigkeit der Öffentlichkeit, alltägliche Probleme und Herausforderungen zu
verstehen, erschreckend gering ist. In den USA sind rund 87% der Menschen nicht in der Lage, Aufgaben von mittlerer Komplexität auszuführen
(wie einen Zeitungsartikel über Auslandsthemen zu lesen und zu verstehen, zwei Perspektiven in einem Bericht zu vergleichen, eine Grafik zu
deuten oder Prozentsätze zu vergleichen) und 22% sind funktionelle Anal-

phabeten.[101] Dasselbe gilt für Italien, Großbritannien, Belgien, Australien, Kanada und viele weitere industrialisierte Länder.[102] Es sollte also nicht überraschen, wenn die öffentliche Wahrnehmung komplexer Themen eine Schieflage zeigt. Wie können wir erwarten, dass mindestens 60% der Bevölkerung informiert sind und verantwortungsbewusst handeln, wenn mehr als 60% der Menschen nicht einmal wissen, was 60% bedeutet? Denken wir an das Thema des Klimawandels (das die Boulevardpresse gerne als „globale Erwärmung" bezeichnet). Jahrelang war es Mittelpunkt der Debatten in Zeitungen und politischen Gesprächen. Als ob es eine Frage der Meinung wäre. Als ob Journalisten, Politiker, Ökonomen oder irgendeine andere Person, die kein Klimaforscher ist, auch nur irgendetwas Bedeutendes zu diesem Thema zu sagen hätte. Jahrelang haben Menschen debattiert und diskutiert und „Beweise" für und gegen die „Theorie der anthropogenen globalen Erwärmung" präsentiert. Im März 2010 zeigte eine Gallup-Umfrage, dass 48% der Amerikaner glaubten, dass *„Die Schwere der globalen Erwärmung allgemein übertrieben wird"*, gegenüber 41% in 2009 und 30% im Jahr 2006.[103] Ähnlich erschreckende Ergebnisse sind auch in Großbritannien und an anderen Orten zu finden.[104] Wir wissen, dass der Klimawandel vor sich geht, wir wissen, dass wir großteils dafür verantwortlich sind.[105] Und sogar die schärfsten Klimakritiker gaben zu, dass sie falsch lagen, als sie an den Daten zum Klimawandel zweifelten, die durch Studien belegt wurden, die genau von den Personen finanziert wurden, die damit den Klimawandel widerlegen wollten. [106]Eine Kombination aus schlechter Berichterstattung, politischem Trash-Talk, Pseudowissenschaft und öffentlicher Ignoranz macht es der Wissenschaft auch jetzt sehr schwierig, Fortschritte zu machen.

Angst, Unsicherheit, Zweifel und Ignoranz sind die Haupthindernisse der verbreiteten Akzeptanz lebensverbessernder Technologien, aber sie sind nicht die einzigen. Denken wir an die automatisierten Kassenbereiche im Supermarkt. Werden sie gut entwickelt und werden sie richtig integriert mit einer intuitiven Benutzeroberfläche, würde es den Prozess beschleunigen, Ineffizienz und Stress reduzieren, aber natürlich Millionen von Menschen ersetzen.

Schlussendlich gibt es auch noch andere Gründe, weshalb Automatisierung nicht die gesamten Arbeitsplätze ersetzen wird, nicht einmal in den Bereichen, wo sie theoretisch dazu in der Lage wäre. Denken wir an ein Restaurant. Einige Menschen denken, dass ein Restaurant ein Ort ist, wo du essen kannst und das ist auch, wofür du bezahlst. Falsch. Das ist die Beschreibung einer Fast-Food-Station. In einem Restaurant bezahlst du für das *Erlebnis*, gute Speisen zu essen, du zahlst für das ganze Drumherum, nicht nur für das Menü selbst. Wenn sie außergewöhnlich gutes Essen servieren würden, aber sich Kot am Boden befinden würde, würdest du sehr wahrscheinlich dein Geld zurück verlangen oder einfach weggehen. Wenn du ein Restaurant betrittst, erwartest du eine nette Umgebung, in der du dein Mahl genießen kannst. Die stille Atmosphäre, wenn du hineingehst, die angenehme Beleuchtung, wenn du dich an den Tisch setzt, der Kellner, der dich willkommen heißt und dir einen Wein empfiehlt; all das sind Elemente, die zählen, wenn es darum geht, ein unwiderstehliches Erlebnis zu schaffen. Das menschliche Element aus diesem Bild zu eliminieren ist schwieriger als einige Technologie-Fans denken mögen. Menschen genießen die Gesellschaft anderer menschlicher Wesen, sie mögen es, mit ihnen in Kontakt zu kommen, Geschichten zu hören und zu erzählen, Interessen auszutauschen und unterschiedliche Perspektiven. Auch wenn die Interaktion, die du mit einem Kellner haben kannst, recht begrenzt ist, kann sie nichtsdestotrotz entscheidend dafür sein, ob du dich für ein hochklassiges Restaurant anstatt für ein Fast-Food-Lokal entscheidest. Stell dir nun ein holografisches Bild einer wunderschönen Frau vor, die all deine Interessen kennt, sich erinnert, wann du zum letzten Mal da gewesen bist, mit wem und dir entsprechende Fragen stellt, immer mit einer sanften Stimme. Dies ist ein Beispiel, das häufig von Tech-Fans gegeben wird, die sich für Automatisierung aussprechen.[107] Aber ich denke nicht, dass viele Menschen sehr glücklich damit wären – zumindest nicht langfristig.

Wie du sehen kannst, ist der Prozess der Akzeptanz für einen wissenschaftlichen Beweis, eine störende Technologie oder irgendetwas, das vielleicht unsere Art zu leben verändern könnte, nicht linear und vorhersehbar. Viele Hindernisse stehen im Weg und Widerstand kommt vielleicht aus allen Richtungen aus einer großen Vielfalt an Gründen.

Dies wissend, analysieren wir nun den gesamten Arbeitsmarkt, wie er derzeit aussieht und projizieren die möglichen Konsequenzen, die beschleunigter, technologischer Wandel mit sich bringen könnte, in die Zukunft.

Kapitel 9

Die Arbeitslosigkeit von morgen

Wir werden den US-Arbeitsmarkt Schicht für Schicht analysieren. Ich habe die USA hauptsächlich aus drei Gründen gewählt: 1) Sie repräsentieren eine der größten Volkswirtschaften der Welt, 2) es sind gute öffentliche Daten verfügbar und 3) es befinden sich viele der industrialisierten Länder in sehr ähnlichen Situationen.

Im Jahr 2010 gab es in den Vereinigten Staaten rund 139 Mio. Beschäftigte, bei einer Bevölkerung von 308 Millionen.[108] Die Arbeitslosenquote schwankte immer wieder, aber die Zyklen der Hochs und Tiefs begannen, mehr wie ein Trend auszusehen. Dieser Trend zeigt einen globalen Trend zur Arbeitslosigkeit.

Im Jahr 2010 lag die Arbeitslosigkeit bei 9,6%,[109] eine der höchsten in der US-Geschichte, die zweithöchste nur nach dem Wert von 1982 von 9,7%.[110] Eine noch interessantere Statistik ist die Zahl der arbeitenden Personen gegenüber der Gesamtbevölkerungszahl. Im Jahr 2000 hatten die USA eine Bevölkerung von 281.421.000 mit 136.891.000 Beschäftigten. Im Jahr 2010 ist die Bevölkerung auf 308.745.000 angewachsen, aber die Zahl der Beschäftigen lag nur bei 139.064.000 (siehe Tabelle 9.1).

Jahr	Gesamtbevölkerung	Beschäftigte
2000	281.421.000	136.891.000 (48,6%)
2010	308.745.000	139.064.000 (45,0%)

Tabelle 9.1: Beschäftigte zwischen 2000 und 2010 insgesamt.

Es gibt weitaus mehr arbeitslose Menschen in den Vereinigten Staaten und im Rest der Welt als du vielleicht denkst. Während die Berichte sagen, dass die Arbeitslosenquote in den letzten zwei Jahren gesunken ist, sieht die Realität anders aus. Erst im März 2012 erreichte die Arbeitslosigkeit in der Eurozone die Rekordmarke von 10,9%.[111] Aber da ist noch mehr.

AMERICANS NOT IN THE LABOR FORCE, BY AGE

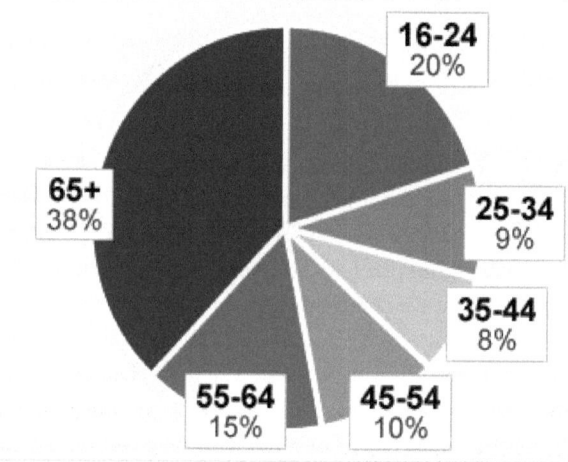

SOURCE: BUREAU OF LABOR STATISTICS, 2011

Abbildung 9.1: Unbeschäftigte Amerikaner, 2011. Bild mit freundlicher Genehmigung von CNN, die Daten stammen vom US Bureau Labor of Statistics.

2011 wurden zusätzlich zu den Millionen Arbeitslosen weitere 86 Millionen Amerikaner nicht zu den Beschäftigten gezählt, weil sie sich nicht regulär auf Arbeitssuche befanden. Die meisten von ihnen waren entweder unter 25 Jahre oder über 65 Jahre alt.[112] Für Politiker und Ökonomen ist es einfach, die Angst vor Arbeitslosigkeit zu minimieren. Es reicht aus, die Art der Zählung zu verändern und das Ganze sieht gleich besser aus.

Dies ist die aktuelle Situation und sie sieht nicht gut aus. Doch was hält die Zukunft für uns bereit? Werfen wir einen Blick auf die Anzahl der Jobs pro Berufsgruppe mit mindestens 1 Million Beschäftigten.

Berufsgruppe	Anzahl der Beschäftigten	Prozentsatz der Beschäftigten%
Fahrer/Verkäufer, Bus- und Lkw-Fahrer	3.628.000	2,61%
Einzelhandelsangestellte	3.286.000	2,36%
Leitende Angestellte/Einzelhandels-Manager	3.132.000	2,25%
Kassenkräfte	3.109.000	2,24%
Sekretärs- und Administrationspersonal	3.082.000	2,22%
Manager, alle anderen	2.898.000	2,08%
Vertreter im Verkauf, Großhandel, Produktion, Immobilienwesen, Versicherungen, Werbung	2.865.000	2,06%
Staatlich geprüfte Krankenschwestern	2.843.000	2,04%
Grund- und Mittelschullehrpersonal	2.813.000	2,02%
Hausmeister und Gebäudereinigungspersonal	2.186.000	1,57%
Kellner und Kellnerinnen	2.067.000	1,49%
Kochpersonal	1.951.000	1,40%
Pflege, Psychiatrie und Heimhilfe	1.928.000	1,39%
Kundendienst	1.896.000	1,36%
Lager- und Transportarbeiter	1.700.000	1,22%
Buchhalter und Wirtschaftsprüfer	1.646.000	1,18%
Aufseher/Manager im Büro- und Verwaltungsbereich	1.507.000	1,08%
Geschäftsführer	1.505.000	1,08%
Lagerverwaltung und Disposition	1.456.000	1,05%
Haushaltshilfen und Reinigungspersonal	1.407.000	1,01%
Lehrpersonal an höheren Schulen	1.300.000	0,93%
Buchhaltung, Buchführung und Wirtschaftsprüfungs-Angestellte	1.297.000	0,93%
Rezeptionisten und Informations-Angestellte	1.281.000	0,92%

Bauarbeiter	1.267.000	0,91%
Kinderbetreuung	1.247.000	0,90%
Tischler	1.242.000	0,89%
Sekundarschullehrpersonal	1.221.000	0,88%
Grundstückspflege	1.195.000	0,86%
Finanzmanager	1.141.000	0,82%
Aufseher/Manager außerhalb des Einzelhandels im Verkauf	1.131.000	0,81%
Bauleitung	1.083.000	0,78%
Anwälte	1.040.000	0,75%
Computer- und Software-Ingenieure	1.026.000	0,74%
Allgemein- und Betriebsleitung	1.007.000	0,72%
Oben genannte Beschäftigte insgesamt	63.383.000	45,58%
Alle anderen Beschäftigten	75.681.000	54,42%
Beschäftigte insgesamt	139.064.000	100,00%

Schau dir die obige Tabelle genau an. Nun beantworte mir: Wie viele Arbeitsplätze wurden in den letzten 50 Jahren kreiert? Die 34 oben aufgelisteten Beschäftigungen machen insgesamt 45,58% des US-Arbeitsmarktes aus. Wie viele Jobs wurden aufgrund der Fortschritte in der Technologie neu geschaffen? Die Antwort ist, nur eine: Computer- und Software-Ingenieure. Dieser Beruf hat es gerade einmal so in die Liste geschafft. Würden wir diese Berufsgruppe auch rausnehmen, würde die Liste 44,12% der Wirtschaft repräsentieren und nicht ein einziger Beruf wurde in den letzten 50 oder 60 Jahren neu kreiert.

Die Realität ist, dass die durch Technologie neu kreierten Jobs nur einem sehr kleinen Teil der Bevölkerung Arbeit geben. Denk an die Jobs, die in der IT-Industrie in den 1980ern geschaffen wurden und wie viele von ihnen haben bis 2012 überlebt? Wenn du damals ein Programmierer warst oder ein Systemadministrator und dir nicht die neuesten Entwicklungen angeeignet hättest, wäre es für dich sehr schwierig, heute einen Job zu finden. Wie viele Berufe wurden aufgrund einer neuen Technologie kreiert und verschwanden kurz darauf wieder, weil eine noch neuere Technologie eingeführt wurde? Neue Berufe erfordern einen hohen Stand an Bildung,

Flexibilität, Intelligenz, Unternehmertum – die meisten Menschen wurden nicht trainiert, um so zu sein. Tatsächlich wurde unser gesamtes Bildungssystem erst nach der Industriellen Revolution geschaffen mit dem Ziel, Fabrikarbeiter zu formen. Sie brauchten manuelle Jobs, sich wiederholende Aufgaben und unser Bildungssystem hat sich seitdem nicht ausreichend weiter entwickelt.

Die Wirtschaft hatte lange Zeit eine große Nachfrage nach Menschen von einem bestimmten Schlag. Der Prozess, der dies verändert, ist sehr langsam und auch schwierig. Ein Grund dafür ist, dass die Lehrer selbst gelehrt wurden, so zu sein, wie sie sind. Standardisierte Tests und standardisierte Prüfungen können nur zu standardisiertem Geist führen. Studenten werden nicht ermutigt, ihr Schulbuch oder ihren Lehrer herauszufordern. Sie werden nicht ermutigt, in Gruppen zu arbeiten, zusammenzuarbeiten oder unterschiedliche Lösungen zu finden.[113] Ihnen wurde gesagt, dass es immer eine Lösung gibt. Es gibt nur eine und sie kann im Buch gefunden werden. Aber schau nicht nach, weil das wäre geschummelt.[114]

Die Realität ist, dass es viele Lösungen zu einer unendlichen Anzahl an Problemen gibt. Einige sind besser als andere. Manchmal gibt es überhaupt keine Lösungen. Manchmal kann die Lösung nur durch interdisziplinäres Denken gefunden werden, durch Zusammenarbeit von Menschen aus verschiedenen Spezialgebieten.

Es gab Versuche, das Bildungssystem zu reformieren und einige großartige Experimente wurden durchgeführt (Wir werden dies näher im Teil 3: Lösungen erforschen). Doch das Bildungssystem ist sogar ein noch größerer und langsamerer Elefant als es Unternehmen sind und es wird lange dauern, bis es sich adaptieren wird. Die Frage ist, kann das schnell genug geschehen, um sich in der gleichen Geschwindigkeit wie der technologische Fortschritt anzupassen? Ich denke nicht, dass es das kann. Einige Menschen werden klug genug sein, um sich diesem Paradigma anzupassen (wenn du dieses Buch liest, bedeutet das, dass du dich bereits mit diesem Problem auseinandersetzt und du hast gute Chancen, dich in dieser kleinen Gruppe zu befinden,) aber ich fürchte, die Bevölkerung wird im Großen und Ganzen Probleme bekommen.

Nur um zu sehen, wohin der Trend geht, schauen wir uns einige der größten und erfolgreichsten Unternehmen an, chronologisch geordnet. Du kannst das Gründungsjahr sehen, die Anzahl der Mitarbeiter im Jahr 2012 und den durchschnittlichen Umsatz pro Mitarbeiter.

Firma	Mitarbeiter	Umsatz pro Mitarbeiter
McDonald's (1940)	400.000	€45.000
Walmart (1962)	2.100.000	€149.000
Intel (1968)	100.000	€400.000
Microsoft (1975)	90.000	€568.000
Google (1998)	32.000	€870.000
Facebook (2004)	3.000	€1.058.000

Tabelle 9.3: Auflistung von Multimilliarden-Euro-Unternehmen und deren Umsatz pro Mitarbeiter.

Ich denke, du verstehst, worauf ich hinaus will. Neu geschaffene Multimilliarden-Euro-Unternehmen tragen keinen Ballast mit sich herum wie die alten Modelle vorheriger Generationen. Somit können sie sich von Beginn an auf Effizienz fokussieren. Große Unternehmen, die älter als 20 Jahre sind, sind wie alte Elefanten, die versuchen, sich über einen stark frequentierten Platz zu bewegen. Sie sind schwer und langsam. Sie haben eine Menge „überschüssiges Gepäck"[115] (hab Geduld mit mir), das sie gerne loswerden würden, aber es nicht können.

Neue Unternehmen haben diese Probleme nicht. Sie sind agil. Sie können von Beginn an die Besten und nur die Besten anstellen. Sie führen Automatisierung ein, anstatt sich dagegen zu sträuben. Sie nutzen alle verfügbaren Strategien, um die Produktivität zu erhöhen; Das ist der Umsatz pro Mitarbeiter. Schau noch einmal auf die Tabelle 9.3. McDonald's wurde 1940 gegründet und der Umsatz pro Mitarbeiter liegt bei €45.000. Wenn wir uns in Richtung der Gegenwart bewegen, sehen wir, wie die Zahl der Mitarbeiter zunehmend sinkt (außer bei Walmart, aber wir haben vorher gesehen, wie sich dies schon bald ändern könnte) und der Wohlstand, den jeder Mitarbeiter schafft, steigt. Die jüngsten und deutlichsten Werte werden von Facebook repräsentiert mit seinen rund 3.000 Mitarbeitern, von denen jeder von ihnen ein Vermögen von €1,05 Millionen in die Firma bringt. Man könnte nun sagen, dass Facebook nur heißen Dampf produziert und eine Modeerscheinung ist, die schon bald verschwinden wird. Doch denk daran. In der heutigen Wirtschaft sind die bedeutendsten Werte nicht etwa physische Güter. Es ist Information. Persönliche Informationen über uns, unsere Gewohnheiten, unsere Wünsche. Wer unsere Freunde sind, mit wem wir ausgehen, was wir denken. Wir sind zu einem Produkt geworden.

Facebook hat die größte Datenbank an persönlichen Informationen, die je in der Geschichte geschaffen wurde mit rund 1 Milliarde Nutzern weltweit und weiter wachsend. Regierungen, Unternehmen und Geheimdienste sehnen sich nach diesen Informationen. Tatsächlich gibt es viel Spekulation darum, ob Facebook unsere persönlichen Daten an Institutionen verkauft und damit Gewinne erwirtschaftet,[116] obwohl Facebook diese Behauptungen stets zurückgewiesen hat.[117] Ganz egal, ob diese Beschuldigungen wahr sind oder nicht, besteht kein Zweifel daran, dass Facebook einen Wert hat, der weitaus größer ist als sein absoluter Umsatz. Eine Zahl, die alleine schon beeindruckend ist, überhaupt, wenn man bedenkt, wie wenig Zeit es brauchte, um €3,17 Milliarden mit nur 3.000 Angestellten zu erreichen.

Also wenn die neuen Branchen nur hoch gebildete, kluge und dynamische Menschen benötigen und die alten Industrien menschliche Mitarbeiter durch Automatisierung ersetzen, was wird mit den Millionen geschehen, die keine ordentliche Ausbildung und auch nicht die Mittel haben, um fortgeschrittene Fertigkeiten zu erwerben?

Mir ist aufgefallen, dass es zwei Arten von Reaktionen seitens Ökonomen gibt, die mit dieser einfachen Frage konfrontiert werden. Der erste Typ Ökonom erkennt nicht das Problem und weiß daher nicht, wo er ansetzen soll. Solche Ökonomen glauben nicht daran, dass Technologie die menschliche Arbeit ersetzt, also nehmen sie an der Diskussion gar nicht erst teil. Die zweite Art von Antwort ist, dass Menschen, die so argumentieren, weniger Zeit damit verbringen sollten, über Dinge zu reden, die sie nicht wissen und dass wir es besser wüssten, wenn wir Ökonomen wären. Vielleicht ist das richtig. Schließlich sind wir keine Ökonomen. Und wir liegen vielleicht falsch. Aber das ist kein Argument, es ist Im-Kreis-Denken, eine sich selbst verstärkende Aussage ohne Substanz. Wenn du denkst, du hast ein besseres Argument und du dazu stehst, dann präsentiere es bitte und kläre uns auf. Ich habe diese Frage vielen Ökonomen gestellt und ich warte noch immer darauf, ein solches Argument präsentiert zu bekommen.

Ihr Unwille, eine Erklärung zu bieten, ist vielleicht darauf begründet, dass sie fühlen, dass es sich hierbei um grundlegende Wirtschaftstheorie handelt, Dinge, die ich im Studium hätte lernen sollen und dass es keinen Grund gibt, Zeit zu verschwenden, um es zu erklären. Aber wann auch immer ich diese Art von Antwort erhalte, erinnere ich mich daran, was der große Albert Einstein sagte:[118]

„Wenn du es nicht einfach erklären kannst, dann verstehst du es nicht gut genug."

Mit vielen Jahren Erfahrung in breiterer wissenschaftlicher Ausbildung und der Entlarvung von Leugnern des Klimawandels, Kreationisten und allen Arten von Unsinn, sehe ich, dass Einsteins Zitat nicht richtiger sein könnte. Wenn Mainstream-Ökonomen mich sehen, wie ich Befürworter von „intelligentem Design" sehe, sollte es sehr einfach sein, zu widerlegen, was ich sage. Tatsächlich sollte es einfach sein, meine Behauptungen mit einigen Beispielen zurückzuweisen. Nach einem Jahr voller Forschung und Diskussion warte ich noch immer auf sie.

Marshall Brain, der Autor von *Robotic Nation*, hielt einen Vortrag über Job-Abbau aufgrund von Automatisierung an der Singularity Summit 2008. Am Ende dieser Präsentation wurde er von einem der anderen Sprecher lächerlich gemacht. „Hast du jemals von der Disziplin gehört, die man Geschichte nennt? Wir haben dasselbe schon vor 150 Jahren durchgemacht und nichts von dem, was du gesagt hast, ist geschehen!" Das ist die Art von oberflächlicher Kritik, die es ungebildeten Menschen sehr einfach macht: Es ist in der Vergangenheit nicht passiert, warum soll es nun passieren?

Zunächst gibt es keinen einzigen Präzedenzfall für das, was uns erwartet. Während es richtig ist, dass wir Wege gefunden haben, um Beschäftigungen zu verändern, indem wir neue Jobs erfinden und neue Branchen schaffen, gibt es noch zwei wichtige Aspekte zu beachten.

Erstens. Es gibt eine physikalische Grenze, wozu unser Hirn fähig ist. Sicher, unsere Gehirne sind sehr plastisch[119] und lassen sich mit Training sogar verbessern. Doch genau wie unsere physische Kraft, wie oft wir auch trainieren, wurde sie bereits von den Maschinen überholt und so wird es auch mit unseren mentalen Fähigkeiten geschehen. Biologische Evolution ist einfach zu langsam verglichen mit der Geschwindigkeit des Wachstums von künstlicher und maschineller Intelligenz. Möglicherweise ändert sich dies noch, aber nur wenn wir es erlauben, uns selbst durch die Vereinigung mit Maschinen zu „verbessern". Aber ich will nicht in diese Diskussion kommen, die allein schon für die technischen Aspekte ein Buch für sich alleine beanspruchen würde. Ganz abgesehen von den ethischen Verwicklungen. Lasst uns fokussiert und geerdet bleiben. Wir *wissen*, dass die zweite durch Technologie ermöglichte Spezies (intelligente Maschinen) kommen wird und wenn wir uns nicht vorbereiten, werden wir in Schwierigkeiten geraten.

Zweitens. Haben wir jemals bedacht, dass die Möglichkeit, Ersatzjobs zu finden, ganz egal, wie diese aussehen mögen, die falsche Wahl sein könnte? Ich bin sicher, dass wir *potenziell* in Zukunft mit Millionen von Jobs aller Arten nutzloser Berufe aufwarten könnten. Nur ein Blick darauf, was wir in den letzten 50 Jahren vollbracht haben, sollte genug sein, um dieses Argument tatsächlich sehr glaubwürdig erscheinen zu lassen. Längst haben wir die Nützlichkeit und den Zweck von Jobs voneinander entkoppelt. Historisch gesehen ist der Zweck von Berufen, zu machen, was wir für ein besseres Leben benötigen: Lebensmittel, Kleidung, Häuser, Straßen, Autos etc. Doch wenn die Produktivität exponentiell ansteigt, könnten wir diese Dinge mit Leichtigkeit haben, während wir weniger arbeiten. Beachte bitte, dass dies keine Ideologie ist und auch kein Wunschdenken. Es ist Mathematik. Stellen wir uns vor, du brauchst die Menge x an Arbeit, um y Vermögen zu schaffen. Dann brauchst du nach 50 Jahren nur mehr $1/10$ von x, um dieselbe Menge y zu produzieren. Es ist eine logische Schlussfolgerung, dass du weniger arbeiten kannst, um dasselbe zu produzieren wie zuvor. Offensichtlich kann Arbeit nicht exakt im selben Ausmaß reduziert werden, weil fortschrittliche Technologien ebenfalls unsere Erwartungen übertroffen haben, da der Lebensstandard ansteigt. Doch die Notwendigkeiten des Lebens haben sich kaum geändert. Wir brauchen nicht 100-mal mehr an Lebensmitteln, Wasser und Wohnfläche als vor 50 Jahren. Wir könnten die Arbeitswoche mit Leichtigkeit reduzieren. Stattdessen arbeiten wir im Durchschnitt mehr als je zuvor. Das ist der pure Wahnsinn: Der Zweck der Technologie war es, uns freie Zeit zu verschaffen, sodass wir sie höheren Zwecken widmen könnten. Stattdessen sind unsere Jobs zum Selbstzweck geworden.

In der Vergangenheit wurden Jobs nach China, Indien, Vietnam und andere Orte ausgelagert, wo Menschen um Jobs konkurrieren, die in den USA oder in Europa als Sklaverei bezeichnet werden würden. Wir sprechen über Jobs, in denen €200 im Monat für einen 12-Stunden-Tag bezahlt werden, 6 bis 7 Tage die Woche. Und die Menschen dort streben danach, diese Jobs zu bekommen. Sie haben wenig oder gar keine Versicherung, Vorteile, Urlaub, keine Sicherheitsregeln, kein Recht, sich zu beschweren. Sicher, wenn du dort arbeitest und dir der Job nicht gefällt, kannst du immer gehen, aber jemand anderer wird froh sein, deinen Platz einzunehmen. Es sollte klar sein, dass wir sie nicht ausstechen können, indem wir uns abwärts bewegen, die produzierenden Jobs wieder zu niedrigen Konditionen hierher zurückbringen. Es wird einfach nicht passieren, noch sollte es das. Die Tage, als eine High-School-Ausbildung, eine gehörige Portion guter Wille und harte Arbeit dir einen Mittelschicht-Lifestyle verschaffen konnten, sind lange vorbei. Diese Jobs, die ausgelagert wurden, kommen nie mehr zurück. Und sogar die Jobs in Übersee sind nun bedroht durch den rasanten Fortschritt in Automatisierung und Robotik. Je mehr Unternehmen automatisieren, um die Produktivität zu steigern, umso mehr Jobs werden für immer verschwinden.

Mehr als je zuvor zeigt sich die Zukunft von Arbeit und Innovation als unbekanntes Terrain. Neue und existierende Sektoren entwickeln sich täglich. Synthetische Biologie, Neurocomputertechnik, 3D-Druck, Contour Crafting, molekulares Ingenieurswesen, Bioinformatik, Lebensverlängerung, Robotik, Quantencomputer, künstliche Intelligenz, maschinelles Lernen, diese neuen Grenzen entwickeln sich rapide weiter und stellen lediglich den Beginn einer neuen, aufregenden Ära unserer Spezies dar, die eine der größten Transformationen aller Zeiten mit sich bringen wird. Eine Transformation, die die industrielle Revolution wie ein Ereignis untergeordneter Bedeutung aussehen lassen wird. Diese neue Epoche wird Möglichkeiten kreieren, neue Horizonte für Forschung und Innovation, die wir derzeit noch gar nicht begreifen können. Ich habe darüber keinen Zweifel.

Das Problem ist folgendes: Werden wir in der Lage sein, mit solch raschen Veränderungen Schritt zu halten und die Millionen von Arbeitern ohne formale Ausbildung für diese neuen Arten von Jobs ausbilden können? Ich denke, die Antwort ist ein großes und lautes „NEIN!"

Es gibt Millionen von Arbeitern mit bestenfalls High-School-Ausbildung und meist nicht einmal das, die über 40 Jahre alt sind und die nur entweder manuelle Arbeit machen können oder Jobs, die einfach zu automatisieren sind. Jeder neue Job, mit dem wir aufwarten können, wird bestenfalls Arbeit für einen Teil dieser Menschen bieten können. Und diese Jobs werden hoch aufnahmefähige, flexible Köpfe benötigen mit gründlichem Wissen über hoch entwickelte Fächer, die sich hauptsächlich auf die Sektoren Biologie, Chemie, Computerwissenschaften und Ingenieurswesen beziehen. Es kann 5 bis 10 Jahre dauern, um einen jungen Verstand in diesem Feld auszubilden. Und wir sprechen hier über einen Verstand, der nicht nur lernen will, sondern der Lernerfahrung auch enthusiastisch gegenübersteht. Wie viele der Millionen arbeitslosen Menschen mittleren Alters sind gewillt, sich selbst neu zu erfinden und neu durchzustarten? Und wie viele von ihnen kann das Bildungssystem aufnehmen? Zu welchem Preis? Selbst, wenn wir annehmen, dass die meisten von ihnen die intrinsische Motivation finden, wie viele können die Zeit und das Geld investieren, die es benötigt, um ihr Wissen und ihre Fähigkeiten zu verbessern? Die meisten Länder können kaum die Bildung ihrer Kinder organisieren und sogar dort zumeist mit desaströsen Ergebnissen. Es fällt mir schwer, zu glauben, dass die Regierung auf magische Art und Weise einen Weg finden wird, Bildung auf Universitätsniveau für alle kostenlos zu machen, inklusive der neuen Studenten, die plötzlich mit 50 Jahren wieder zur Schule gehen müssen.

Der Gedanke, dass die Wirtschaft die Zahl der Jobs bei exponentieller Verbreitung von Technologie, dem Anstieg der Automatisierung und der weit verbreiteten Entwicklung billiger, personalisierter Heimproduktion weiterhin auf dem hohen Level halten wird, ist einfach unrealistisch. Ich habe mehrere Bücher zu diesem Thema gelesen und Hunderte von Debatten und Interviews gesehen und ich habe bisher kein einziges Argument gehört, das die Annahme unterstützt, dass wir dies schaffen können.

Technologische Wunder wie Watson lassen langsam aber doch sogar die hartgesottenen Skeptiker misstrauisch werden.

Die alten Jobs kommen nicht zurück. Die neuen Jobs werden hoch entwickelte, technisch und kreativ herausfordernde Jobs sein und nur eine Handvoll davon wird gebraucht werden. Die Frage ist einfach: Was wird der ungelernte Arbeiter von heute tun? Bis jetzt konnte niemand diese Frage beantworten. Der Grund dafür ist, glaube ich, weil es keine Antwort gibt. Nicht in diesem System, nicht wie es gestaltet ist, um zu funktionieren.

Ich denke, wenn wir diese größte Herausforderung unserer Zeit lösen möchten, müssen wir unsere gesamten wirtschaftlichen und gesellschaftlichen Strukturen neu denken. Wir müssen unsere Leben überdenken, unsere Rollen, unsere Aufgaben, unsere Prioritäten und unsere Motivationen. Es ist Zeit für einen Paradigmenwechsel, einen der unser gesellschaftliches System radikal revolutionieren wird. In diesem Universum ist die Veränderung die einzige Konstante. Lerne, sie zu lieben, umarme sie und du wirst erfolgreich sein. Versage darin, sie vorherzusagen, leiste Widerstand und du wirst von der Flut der Veränderung weggespült werden, die unsere Zivilisation zerschlagen wird, wie wir sie kennen.

An diesem Punkt wunderst du dich vielleicht, ob diese hoch entwickelten und technisch herausfordernden Jobs nicht eventuell automatisiert werden? Auf Grundlage dessen, was wir über exponentielle Verbreitung von Technologien gelernt haben, ist die logische Antwort: Ja, die meisten davon. Sicherlich, wir werden neue Bereiche der Forschung kreieren und neue Jobs werden darauf folgen. Aber diese neuen Jobs werden sogar noch komplizierter sein und der Prozentsatz der Bevölkerung, der in der Lage ist, sie auszuführen, wird mit jedem Mal geringer und geringer ausfallen. Vor allem, da die Fähigkeit von Technologie zur Selbst-Innovation größer und schneller ist als unsere Fähigkeit, damit Schritt zu halten. Daher ist dies ein Teufelskreis. Die Anzahl der Jobs, die die Industrie benötigt, wird mit der Zeit deutlich herabgesetzt werden und jedes Mal werden wir uns neu erfinden müssen und neue Beschäftigungen finden müssen für die erneut durch Automatisierung ersetzten Menschen.

Nach einiger Zeit wird dies sehr ermüdend. Es ist ein Spiel, das du nicht gewinnen kannst. Es ist unfair und es gibt keinen Weg heraus. Man fragt sich, ob dies der einzige Weg ist oder ob es noch eine andere Lösung gibt. Im nächsten Teil werden wir einige Anwärter zur Lösung dieses Problems von größter Bedeutung betrachten. Wir wissen derzeit nicht, welche der richtige sein wird. Vielleicht keiner, vielleicht eine Kombination aus allen. Niemand weiß das sicher.

Was wir wissen ist, dass wir danach streben müssen, die besten Lösungen zu finden und wir dabei unseren Verstand und unsere Vorstellungskraft nutzen müssen. Vielleicht sind wir nicht erfolgreich. Vielleicht scheitern wir miserabel in diesem Prozess. Aber wir könnten jeglichen Hindernissen auch mit Courage und Stärke gegenüberstehen, in die Zukunft blicken, fortschreiten und uns entwickeln und ich fühle, dass wir dies nur schaffen können, wenn wir ein gemeinsames Ziel haben.

Um Martin Luther King Jr. und Carl Sagan zu umschreiben:

„Wir sind ein Planet. Wir müssen lernen, gemeinsam als Familie zu leben oder alleine als Dummköpfe zugrunde zu gehen."

Teil II

Arbeit und Glück

Kapitel 10

Identität der Arbeit

Ist dir jemals aufgefallen, wie Menschen, wenn sie gefragt werden „Hallo, wie heißt du, was machst du?", sie üblicherweise etwas antworten wie „Hey, mein Name ist Peter, ich bin Buchhalter", oder „ich bin Elektrotechniker", ein Lehrer, ein Klempner, ein Verkaufsmanager, ein Versicherungsmakler. Beachte, dass du nicht etwa gefragt hast „Was ist dein Beruf?". Du hast gefragt „Was machst du?". Die Leute nehmen an, dass das die Kurzform von „Was machst du für deinen Lebensunterhalt?," ist, was weitaus aufschlussreicher ist. Wenn wir gefragt werden, wer wir sind, was wir machen, identifizieren wir das sofort mit unserem Beruf, weil wir glauben, dass dies genau das ist, was wir tun. Was wir machen ist, wer wir sind und zum größten Teil ist es Arbeit, was wir machen. Was könnten wir anderes tun? Schlussendlich leben wir in einer Gesellschaft, die darauf aufbaut, Arbeit gegen Einkommen zu tauschen und Einkommen bestimmt unsere Lebensqualität.

Seit meiner Kindheit habe ich gearbeitet, um zu bekommen, was ich will. Anfangs, als ich noch klein war, bedeutete das nicht mehr als etwas im Haushalt zu helfen, die Veranda zu reinigen und das Geschirr abzuwaschen. Es waren kleine Dinge, aber sie zählten. Meine Eltern ließen in mir ein Gefühl dafür anwachsen, dass nicht alles selbstverständlich war. Und während einige Dinge zur Verfügung gestellt wurden, musste ich Verantwortung übernehmen und es *verdienen*, wenn ich etwas extra wollte. Dieses Gefühl hat mich mein ganzes Leben lang begleitet und bis zum heutigen Tag denke ich, dass mir meine Eltern eine sehr wichtige Lektion erteilt haben: Dass ich die Leistungen der Menschen wertschätzen sollte, ihre Arbeit und dass wenn ich etwas wollte, ich meine Ärmel hochkrempeln und mich an die Arbeit machen sollte. Nicht sich zu beschweren, nicht danach zu fragen, sondern es zu verdienen.

Als ich älter wurde, begann ich damit, einige komplexere Jobs zu machen. Vom Polieren industrieller Materialien bis hin zur Gartenarbeit; aber ich war sogar in der glücklichen Lage, Nutzen aus meiner Leidenschaft für IT zu ziehen. Also reparierte ich die Computer anderer Leute, managte anschließend kleine Firmennetzwerke und baute Webseiten. Ich war 15.

Als ich 16 wurde, war ich auf die finanzielle Unterstützung durch meine Eltern nicht mehr wirklich angewiesen. Ich gewann ein Stipendium am United World College of the Adriatic und zog von zu Hause aus. Seitdem hatte ich immer meine eigene Wohnung, was für einen Italiener recht eigenartig ist (die meisten von ihnen leben gut und gerne bis in ihre 30er bei ihren Eltern). Ich habe nun einen Bachelor of Science, habe das NASA Study Program der Singularity University absolviert, eine Firma gegründet und habe mehrere Jahre Berufserfahrung, sowohl in nationalen als auch in internationalen Unternehmen. Ich erinnere mich daran, als ich 22 war und mein Vorgesetzter mich damit betraute, die Firma im Ausland zu repräsentieren. Eines Tages sagte er mir einfach „Hey Fede, ich brauche dich, um über die neue Software zu sprechen. Hier ist ein Ticket und hier ist die Adresse. Ich muss jetzt los. Wir sehen uns in einigen Tagen in London." Es war unser größter Kunde und ebenfalls einer der größten multinationalen Konzerne der Welt. Dementsprechend überrascht war ich, dass mein Boss so viel Vertrauen in meine Fähigkeiten hatte, insbesondere deshalb, weil ich noch relativ jung war. Zu dieser Zeit arbeitete ich als Systemadministrator und IT-Manager. Ich wechselte dann zu einer anderen Firma und machte mich daran, die Web- und Media-Abteilung aufzubauen, was dazu führte, ein Team zusammenzustellen, das die Größe des Unternehmens in nur etwas mehr als zwei Jahren verdreifachte. Dies ermöglichte die Transformation einer kleinen Video-Produktion in ein umfassendes Internet-, Medien- und Kommunikationsunternehmen, das in der Lage war, im internationalen Markt mit Multi-Millionen-Euro-Firmen zu konkurrieren, die viel größer waren als es selbst.

Der Grund dafür, warum ich das erzähle ist nicht, weil ich versuche, dich zu beeindrucken. Weit gefehlt. Tatsächlich ist mein Lebenslauf wenig bemerkenswert (Ich erbleiche im Vergleich zu vielen jungen Unternehmern, die ihre Multi-Milliarden-Euro-Unternehmen in ihren 20ern gegründet haben). Ich möchte dir einfach eine Perspektive geben, bevor ich die nächsten Punkte behandle. Ich will nicht, dass du denkst, diese Ideen kommen von jemandem, der in seinem Leben nie einen Tag gearbeitet hat und daher den Wert von Arbeit nicht schätzen kann.

10.1 Arbeitsethik, Arbeitsnutzen

Ich denke, dass es sehr wichtig ist, ethische Arbeit zu haben. Und exakt das ist der Grund, weshalb ich glaube, dass Arbeit heutzutage bedeutungslos wird. „Arbeite hart und du wirst belohnt". Das ist, was die Leute sagen und im Allgemeinen stimme ich zu. Doch es fehlt etwas in diesem Bild. Wir wertschätzen Arbeit per se und wir denken, Menschen sollten arbeiten. Aber haben wir jemals über ihren *Nutzen* nachgedacht? Frag dich selbst, was der Wert der Arbeit ist, den du machst. Hilft sie anderen Menschen? Macht sie dich glücklicher? Trägt sie dazu bei, unsere Gesellschaft hinsichtlich Kultur, Gesundheit, Effizienz, Empathie, Mitgefühl, Kreativität und Lebensqualität zu verbessern? Wenn ich nur arbeite um der Arbeit willen, dann bin ich nicht mehr als ein bloßes Instrument. Eine Handpuppe. Ein Roboter, der blind Anweisungen folgt.

Lass mich dir ein praktisches Beispiel geben. Ich bin eine Frau mittleren Alters, die für eine Waffenfabrik arbeitet. Ich baue Streubomben. Diese Bomben werden nicht verwendet, um Terroristen zu bekämpfen oder Armeen aufzuhalten (ob solche Ziele legitim oder nicht sind, ist Thema für eine eigene Diskussion).

Sie sind alle gebaut, um jeden schrecklich zu entstellen und zu verstümmeln, der so unglücklich ist, über sie zu stolpern.[120] Viele der Opfer sind unschuldige Kinder, die in einem Moment noch mit ihren Freunden am Feld spielen und im nächsten Moment ein Bein verloren haben, da sie sich über eine Bombe bewegt haben, die detoniert ist. Ich weiß das. Aber ich mache noch immer meinen Job. Mache ich einen guten Job? Mache ich einen nützlichen Job? Denkst du, dass ich böse bin? Was, wenn ich dir erzähle, dass ich selbst zwei Kinder habe und das jüngere krank ist, aber die Regierung uns nicht ausreichend hilft? Ich konnte mir die Behandlung nicht leisten, also schaute ich mich überall nach einem Job um, aber alles, was ich finden konnte, waren einige Teilzeitjobs und ich verdiente nicht annähernd genug Geld, um die astronomisch hohen Krankenhausrechnungen zu bezahlen. Also entschied ich mich dazu, stattdessen hierher zu kommen. Es ist ein furchtbarer Job. Ich weiß. Ich hasse diesen Job und ich hasse mich selbst für das, was ich tue. Aber sie zahlen gut und meine Kinder können leben. Ich sehe keine andere Möglichkeit. Denkst du immer noch, dass ich böse bin?

Ich habe ein extremes Beispiel gewählt, um zu zeigen, worum es geht, aber es gibt unzählige Beispiele, die subtiler sind und auch heimtückischer. Stellen wir uns vor, ich bin ein Anwalt. Ich würde gerne an Rechtsfällen im Bereich Kindesmissbrauch, Arbeitsrecht und Sammelklagen gegen die Großindustrie, die die Umwelt verpestet und Tausende tötet, arbeiten – Dinge, die dazu beitragen könnten, den Schmerz und das Leid vieler Menschen zu lindern. Doch Fälle wie diese werden nicht gut bezahlt, also arbeite ich für multinationale Konzerne. Ich werde ein Patent-Troll, der kleine Firmen schikaniert, die versuchen, den Zugang zu billiger Medizin zu demokratisieren. Fälle wie diese sind nicht die Ausnahme, sie sind die Norm.

Der Gedanke, wenn du hart arbeitest und dein Bestes gibst, du möglicherweise Erfolg ernten wirst, ist eine unwiderstehliche und romantische Versuchung der Arbeitsethik. Unglücklicherweise ist es in den meisten Fällen nicht mehr als eine Illusion.

Es kann auch anders sein und manchmal lassen sich inspirierende Ausnahmen finden. Aber diese tugendhaften Beispiele werden im Alltag zunehmend seltener. In meinem Leben habe ich mehr als 30 Länder besucht. Während meiner Reisen habe ich immer wieder angehalten und Menschen getroffen, die auf der Straße leben, anstatt an ihnen vorbei zu gehen. Ich habe mit ihnen gesprochen, habe ihre Geschichten gehört, Essen mit ihnen geteilt und manches Mal sogar neben ihnen am Straßenrand geschlafen oder vor einer Bahnstation. Sie alle sind Symptom eines Systems, das darin versagt hat, ihnen eine faire Chance zu geben. Die Versuchung zu sagen, dass diese Menschen es einfach nicht hart genug probiert haben, ist gelinde gesagt beleidigend.

Während ich kriminelle Taten oder gewalttätige Akte weder entschuldige noch dulde, denke ich, dass es intellektuell gesehen unehrlich ist, nicht erkennen zu können, dass Menschen von den Gegebenheiten, in denen sie leben, dazu getrieben werden, drastische Maßnahmen zu ergreifen. Außerdem zeigt es auch einen Mangel an Empathie. Nehmen wir für einen Moment die Behauptung an, dass diese Menschen von Beginn an Drückeberger und Diebe sind und sie die Situation verdienen, in der sie sich befinden. Wenn das der Fall ist, warum gibt es dann so eine ungleiche Verteilung von Drückebergern und Kriminellen im Vergleich verschiedener Länder? Und sogar innerhalb von Ländern, warum gibt es dort so eine ungleiche Verteilung innerhalb von Regionen, Städten und Nachbarschaften? Wie kann es sein, dass jede sorgfältig durchgeführte Studie, eine positive Korrelation zwischen mangelndem Zugang zu Bildung und ökonomischer Gerechtigkeit und einer Steigerung von gewalttätigem Verhalten zeigt? Warum lassen sich diese negativen Symptome deutlich in armen wie in reichen, aber sehr ungleichen Ländern finden?

Während meiner Reisen und Studien lernte ich glücklicherweise Menschen aus sprichwörtlich der halben Welt kennen (aus rund 100 Ländern). Ich sah deren Kultur und lernte intensiv von ihren Erzählungen. Der Film, den sie zeigen, ist sehr ähnlich zu dem, den ich oben beschreiben habe. Es gibt vielleicht ein paar Szenen und Bilder, die anders geschnitten sind, aber das Drehbuch ist sehr ähnlich.

Kürzlich saß ich in einem Café und traf auf einen Mann mit schwarzer Hautfarbe, der versuchte, mir billiges und nutzloses Zeug zu verkaufen, damit er ausreichend Geld verdienen konnte, um über die Runden zu kommen. Ich kaufte ein paar Feuerzeuge (obwohl ich nicht rauche), bot ihm einen Kaffee an und sprach mit ihm. Bevor er sich an den Tisch setzte, machte er den Eindruck eines ungebildeten Mannes ohne höhere Ziele oder dem Interesse, sein Leben lebenswert zu gestalten. Aber sobald wir uns hingesetzt hatten und ich ihn wie eine Person behandelte – wie ein gleichwertiges menschliches Wesen – geschah etwas sehr Interessantes. Er warf die Rolle ab. Der Typ, der einige Sekunden vorher noch seine Schwierigkeiten hatte, einige Worte zu artikulieren, sprach plötzlich fließend drei Sprachen. Er erzählte mir, dass er als illegaler Immigrant aus Nigeria nach Italien kam, wo er Wirtschaft studierte und die Uni abschloss, aber in dem Land keinen Job finden konnte. Nigeria ist weitgehend bekannt als eines der korruptesten Länder der Welt,[121] wo sogar Hausmeister Offizielle bestechen müssen, um einen Job zu bekommen. Der legale Integrationsprozess in Italien war nahezu unmöglich und unzugänglich teuer. Er kam ins Land, nachdem er mehrere Wochen unter gefährlichen Bedingungen durch Afrika gereist war, nur um das Mittelmeer zu erreichen, an Bord einer Überfahrt auf einem aufblasbaren Boot zu gehen, die einem Selbstmord-

kommando glich, während der die Hälfte der Passagiere starb. Seitdem
hat er versucht, einen Job zu finden, doch ohne Erfolg. Rassismus und die
Angst vor dem Unbekannten wuchern nach wie vor. Sogar hier in Europa.
Schließlich lernte er, genug für sich und seine Familie daheim in Afrika
zu verdienen, indem er in den Straßen bettelte und billiges Zeug verkauft,
das niemand braucht. Er versuchte, in einem ordentlichen Job zu arbeiten,
aber niemand wollte ihn, weil er keine Papiere hatte (und weil die meisten Menschen hier in Italien rassistisch sind). Und es gab für ihn keine
Möglichkeit, Papiere zu bekommen, solange er keinen Job hatte. Nun lass
mich dich Folgendes fragen: Welche Wahl hatte er tatsächlich? Und wie
steht dies in Verbindung mit „Arbeitsethik"? Geschichten wie diese sind
alles andere als isolierte Fälle. Viel eher werden sie zunehmend die Norm.
Einigen geht es noch schlechter als ihm und sie verfallen dem organisierten
Verbrechen. Sie werden in dieses Verhalten gezwungen von der Unzuläng-
lichkeit des wirtschaftlichen Systems, über Grenzen hinweg für das Wohl
seiner Bürger zu sorgen.

Sogar offizielle Staatsangehörige, die lediglich in arme Familien hineingeboren wurden, haben es nicht besser. Statistiken bestätigen dieses
Szenario: Soziale Mobilität hat während der letzten Jahre in den meisten
Ländern abgenommen. Insbesondere in der industrialisierten Welt. Großbritannien und die Vereinigten Staaten haben tatsächlich die niedrigste
soziale Mobilität unter den OECD-Ländern, wie es aus Studien der London School of Economics hervorgeht[122] und dem Journal of Social Science
and Medicine.[123] Die Armen bleiben arm und die Reichen reich, egal wie
sehr sie sich auch anstrengen.

Kapitel 11

Das Streben nach Glück

Es war in den späten 1600ern, als Richard Cumberland und John Locke die Idee verbreiteten, dass das Wohlbefinden unserer Mitmenschen essentiell für das „Streben nach unserem eigenen Glück"[124] ist und dass „die höchste Perfektion intellektueller Wesensart im sorgfältigen und ständigen Streben nach wahrhaftiger und solider Zufriedenheit"[125] liegt. Es war eine solch starke Idee, dass sie in die Unabhängigkeitserklärung der Vereinigten Staaten integriert wurde und von einigen als einer der wohlformuliertesten, einflussreichsten Sätze in der Geschichte der englischen Sprache bezeichnet wurde.[126] *Leben, Freiheit und das Streben nach Glück* werden unter den unveräußerlichen Rechten aller Menschen aufgelistet und solche Vorstellungen durchdringen die amerikanische Gesellschaft. Aber Rechte sind keine Rechte, wenn Menschen keine Möglichkeit haben, sie zu nutzen. In diesem Fall handelt es sich nicht länger um Rechte, sondern um Privilegien. Und Privilegien können gekauft und verkauft werden wie alles andere auch. Also vergiss, was ich denke, vergiss, was du denkst und sehen wir uns die Fakten an.

Wie wir gesehen haben, gibt es solide Forschungsergebnisse, die zeigen, dass soziale und wirtschaftliche Ungleichheiten strukturell bedingt sind. Das heißt, wenn du arm geboren wirst, wirst du wahrscheinlich auch arm bleiben, auch wenn du dir 12 Stunden am Tag den Arsch abschuftest. Ebenso, wenn du reich geboren wirst, wirst du wahrscheinlich auch reich bleiben.

Angesichts dieser Ergebnisse kann die Ausschlachtung der Ausnahmefälle, in denen Tellerwäscher Millionäre wurden, wie es in den Medien immer wieder verbreitet wird, lediglich als kranker und unfairer Schwindel bezeichnet werden – eine Fabelgeschichte für die Leichtgläubigen, ein grausames Spiel, das den Status quo aufrecht erhält und die Armen weiter um Abfälle gegeneinander konkurrieren lässt, während die Reichsten ein üppiges Mahl genießen können.

Sicher, einige Menschen sind nach wie vor erfolgreich. Wenn du wirklich klug und gut im Direktmarketing bist und du starke soziale Bindungen aufbauen kannst, kannst du vielleicht eine Menge Geld machen. Aber für jeden, der es schafft, werden Tausende versagen. Das ist einfach die Wesensart des Systems.

Spielen wir ein Beispiel durch. Camden in New Jersey ist eine kleine Stadt mit nur etwas mehr als 70.000 Bewohnern. Pro Einwohner gerechnet ist es die ärmste Stadt in den USA. Es ist auch die gefährlichste. 2008 hatte Camden die höchste Kriminalitätsrate der Vereinigten Staaten mit 2.333 Gewalttaten pro 100.000 Einwohnern, währenddessen der Durchschnitt bei 455 pro 100.000 Einwohnern liegt. Die tatsächliche Arbeitslosigkeit in der Stadt ist sehr schwer zu bestimmten, aber sie liegt wahrscheinlich zwischen 30 und 40%. 70% der Kinder an der High School fallen durch und nur 13% der Studenten schaffen die staatlichen Leistungstests in Mathematik. In den kommenden Jahren werden drakonische Budgetkürzungen erwartet sowie die Entlassung von nahezu der halben Einsatzkräfte der Polizei. Der Reporter Chris Hedges schreibt:[127]

„Camden ist der Ort, wo der menschliche Müll gemeinsam mit dem physischen Müll des postindustriellen Amerikas abgeladen wird. Eine weitläufige Kläranlage auf vierzig Hektar Land am Flussufer verarbeitet 58 Mio. Gallonen Abwasser pro Tag für Camden County. Der Gestank von Abwasser liegt in der Luft. Es gibt eine große Müllverbrennungsanlage, die giftige Wolken ausstößt, ein Gefängnis, eine riesige Zementfabrik und Berge von Schrott, die einen gigantischen Schredder füttern. Das Stadtbild zeigt Narben von mehreren tausend verfallenen, verlassenen Reihenhäusern; die skelettartigen Überreste fensterloser Ziegelfabriken und entkerter Tankstellen; überwachsene leerstehende Grundstücke, gefüllt mit Müll und alten Reifen; vernachlässigte, mit Unkraut bewachsene Friedhöfe und mit Brettern vernagelte Ladenfronten. Die Korruption wuchert und in weniger als zwei Jahrzehnten wanderten drei Bürgermeister ins Gefängnis. Fünf Polizisten, von denen zwei auf Kaution draußen sind und drei für schuldig plädiert haben, wurden mit fundierten Beweisen beschuldigt, falsche Verhaftungen vorgenommen zu haben und Drogen im Gegenzug für Informationen von Prostituierten gehandelt zu haben."

Wie können die Menschen von Camden möglicherweise nach ihrem Glück streben? Welche Freiheit haben sie? Sie haben nur drei Freiheiten: Die Freiheit, kriminell zu werden, die Freiheit, Opfer von Kriminellen zu werden und die Freiheit, die Stadt zu verlassen. Jetzt stell dir eine ganze Region wie Camden vor oder sogar eine ganze Nation. Es gibt sehr wenig, was Menschen tun können, wenn sie mit solchen Widrigkeiten konfrontiert werden, insbesondere weil sie nichts Besseres kennen und auch keine Chance haben, gute Bildung zu erhalten. Also antworten sie mit dem, was sie kennen: verschiedene Formen von Bandenbildung (Gangs, Prostitution, Drogen, Kleinkriminalität). Ist es ihre Schuld? Fast. Sie wurden betrogen, ihrer Würde beraubt und ihrer Chance beraubt, ihr Glück zu suchen. Ihre schwachen, wütenden Stimmen bleiben ungehört; Ihre Hände sind getränkt von dem Blut vertaner Möglichkeiten.

Martin Luther King Jr. sagte einmal: „Es mag vielleicht sein, dass wir diese Generation bereuen werden. Nicht unbedingt wegen der giftigen Worte und gewalttätigen Maßnahmen der schlechten Menschen, sondern wegen des entsetzlichen Schweigens und der Gleichgültigkeit der guten Menschen, die herumsitzen und sagen 'abwarten'".[128] Eine Generation ist gegangen und wir sitzen immer noch herum. Unsere Technologie könnte es uns erlauben, die größte Transformation der Geschichte wahr werden zu lassen, wo alle 7 Milliarden Menschen dieselben Möglichkeiten haben, fair nach ihrem Glück zu streben. Aber wir sitzen herum und schauen American Idol,[129] oder bringen uns gegenseitig während des Schlussverkaufs im Einkaufszentrum um, um Zeug zu kaufen, das wir in einer Woche wegwerfen werden.[130]

Eines der Probleme ist, dass wir noch immer an den Mythos glauben, dass der Wille, hart zu arbeiten, belohnt wird – was vielleicht vor einem Jahrhundert der Fall war, als die Wirtschaft auf realen Gütern basierte und nicht Konzernmächte und Finanzinstitutionen die Spielmacher waren. Aber heute ist es lediglich ein Schleier der Illusion, eine abgedroschene

Phrase, ein Marketing-Werkzeug, um Menschen an das Unmögliche glauben zu lassen, an das Unerreichbare. Der Grund für diese Beharrlichkeit dieses Trugbildes ist vor allem, weil wir das Gegenteil nicht glauben wollen. Wir verweigern die Vorstellung zu akzeptieren, dass wir unsere Situation nicht verbessern können und das ist der Fall, weil wir danach streben, wie „sie" zu sein. Wir wollen „im Club" sein. Tatsächlich ist dies der vorherrschende Wert, der uns seit unserer Geburt indoktriniert wurde, nahezu überall, über Grenzen hinweg, über Kulturen, Religionen, Sprachen. Der universelle Wert, der erbarmungslos in unserem Verstand verwurzelt ist, ist es, erfolgreich zu sein. Und mit erfolgreich meinen wir natürlich, wohlsituiert im finanziellen und sozialen Bereich. Und wenn wir erfolgreich werden, dann muss es deshalb sein, weil wir es verdienen. Je mehr wir gearbeitet haben, desto reicher sind wir geworden.

Zweifellos gibt es eine Gruppe von Menschen, die zu dieser Kategorie gehört – Geschäftsgenies, Erfinder und Innovatoren, die wir wertschätzen und denen wir nacheifern möchten. Dies sind die brillanten Geister, die entscheidende Veränderungen gebracht haben, sei es in Design, Technologie, Wirtschaft, Kunst, Politik oder Gesellschaft. Aber es gibt auch eine andere Gruppe von Leuten, die diese Position nicht erreicht haben und sie ist vielleicht deutlich größer als du denkst.

Wenn harte Arbeit bedeuten würde, dass wir alle reich sein könnten, dann hätten wir eine Fülle an afrikanischen Frauen, die Millionärinnen wären. Das ist, was der Autor George Monbiot dazu zu sagen hatte.[131]

> „Die Behauptungen, dass die ultrareichen 1% alles von selbst geschafft haben – dass sie eine einzigartige Intelligenz oder Kreativität besitzen – sind Beispiele eines selbst zugeschriebenen Trugschlusses. Das bedeutet, dir selbst Ergebnisse zuzuschreiben, für die du nicht verantwortlich warst. Viele derer, die heute reich sind, sind dorthin gekommen, weil sie in der Lage waren, bestimmte Jobs zu erobern. Diese Eroberung bedarf weniger an Talent und Intelligenz als an einer Kombination aus rücksichtsloser Ausbeutung anderer und Zufällen der Geburt, da solche Jobs proportional von Menschen besetzt werden, die an bestimmten Orten oder in bestimmte Klassen geboren wurden."

Der Psychologe und Nobelpreisträger Daniel Kahneman entdeckte, dass der offensichtliche Erfolg der Ultrareichen lediglich eine kognitive Illusion ist. Er analysierte die Ergebnisse, die von 25 Vermögensberatern innerhalb von acht Jahren erreicht wurden und fand heraus, dass *die Beständigkeit ihrer Leistung Null war.* „Die Ergebnisse spiegelten wider, was man bei einem Würfel-Spiel erwarten würde, nicht aber bei einem Spiel von Fähigkeiten." Die, die die größten Boni erhielten, hatten einfach Glück. Hierbei handelt es sich nicht um isolierte Ergebnisse, da sie oft wiederholt wurden. Sie zeigen, dass Trader und Fonds-Manager an der Wall Street ihre unglaublichen Vergütungen für nichts erhalten, was nicht auch ein Schimpanse schaffen würde, der eine Münze wirft. Als Kahneman versuchte, dies zu verdeutlichen, haben sie ihn ignoriert. „Die Illusion des Könnens... sitzt tief in ihrer Kultur."[132]

Aber dort endet es nicht. In einer Studie, die vom Magazin Psychology, Crime and Law veröffentlicht wurde, testeten Belinda Board und Katarina Fritzon 39 Senior-Manager und CEOs führender britischer Unternehmen. Das Broadmoor Spezialspital ist ein Ort, an dem Menschen mit ernsthaften mentalen Krankheiten, die aufgrund von schwerwiegenden Verbrechen verurteilt wurden, inhaftiert sind. Board und Fritzon testeten sowohl Patienten als auch Geschäftsführer auf bestimmte Indikatoren von Psychopathie. Die Ergebnisse waren erstaunlich. *Die Punktezahlen der Geschäftsleiter waren gleich oder übertrafen sogar die der Patienten, bei denen psychopathische Persönlichkeitsstörungen diagnostiziert wurden.* Es zeigt sich, dass diese psychopathischen Züge Ähnlichkeiten mit den Eigenschaften aufweisen, nach denen Firmen Ausschau halten – großartige Fähigkeiten, mächtige Menschen zu umschmeicheln und zu manipulieren, Egozentrik, ein starker Sinn für Ansprüche und die Bereitschaft, andere auszubeuten. Schlussendlich und vielleicht am aufschlussreichsten ist ein Mangel an Empathie und Gewissen, was bei deren Karriere nicht hinderlich ist, sondern ihnen stattdessen sogar dabei hilft, die Erfolgsleiter hoch zu steigen.[133]

Paul Babiak und Robert Hare streichen in ihrem Buch *Snakes in Suits* heraus, dass die alte Konzernbürokratie durch flexible, sich immer wieder verändernde Strukturen ersetzt wurde. Team-Player werden als weniger wertvoll angesehen als konkurrenzfähige Risikofreudige und psychopatische Züge werden häufiger ausgewählt und belohnt. Ihre Schlussfolgerung scheint sehr dunkel und entmutigend. *Wenn du psychopatische Tendenzen hast und in einer armen Familie geboren wurdest, ist die Wahrscheinlich-*

keit höher, dass du ins Gefängnis gehst. Wenn du psychopathische Tendenzen hast und in einer reichen Familie geboren wurdest, ist die Wahrscheinlichkeit höher, dass du an eine Wirtschaftsschule gehen wirst. Das bedeutet nicht, dass alle Geschäftsführer Psychopathen sind, viele von ihnen sind sehr anständige Menschen – aber es scheint klar zu sein, dass *die Wirtschaft in den letzten Jahrzehnten die falschen Fähigkeiten belohnt hat.*

Die Welt hat sich in den letzten 50 Jahren deutlich verändert. Wir arbeiteten, um zu erzeugen, was wir für ein besseres Leben benötigten, aber wir machen das nun nicht mehr länger. Wir haben darüber nachgedacht, was wir tun, nun folgen wir meistens Anweisungen, sogar dann, wenn sie keinen Sinn machen. Heutzutage ist der größte Teil der Wirtschaft eine 'Geisterwirtschaft' aus Finanz-Transaktionen, Gewinn-Maximierungsmodellen und Computeralgorithmen mit wenig Berücksichtigung ihrer Auswirkungen. Wir haben es erlaubt, die Macht bis an den Rand des Wahnsinns in die Hände einiger weniger zu geben. Eine Gruppe aus 147 mega-transnationalen Konzernen formt heute eine gigantische Bow-Tie-Struktur, ein wirtschaftliches Super-Wesen, das 40% der gesamten Welt kontrolliert.[134]

Was ist aus uns geworden?

Kapitel 12

Der Skorpion und der Frosch

Eines Tages schaute sich ein Skorpion rund um den Berg, an dem er wohnte, um und entschied, etwas zu ändern. Also machte er sich auf zu einer Reise durch die Wälder und das Gebirge. Er kletterte über Steine und unter Weinreben und ging weiter, bis er einen Fluss erreichte.

Der Fluss war breit und schnell und der Skorpion hielt an, um seine Situation zu betrachten. Er konnte keinen Weg über den Fluss sehen. Also rannte er flussaufwärts und prüfte dann auch flussabwärts alles, während er immer daran dachte, dass er vielleicht umkehren müsste.

Plötzlich sah er einen Frosch zwischen den Binsen am Ufer auf der anderen Seite des Flusses sitzen. Er entschied sich, den Frosch um Hilfe zu fragen, um über den Fluss zu gelangen.

„Hallooo Herr Frosch!" rief der Skorpion über das Wasser, „Würden Sie so nett sein und mich auf Ihrem Rücken über den Fluss mitnehmen?"

„Nun ja, Herr Skorpion! Wenn ich versuche, Ihnen zu helfen, woher weiß ich, dass Sie nicht versuchen werden, mich umzubringen?" fragte der Frosch zögerlich.

„Weil," antwortete der Skorpion, „wenn ich versuche, Sie umzubringen, werde ich selbst umkommen, denn ich kann nicht schwimmen!"

Dies schien für den Frosch Sinn zu machen. Aber er fragte, „Was, wenn ich schon nah ans Ufer komme? Sie könnten immer noch versuchen, mich umzubringen und zurück ans Ufer kommen!"

„Das ist wahr," stimmte der Skorpion zu, „Aber dann wäre ich nicht in der Lage, auf die andere Seite des Flusses zu kommen!"

„In Ordnung... woher weiß ich, dass Sie nicht warten werden, bis wir am anderen Ufer sind und mich *dann* umbringen werden?" fragte der Frosch.

„Ahh...," summte der Skorpion, „Weil sehen Sie, wenn Sie mich einmal über den Fluss getragen haben, werde ich so dankbar für Ihre Hilfe sein, dass es kaum fair wäre, sie mit dem Tod zu belohnen oder nicht?"

Also stimmte der Frosch zu, den Skorpion über den Fluss zu tragen. Er schwamm zum Ufer hinüber und setzte sich selbst tief in den Schlamm, um seinen Passagier aufzunehmen. Der Skorpion krabbelte auf den Rücken des Frosches, während seine scharfen Klauen in die weiche Haut des Frosches stachen und der Frosch hüpfte in den Fluss. Das schmutzige Wasser wirbelte um sie herum, aber der Frosch blieb nahe an der Oberfläche, damit der Skorpion nicht ertrank. Er trat stark in der ersten Hälfte des Flusses, während seine Flossen wild gegen den Strom anpaddelten.

Auf halber Strecke spürte der Frosch plötzlich einen scharfen Stich in seinem Rücken und sah aus dem Augenwinkel, wie der Skorpion seinen Stachel aus dem Rücken des Frosches zog. Eine tödliche Taubheit begann, in seine Gliedmaßen zu kriechen.

„Du Dummkopf!"quakte der Frosch, "Jetzt werden wir beide sterben! Warum zur Hölle hast du das getan?"

Der Skorpion zuckte mit den Schultern und machte einen kleinen Schritt auf dem Rücken des ertrinkenden Frosches.

„Ich konnte mir nicht helfen. Es ist meine Natur."

Dies ist eine Geschichte, die oft in Psychologie-Klassen erzählt wird, um zu erklären, wie lebenswichtig es ist, die unveränderliche Wesensart von etwas zu verstehen. Es gibt keine Intellektualisierung, keine Entschuldigungen und keine Entwicklung konkurrierender Analysen – manchmal ist etwas einfach, was es ist. Wir müssen die intrinsische Natur des Kapitalismus erkennen. Es ist eine ungehinderte Kraft, die die Werte Geld, Profit und das ultimative Ziel des wirtschaftlichen Wachstums über das Leben selbst stellt. Es gibt zu viele reale Beispiele, um das zu ignorieren. Solange wir nichts unternehmen, um das aktuelle kapitalistische System zu mäßigen, werden einige unglückliche Menschen auf einem großen Haufen Gold sitzen bleiben auf den rauchenden Überresten unseres Planeten.[135]

Ich habe das letzte Kapitel mit der Frage geschlossen: Was ist aus uns geworden? Die bessere Frage ist: Was haben wir uns erlaubt, wozu manipuliert zu werden? Das Wachstums-Paradigma basiert auf der Annahme, dass Wachstum besseres Leben bedeutet. Daher müssen sich Menschen anpassen. Jobs, Konsum, Produktion. Der Kreislauf geht weiter.

Kapitel 13

Wachstum und Zufriedenheit

„Zu oft und für zu lange scheinen wir persönliche Exzellenz
und gemeinsame Werte für die bloße Anhäufung materieller
Dinge aufgegeben zu haben. [...] Das Bruttoinlandsprodukt
berechnet Luftverschmutzung und Zigarettenwerbung mit ein
und Rettungseinheiten, die das Blutbad von unseren Autobahnen entfernen. Es zählt spezielle Schlösser für unsere Türen und
die Gefängnisse für die Menschen, die sie aufbrechen, mit. Es
berechnet die Zerstörung der Redwood-Bäume mit ein und den
Verlust unserer Naturwunder in chaotischem Wildwuchs. Es
zählt Napalm und nukleare Sprengköpfe und gepanzerte Fahrzeuge für unsere Polizei, um Aufstände in unseren Städten zu
bekämpfen. Es zählt die Waffe von Whitman und das Messer
von Speck und die Fernsehprogramme, die Gewalt glorifizieren,
um Spielzeug an unsere Kinder zu verkaufen.

Unser Bruttoinlandsprodukt berücksichtigt nicht die Gesundheit unserer Kinder, die Qualität ihrer Bildung oder die Freude
beim Spiel. Es inkludiert nicht die Schönheit der Poesie oder
die Stärke unserer Ehen, die Intelligenz unserer öffentlichen Debatte oder die Integrität unserer Amtsträger. Es misst weder
unseren Geist, noch unsere Courage, weder unsere Weisheit,
noch unsere Erkenntnisse [...] kurzum misst es alles, außer
das, was das Leben wertvoll macht."

18. März 1968, Robert Fitzgerald Kennedy, Rede an der
University of Kansas

Einkommen bestimmt unseren Lebensstandard, beinahe per Definition. Aber hast du schon jemals für eine Sekunde inne gehalten, um darüber nachzudenken, ob die ökonomische Komponente tatsächlich die wichtigste in unserem Leben ist? Sehr wenige Menschen stellen dies infrage. Es ist beinahe gegeben, eine Definition. Wenn du die Nachrichten schaust, die Zeitung liest und dir die politischen Debatten anhörst, scheint es zweifellos so. Politiker werden danach gewählt, wie effektiv ihre Kampagnen darin sind, die Menschen davon zu überzeugen, dass ihre Politik ihnen mehr Jobs und daher mehr wirtschaftliches Wachstum bringt, die sie aus irgendwelchen Gründen mit Begriffen wie Freiheit und Demokratie in Verbindung bringen. Die Nachrichten folgen dementsprechend.

Das ist, was ich fühle, was ich bekomme, wenn ich in dieser Gesellschaft lebe und Nachrichten von unseren Informations-Schaltstellen erhalte. Es scheint sicherlich der Fall zu sein, aber ich will nicht nur darüber reden, was es zu sein scheint. Ich will Fakten und solide Daten, Behauptungen, die durch Beweise unterstützt werden. Glücklicherweise hat die Informations-Revolution uns die Möglichkeit gebracht, uns selbst innerhalb von Sekunden öffentliche Datenaufzeichnungen anzusehen – ungefiltert und unzensuriert.

Abbildung 13.1: Google Insights Vergleich der Suchbegriffe „economy", „happiness" und „GDP" zwischen 2008 und 2011.

Die Abbildung 13.1 zeigt die relative Popularität von Suchbegriffen bei Google im Zeitablauf. In dieser spezifischen Suche habe ich das Vorkommen der Suchbegriffe „growth, happiness, GDP", also „Wachstum, Zufriedenheit, BIP," in den Nachrichten weltweit miteinander verglichen. Natürlich gilt dies nur für die englischsprachigen Seiten, vorwiegend in den USA, Indien, Singapur, Australien, Großbritannien und Kanada. Es ist bemerkenswert, dass die Begriffe „Wachstum" und „BIP," beide ökonomischer Natur, ungefähr zehnmal öfter vorkommen als „Zufriedenheit." Du erkennst vielleicht, dass „Wachstum" in unterschiedlichem Kontext stehen kann und dass „Wirtschaftswachstum" ein verlässlicherer Begriff für den Vergleich wäre. Während dies teilweise zutrifft (aber unfair ist, weil es zwei Worte beinhaltet und eine Menge Ergebnisse herausfiltern würde), erklärt es nicht, warum das Akronym BIP bzw. GDP (Bruttoinlandsprodukt) die beiden anderen Begriffe übertrifft. Glauben wir wirklich, dass das *BIP zehnmal wichtiger ist als Zufriedenheit mit unserem Leben?*

Um fair zu sein; wie oft wir über etwas sprechen, lässt nicht gänzlich Schlüsse auf die Wichtigkeit, die wir einer Sache beimessen, zu. Aber es sagt uns viel über den allgemeinen Trend einer Gesellschaft im Zeitablauf, über den *Zeitgeist.* Die Nachrichtenkanäle brüllen viele Berichte über das Wirtschaftswachstum geradezu heraus, als wäre es das Allheilmittel für die meisten Probleme der Menschen. Die Gleichung, an die wir heute glauben, lautet Wachstum = Prosperität, und Prosperität ist natürlich gut. Nicht nur das, sondern Wachstum ist praktisch der Grundstein aller Volkswirtschaften in der Welt. Wir verwenden sogar das Wort *Rezession* mit einem negativen Unterton, um die allgemeine Verlangsamung der wirtschaftlichen Aktivität zu beschreiben, inklusive Beschäftigung, Investitionsausgaben, Haushaltseinkommen, Unternehmensgewinnen und Inflation; in der Insolvenzen und die Arbeitslosenquote ansteigen.

Es scheint klar zu sein, wie der *Zeitgeist* der Nachrichten aussieht. Aber was ist mit Literatur, Büchern, Romanen und solchen Dingen? Sicherlich unterscheiden sie sich – die Arbeiten professioneller Autoren haben nicht viel gemein mit belanglosen Nachrichten, richtig? Im Jahr 2010 hatte eine Gruppe von Forschern die außergewöhnliche Idee, das gesamte Wissen der Menschheit zu nutzen, wozu sie eine große Zusammenstellung digitalisierter Texte schufen, die rund 4% aller jemals gedruckten Bücher enthielt oder anders gesagt, 5,2 Mio. Bücher. „Die Analyse dieser Datenbank erlaubt es uns, kulturelle Trends quantitativ zu erfassen. Wir beobachten das riesige Feld der *'Kulturökonomie'*, mit Fokus auf linguistische und kulturelle Phänomene, die sich in der englischen Sprache zwischen 1800 und 2000 niederschlugen. Wir zeigen, wie dieser Ansatz Einblicke in Bereiche geben kann, die so vielfältig sind wie Lexikografie, die Evolution der Grammatik, kollektives Gedächtnis, die Übernahme von Technologie, das Streben nach Ruhm, Zensur und historische Epidemiologie. *Kulturökonomie* dehnt die Grenzen quantitativer Untersuchungen aus auf eine breite Palette neuer Phänomene, von Sozialwissenschaften bis zu den Geisteswissenschaften".[136]

Der N-gram Viewer von Google Labs ist der erste seiner Art mit der Fähigkeit, kulturelle Trends, basierend auf riesigen Datenmengen präzise und schnell zu quantifizieren. Indem wir dieses Werkzeug nutzen, können wir überprüfen, wie sich unsere Kultur in der Vergangenheit entwickelt hat in Bezug auf die Gebiete, die für uns von Interesse sind.

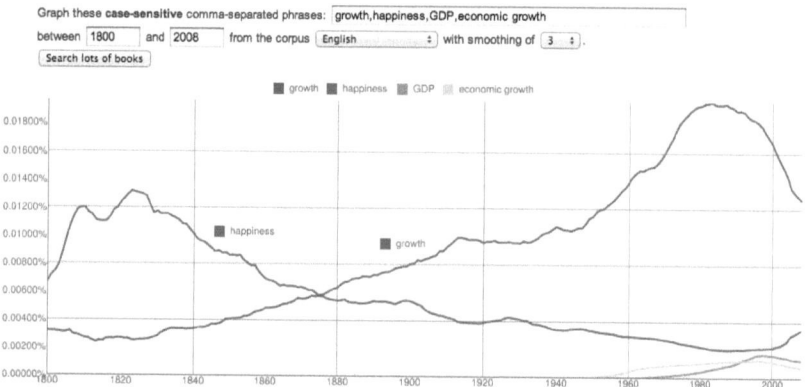

Abbildung 13.2: Vergleich von 'Zufriedenheit' und 'Wachstum' im Zeitablauf mit n-grams. Mit freundlicher Genehmigung von Google.

In der Abbildung 13.2 können wir sehen, wie „Zufriedenheit" und „Wachstum" zwischen 1800 und 2008 eine negative Korrelation aufweisen: wenn „Wachstum" ansteigt, sinkt die „Zufriedenheit". Um 1830 begannen Autoren damit, mehr über Wachstum und Zufriedenheit zu sprechen. Um objektiv zu bleiben, muss gesagt werden, dass eine Korrelation keine Ursache impliziert und die bloße Tatsache, dass jemand über etwas geschrieben hat, erzählt noch lange nicht die ganze Geschichte. Diese Daten zeigen lediglich das Vorkommen solcher Worte in Büchern, weder ihren Kontext, noch ihre Bedeutung. Die Autoren könnten ebenso gut über das „Schwinden der Zufriedenheit" oder etwas noch Subtileres sprechen. Aber es zeigt, dass das Interesse an „Wachstum" angestiegen ist, während die Schriftsteller sich weniger darum kümmerten, über Zufriedenheit zu schreiben.

Etwas sehr Interessantes passierte in den letzten 50 Jahren. Werfen wir einen genaueren Blick darauf.

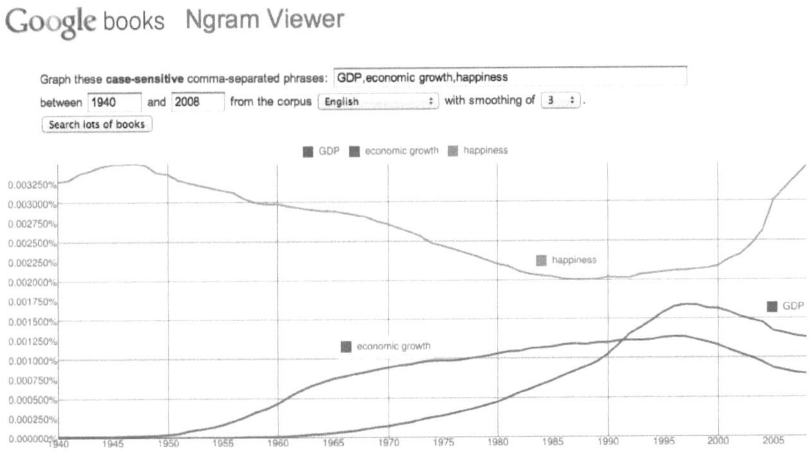

Abbildung 13.3: BIP, Wirtschaftswachstum und Zufriedenheit von 1940 bis 2008. Mit freundlicher Genehmigung von Google.

Die Abbildung 13.3 zeigt eine deutlich stärkere Korrelation. Ich habe den spezifischen Begriff 'Wirtschaftswachstum' gewählt, um andere störende Einflüsse im Kontext auszuschließen. 'Zufriedenheit' sinkt von 1950 bis 1995, während 'Wirtschaftswachstum' und 'BIP' ansteigen. Somit haben wir nun auch den umgekehrten Effekt beobachtet: Sowohl 'BIP' als auch 'Wirtschaftswachstum' sinken, während Zufriedenheit wesentlich ansteigt. Und wieder bedeutet Korrelation nicht gleich Verursachung, aber es ist mit Sicherheit bemerkenswert, was diese Daten zeigen.

Für mehr als ein halbes Jahrhundert hat unsere Kultur die Idee vorangetrieben, dass das Streben nach Wachstum, Arbeit und wirtschaftlicher

Expansion eines der primären Ziele in unserem Leben sein sollte, wenn nicht sogar das höchste von allen. Aber diese Annahme wird herausgefordert und beginnt langsam zu bröckeln. Dieses Buch, das du jetzt gerade liest, kommt nicht aus dem Nichts. Es ist das Ergebnis vom Einfluss dieses Kulturwandels, den wir erleben, der sich in den letzten zehn Jahren verstärkt hat. Wie du in der Abbildung sehen kannst, gab es seit dem Jahr 2000 eine stete Veränderung dieses Kurses. In der Literatur spielt Zufriedenheit nun eine wichtigere Rolle, während das Interesse am BIP und Wirtschaftswachstum untergraben wird.

Meine ursprüngliche Motivation, dieses Buch zu schreiben, war davon getrieben, dass ich realisiert hatte, dass Gesellschaften sich vom BIP als Indikator weg bewegen sollten und stattdessen versuchen sollten, die Zufriedenheit zu maximieren und dabei neue Messgrößen wie den GNH (Gross National Happiness), den Happy Planet Index oder den Satisfaction with Life Index zu nutzen. Dies schien angesichts der Tatsache, dass Technologie mehr und mehr Beschäftigte ersetzen würde, gut zu funktionieren und ich dachte, ein frischer Blick auf das Thema könnte einige Einblicke liefern, wie diese Herausforderung angegangen werden könnte. Angesichts dessen, was ich gelesen und gehört hatte, schien es von soziologischen, anthropologischen und anderen wissenschaftlichen Studien überwältigende Beweise zu geben, dass die Anhäufung finanzieller Mittel nicht proportional glücklicher macht. Das bedeutet, dass es keine positive Korrelation gibt zwischen der Menge an Geld, die du hast und wie glücklich du bist. In einem Satz gesagt, *dass dir Geld keine Zufriedenheit erkaufen kann.*

Doch als ich meine Quellen gründlicher prüfte, entdeckte ich, dass meine ursprüngliche Annahme nicht gänzlich korrekt war. Als ein Wissenschaftler musste ich die Beweise sichten und meine eigenen Überzeugungen infrage stellen, selbst wenn es anfangs beunruhigend war. Was ich fand, war eine sehr komplizierte und verworrene Welt der Zufriedenheitsforschung, die weitaus komplexer war, als ich zuerst angenommen hatte.

Richard Easterlin, Ökonom und Professor of Economics an der University of Southern California, diskutierte die Faktoren, die zur Zufriedenheit beitragen, 1974 in seiner zukunftsweisenden Arbeit „Does Economic Growth Improve the Human Lot? Some Empirical Evidence."[137] Er fand heraus, dass das durchschnittlich festgestellte Niveau an Zufriedenheit sich mit dem Nationaleinkommen pro Person nicht entscheidend verändert, zumindest in Ländern mit ausreichenden Einkommen, um grundlegende Bedürfnisse zu decken. Ebenso war kein Langzeittrend bei der gemessenen Zufriedenheit feststellbar, obwohl sich das Einkommen pro Person in den Vereinigten Staaten zwischen 1946 und 1970 stets erhöhte. Im Gegenteil sank die Zufriedenheit zwischen 1960 und 1970 sogar. Grundsätzlich gibt es keine Korrelation zwischen Einkommen und Zufriedenheit, wenn es ein Land einmal geschafft hat, aus der Armut zu gelangen. Dies ist heute bekannt als Easterlin-Paradoxon, das später von einer anschließenden Studie bestätigt wurde, die 2010 in einem Verfahren der National Academy of Sciences veröffentlicht wurde und das Paradoxon mit Daten aus 37 Ländern bekräftigte.[138] Das Papier schließt mit den folgenden Bemerkungen.

„Wohin führt uns das? Wenn Wirtschaftswachstum nicht mehr die Hauptorientierung zu größerer Zufriedenheit ist, was ist es dann? Eine einfache, aber wenig hilfreiche Antwort ist, dass mehr Recherche notwendig ist. Möglicherweise nützlicher sind Studien, die darauf hindeuten, dass der Fokus eher auf direkte persönliche Bedürfnisse zu legen wäre wie Gesundheit oder Familienleben und die Gestaltung materieller Präferenzen anstatt der bloßen Eskalation materieller Güter.“

Eine mögliche Erklärung für das Easterlin-Paradoxon kommt von einer Eigenschaft des kognitiven Verhaltens, dass Wissenschaftler als *Anpassung* bezeichnen. Wenn du deinen Lebensstandard verbesserst, gewöhnst du dich sehr schnell daran. Er wird zur Norm und deine Ansprüche erhöhen sich dementsprechend. Das führt zur so genannten *hedonistischen Tretmühle*.

Stell dir vor, du befindest dich auf einer Tretmühle bzw. auf einem Laufband und du willst dein ultimatives Ziel erreichen – Zufriedenheit, die direkt vor dir sitzt. Wenn du beginnst, zu gehen, tut das auch das Laufband in derselben Geschwindigkeit wie du. Tatsächlich bist es du, der das Laufband in Bewegung versetzt! Auf deinem Weg bekommst du vielleicht einige kleinere Belohnungen, aber du vergisst wieder darauf, weil dein eigentliches Ziel noch immer vor dir sitzt. Also erhöhst du die Geschwindigkeit und beginnst zu laufen. Aber das Laufband macht dasselbe und egal wie stark du es auch versuchst, du verfolgst lediglich einen unerreichbaren Traum, der immer außerhalb deiner Reichweite liegen wird. Mit mehr Geld kommen größere und schwieriger zu erreichende Ambitionen, die schwerer und schwerer zu erreichen sind.

Eine weitere Möglichkeit ist der *relativistische Effekt*, der umgangssprachlich als „mit den Nachbarn mithalten" bezeichnet wird, wobei wir unsere Leistungen immer mit unseren Nachbarn vergleichen. H.L. Mencken sagte den berühmten Satz „ein reicher Mann ist jemand, der $100 pro Jahr mehr verdient als der Ehemann der Schwester seiner Frau."[139] Es zählt nicht wirklich, wie reich du bist, du musst nur reicher sein als diejenigen um dich herum. Forscher haben auch Studien durchgeführt, in denen sie Menschen Folgendes fragten: Was würdest du lieber tun? Möchtest du 70.000 Dollar verdienen, wenn jeder andere in deinem Büro 65.000,– verdient oder 75.000,– wenn jeder andere in deinem Büro 80.000,– verdient? Zählt es, wie viel Geld du heimbringst oder zählt es, wie viel Geld du relativ zu anderen Menschen verdienst? In der Studie zogen es Menschen vor, weniger zu verdienen, wenn dies bedeutete, mehr als die Menschen um sie herum zu verdienen.[140]

Glaubt man urbanen Legenden, hatten der Opernstar Maria Callas und der Englisch-Professor Stanley Fish dieselbe Verhandlungsstrategie. Als Fish in seiner Abteilung angestellt wurde, sagte er „Ich will nicht über das Gehalt reden. Ich habe keine bestimmte Zahl im Sinn. Ich will nur 100 Dollar mehr verdienen als wer auch immer die bestbezahlte Person in dieser Abteilung ist." Nun, es gibt da offensichtlich einen Typen, der über Zufriedenheit Bescheid weiß (Schade nur, dass es immer nur für einen in der ganzen Abteilung funktioniert).

Als Schlussfolgerung ist Zufriedenheit *relativ*, da wir uns schnell an neue Situationen *anpassen*. Easterlin hat bewiesen, dass Geld nicht zwangsläufig glücklicher macht. Ende der Geschichte. Machen wir weiter.

Nicht so schnell.

Kapitel 14

Einkommen und Glück

Neueste Forschungen von Betsey Stevenson und Justin Wolfers sowie von Angus Deaton, die auf aktuellen Daten des Gallup World Poll basieren, zeigen eine konsequente, länderübergreifende Verbindung zwischen Einkommen und Zufriedenheit[141], was scheinbar andeutet, dass Geld Menschen glücklicher macht.

Aber wie kann das sein? Das Easterlin-Paradoxon zeigte exakt das Gegenteil oder nicht? Wie können zwei wissenschaftlich fundierte Studien, die nur andere Variablen nutzen und beide von respektablen und prüfbaren Quellen stammen, zwei völlig gegenläufige Schlussfolgerungen auswerfen? Dieses Problem entzündete eine intensive Debatte unter Akademikern, die nun einen Konsens finden müssen.

Als ich tief in diese Studie über Zufriedenheit eintauchte, stolperte ich über eine Forschungsarbeit von Carol Graham. In ihren zwei Büchern *Happiness around the World: the Paradox of Happy Peasants and Miserable Millionaires* (Oxford University Press, 2010) und *The Pursuit of Happiness: An Economy of Well-Being* (Brookings Institution Press, 2011) bietet Graham eine anschauliche Analyse und wertvolle Einblicke in die Welt der Zufriedenheitsstudien. Wie sie aufzeigt, hängt es immer davon ab, welche Frage du stellst. Zufriedenheit oder Glück sind Überbegriffe, die eine Vielfalt an Gefühlen beschreiben und nicht einen einzigen Geisteszustand. In der Easterlin-Studie wurden Menschen offene Fragen gestellt „Allgemein gesagt, wie glücklich sind Sie mit Ihrem Leben?" – „Allgemein gesprochen, wie zufrieden sind Sie mit Ihrem Leben?" Stattdessen nutzt das Gallup

World Poll die „Leiter-des-Lebens-Frage" von Cantril: „Bitte stellen Sie sich eine Leiter mit Stufen von 0 am unteren Ende und 10 am oberen Ende vor. Das obere Ende der Leiter stellt das bestmögliche Leben für Sie dar und das untere Ende der Leiter stellt das schlechtmöglichste Leben für Sie dar. Was würden Sie sagen, auf welcher Stufe stehen Sie derzeit?" Wie du sehen kannst, handelt es sich um sehr unterschiedliche Fragen – sie schaffen unterschiedliche Kontexte und meinen daher unterschiedliche Dinge. Die erste Studie hat emotionales Wohlbefinden gemessen, das sich auf die emotionale Qualität in der alltäglichen individuellen Wahrnehmung bezieht – Die Häufigkeit und Intensität von erfreulichen Erfahrungen, Stress, Traurigkeit, Wut und Zuneigung, die das Leben angenehm oder unangenehm machen. Die zweite Studie hat die Lebens-Evaluierung (oder Zufriedenheit) gemessen, wie sie die Menschen in ihren Gedanken haben, wenn sie über ihr Leben nachdenken. Beide Studien können zu unterschiedlichen Ergebnissen gelangen und dennoch beide richtig sein. Es gäbe keinen Konflikt zwischen beiden Ergebnissen, da sie eine andere Art von Glück messen.

Es sieht so aus, als hätten wir das Paradoxon gelöst und schlussendlich sind die Dinge klargestellt. Außer dass sie es nicht sind. Ein weiterer Aspekt, der zu beachten ist, ist das *Anpassungsphänomen*. Wie im vorhergehenden Kapitel demonstriert, steigen unsere Erwartungen an, sobald unser Lebensstandard steigt. Analog zum Phänomen der Anpassung an niedrigere Lebensstandards verweisen Lora und Graham auf das *Paradoxon des unglücklichen Wachstums*. Sie beobachteten, dass die Befragten in Ländern mit hohen Wachstumsraten im Durchschnitt weniger glücklich waren als diejenigen in Ländern mit geringeren Wachstumsraten, sobald einmal ein durchschnittliches Niveau an BIP pro Kopf erreicht wurde. Es scheint, dass wirtschaftliches Wachstum häufig Steigerungen bei Instabilität und Ungleichheit begleitet, von denen wir wissen, dass sie Menschen sehr unglücklich machen.[142] Ebenso scheint es, dass wir besser darin sind, uns an unangenehme Sicherheit zu gewöhnen als an Unsicherheit als solches. Graham erklärt weiter:

> „Während es ganz klar stabile Muster für die bestimmenden Faktoren von Glück weltweit gibt, gibt es ebenso eine bemerkenswerte menschliche Eigenschaft, sich sowohl an Prosperität als auch widrige Umstände anzupassen. Daher sind Menschen in Afghanistan genauso glücklich wie Lateinamerikaner – glück-

licher als der Welt-Durchschnitt – und Kenianer sind mit ihrer Gesundheitsversorgung ebenso zufrieden wie Amerikaner. Kriminalität macht Menschen unglücklich, aber je mehr es davon gibt, umso weniger nimmt sie Einfluss auf die Zufriedenheit; dasselbe gilt für Korruption. Übergewichtige Menschen sind weniger unglücklich, wenn die Menschen um sie herum ebenfalls übergewichtig sind. Freiheit und Demokratie machen Menschen glücklich, aber je weniger verbreitet diese Faktoren sind, umso weniger sind sie wichtig für Glück. Unterm Strich kann gesagt werden, dass Menschen sich an enorme Widrigkeiten anpassen können und dabei ihre natürliche Heiterkeit erhalten können, während sie ebenso praktisch alles haben können – inklusive guter Gesundheit – und dennoch unglücklich sind."[143]

Wie du sehen kannst, beginnen die Dinge, kompliziert zu werden.

Während diese Studien beobachten, welche Rolle wirtschaftliche Faktoren für die Zufriedenheit von Menschen verschiedener Länder spielen, könnte man sich fragen, wie es Menschen innerhalb desselben Landes geht? Gibt es eine Verbindung? Wenn ja, welcher Art? Und wie bedeutend ist sie?

Der Wirtschaftsnobelpreisträger Daniel Kahneman und sein Kollege Angus Deaton haben kürzlich an der Princeton University ein Papier im Rahmen der National Academy of Sciences veröffentlicht[144], das genau dieses Thema betrifft. In ihrer Analyse berichten sie von mehr als 450.000 Rückmeldungen zum Gallup-Healthways Well-Being-Index, einer täglichen Erhebung von 1.000 US-Bürgern, die von der Gallup-Organisation durchgeführt wird. Die Studie schlussfolgert, dass die Bewertung ihrer Lebenssituationen – das bedeutet, ihre beschriebene Lebens-Bewertung auf einer Skala von 1 bis 10 – stetig mit dem Einkommen angestiegen ist. Die Studie zeigt also, dass innerhalb eines Landes Einkommen positiv mit der Zufriedenheit korreliert. Und doch gibt es einen Haken. Zufriedenheit steigt nicht *proportional* mit dem Einkommen, sondern mit einem *Logarithmus*. Das Kapitel zu exponentiellem Wachstum gibt uns hier wieder ein bisschen Unterstützung. Sagen wir, du verdienst €30.000 im Jahr. Eine Steigerung um €30.000 verleiht dir einen großen Schub beim Besteigen der Leiter zum Glück. Aber während du die Leiter hochsteigst, musst du die Menge an Geld, die du verdienst, exponentiell steigern, um eine Delle in deine

Zufriedenheitskurve zu machen. Daher wird für eine Person, die €100 Millionen verdient, eine oder zwei weitere Millionen keinen großen Unterschied machen. Aber eine Milliarde schon.

Auf der anderen Seite wird sich ihre gefühlte Qualität täglicher emotionaler Erfahrungen (erfreuliche Erfahrungen, Stress, Traurigkeit oder Wut) ab einem bestimmten Niveau abflachen. Einkommen über €55.000 jährlich führen nicht zu mehr Erlebnissen emotionalen Glücks (oder Wohlbefindens) und auch nicht zu weiterer Linderung von Stress oder Unzufriedenheit. Unter diesem Einkommensniveau berichteten die Befragten von sinkender Zufriedenheit und zunehmender Traurigkeit und Stress, hervorgerufen durch den Schmerz der Unglücksfälle des Lebens wie Krankheiten, Scheidungen, Einsamkeit, die von Armut verschärft werden.

In der Schlussfolgerung scheint es, dass man mit Geld Zufriedenheit, aber kein emotionales Wohlbefinden kaufen könnte. Der Mangel an Geld kann sowohl Unzufriedenheit und Traurigkeit hervorrufen.

Wohin führt uns dies? Wie wir bereits sehen können, wird diese Glückssache komplizierter als gedacht. Bevor wir also zu Feststellungen kommen, gibt es noch einige Dinge, die es zu verstehen gilt.

Kapitel 15

Glück

„Geld kann dir kein Glück kaufen. Aber es hilft."[145]

„Ich wünschte, jeder könnte reich und berühmt werden und alles bekommen, wovon er immer geträumt hat, damit sie wissen, dass das nicht die Antwort ist."[146]

Glück ist eine sehr mysteriöse Sache. Seine Flüchtigkeit wird nur von unserer Sehnsucht übertroffen, es zu finden. Über Tausende von Jahren hinweg haben wir danach gesucht. Einige scheinen es durch tiefe Meditation gefunden zu haben. Andere, indem sie sich von allen materiellen Besitztümern gelöst haben. Andere haben genau das Gegenteil versucht und Milliarden über Milliarden von Dollar angehäuft, nur um die größte Belohnung zu erfahren, wenn sie jemand anderem helfen, eine Non-Profit-Organisation aufzubauen oder Bildungseinrichtungen und philantrophische Institute. Einige finden Freude in einfachen, alltäglichen Momenten. Laut einigen Philosophen und Psychologen sind Menschen an sich unfähig für Zufriedenheit über lange Zeiträume. Jahrelang haben Sozialwissenschaftler, Anthropologen und Ökonomen versucht, zu bestimmen, was Menschen glücklich macht. Bis vor kurzem gab es eine Menge Poesie und Kunst zu diesem Thema, aber nur sehr wenige Daten. Wir haben uns auf den gesunden Menschenverstand verlassen, philosophische Einblicke, persönliche Erfahrungen, Offenbarungen; aber wir hatten keine Möglichkeit zu wissen, ob diese Meinungen die Realität widerspiegelten.

Die Themen Glück, Zufriedenheit mit dem Leben, Wohlbefinden, 'das gute Leben' und was die Griechen als *eudaimonia* bezeichneten (ein Leben voller Tugend und Sinn), sind alle miteinander verbunden, wenngleich sie sehr unterschiedlich sind.

Also was wissen wir *tatsächlich* über Glück? Wir wissen nicht viel, aber wir kennen einige wissenschaftliche Fakten, die es in allen Kulturen und Nationen gibt.

Zunächst wissen wir, dass wir biologisch nicht dazu geschaffen sind, unsere Zufriedenheit zu maximieren. Wir haben uns entwickelt, indem wir in kleinen Gruppen lebten, wir haben enge Banden mit noch kleineren Gruppen von Freunden geknüpft, wir haben versucht, unsere Gene weiterzugeben, Angreifer abgewehrt und uns vor dem Unbekannten gefürchtet. Vielleicht wurden wir ausgewählt, um Freude und stete Belohnung zu suchen, doch Glück ist weitaus komplizierter als das und es bleibt nicht wirklich, entwicklungsgeschichtlich gesprochen.

Zweitens wissen wir, dass ein Teil von dem, was unsere Zufriedenheit bestimmt, in unseren Genen zu suchen ist. Wir wissen nicht genau, zu welchem Teil dies mitspielt, aber wir wissen, dass es das tut. Eine neue Studie von De Neve et al[147] legt nahe, dass mindestens ein Drittel der Schwankungen bei der Zufriedenheit von Menschen erblich bedingt sein könnte.[148] Vielleicht blickst du auf diese Ergebnisse und fühlst dich von dem Gedanken der genetischen Vorprogrammierung angewidert; oder vielleicht stellst du ihre Richtigkeit infrage. Vielleicht tragen die Gene auch gar nicht zu einem Drittel zu unserem Glück bei, sondern für weniger oder auch für viel mehr. Offen gesprochen denke ich nicht, dass es wirklich wichtig ist (nicht zu diesem Zeitpunkt jedenfalls, aber vielleicht in 15 Jahren.[149]) Sieh es einmal so: Die *Mehrheit* deines Glücks *ist nicht* genetisch vorherbestimmt, was bedeutet, dass es eine Menge Raum für Verbesserung gibt! Nicht zu erwähnen, dass Gene nicht die ganze Geschichte sind. Was zählt ist, wie sie sich ausdrücken und einige von ihnen sind von epigenetischen Feldern abhängig. Unsere Biologie ist vielleicht verantwortlich für eine Art „Grundzufriedenheit", die Sozialwissenschaftler als „Sollwerte" bezeichnen, aber externe Faktoren, unsere Taten und unsere Reaktionen spielen ganz klar eine Hauptrolle.

Glücklich sein, sich glücklich fühlen, glückliche Erinnerungen haben, glückliche Erfahrungen, das alles sind unterschiedliche Geisteszustände und sie können nicht durch eine einzelne Zahl ausgedrückt werden. Diese Tatsache zu verstehen ist der Schlüssel, um sich dem Thema Glück anzunähern. Manchmal beziehen sich Ökonomen auf Lebensqualität, einen lockeren Begriff, der das generelle Wohlbefinden von Menschen in ihrem Leben definiert. Das ist, wie glücklich du bist. Aber nicht ganz. Lebensqualität ist ein Indikator, eine Nummer, die nicht viel über dich aussagt. Es ist eine Statistik und eine Person ist keine Statistik.

Glück ist also sehr subjektiv. Was dich glücklich macht, funktioniert vielleicht nicht für mich und wird möglicherweise in ein paar Jahren nicht einmal für dich mehr funktionieren. Wir sind wachsende Organismen, unser Geist erhält ständig Einflüsse von seinem externen Umfeld und erneuert sich.

Solch ein unvorhersehbares, veränderliches und subjektives Konzept – Glück ist eine ernsthafte Sache.

15.1 Erfahrungs-Simulationen

Versuchen wir ein kleines Experiment. Angenommen, ich habe dir zwei mögliche Szenarien für dein Leben gegeben. Im ersten gewinnst du in der Lotterie und bringst die unglaubliche Summe von €300 Millionen mit nach Hause. Im zweiten Szenario hast du einen schrecklichen Unfall und bist vom Hals runter querschnittsgelähmt. Die Frage ist: Welches Szenario, glaubst du, wird dich glücklicher machen, welches unglücklicher, verglichen damit, wo du jetzt gerade in deinem Leben stehst?

Ich bin ziemlich sicher, dass du dich für den Lottoschein entscheiden würdest. Mit einer solchen Menge Geld könntest du ein neues Leben beginnen, jubeln und eine Reihe wunderbarer Abenteuer beginnen. Zu schade, dass das nicht passieren wird. Die Wahrscheinlichkeit ist hoch, dass du nach einem Jahr so glücklich sein wirst wie du es heute bist. Es werden keine deutlichen Veränderungen festzustellen sein. Tatsächlich werden die meisten Menschen, die im Lotto gewinnen, sogar sehr unglücklich, verlieren die meisten ihrer Freunde und finden sich in einer zerstörten Familie wieder in einem zerstörten Leben; während der Querschnittsgelähmte seine neue Situation akzeptieren wird und lernen wird, damit zu leben. *Anpassung.* Sogar eingesperrte Patienten, die komplett paralysiert sind und gerade einmal ein Augenlid bewegen können (und somit noch immer kommunizieren können), beschreiben sich so zufrieden wie jeder andere auch. Was passiert hier? Wie ist das möglich?

Dan Gilbert, Professor der Psychologie an der Harvard University erklärt das Phänomen und noch viel mehr in seinem internationalen Bestseller *Stumbling on Happiness* (Knopf, 2006). Gilbert bemerkt, dass wir dazu tendieren, den Einfluss besonderer Ereignisse auf unsere langfristige Zufriedenheit stark zu überschätzen. Von Feldstudien über Laborstudien können wir sehen, dass eine gewonnene oder verlorene Wahl, das Gewinnen oder der Verlust eines Liebespartners, der Erhalt oder Nichterhalt einer Beförderung oder das Durchfallen oder Bestehen in einem Schultest von weitaus geringerem Einfluss, viel weniger Intensität und weitaus kürzerer Dauer sind als die Menschen es erwarten würden. Tatsächlich legt eine aktuelle Studie nahe, die zeigt wie große Lebenstraumata sich auf Menschen auswirken, dass wenn das Trauma sich vor über drei Monaten ereignet hat, es mit wenigen Ausnahmen keinen Einfluss auf unsere Zufriedenheit hat. Der Grund dafür ist, dass der präfrontale Kortex, die Hirnregion, die zukünftige Ereignisse in unserem Geist simuliert (gemeinsam mit vielen anderen Dingen) ein sehr schlechter Erfahrungs-Simulator ist.

Der Psychologe Ed Diener fand heraus, dass die Häufigkeit deiner positiven Erlebnisse ein viel besserer Prädiktor deiner Zufriedenheit ist als die Intensität deiner positiven Erlebnisse.[150] Viele kleine glückliche Momente zu kultivieren und zu erleben, ist effektiver und belohnender als einige sporadische große Erlebnisse zu haben.[151]

Aber wie kann es sein, dass eine gewonnene oder verlorene Wahl, der Gewinn oder Verlust eines Liebespartners, der Erhalt oder Nichterhalt einer Beförderung, das Bestehen oder Durchfallen bei einem Schultest viel weniger Einfluss, weniger Intensität und weitaus weniger Dauer haben als wir erwarten? Ein Grund ist, dass wir **Glück synthetisieren**. Wir denken, Glück ist etwas, das gefunden werden kann, doch stattdessen *kreieren* wir es.

Diese Forschungsarbeit ist in der Psychologie sehr bekannt und sie wird als das 'Freie-Wahl-Paradigma' bezeichnet. Es ist sehr einfach. Du nimmst einige Objekte, sagen wir, einige Monet-Drucke und bittest einen Teilnehmer darum, sie von dem, das ihm am besten gefällt, zu dem, das ihm am wenigsten gefällt, zu bewerten. Nun stellst du den Teilnehmer vor die Wahl: „Zufällig haben wir einige zusätzliche Drucke im Schrank. Wir geben dir einen davon als Belohnung mit nach Hause. Wir haben Nummer 3 und

Nummer 4." Dies ist keine einfache Wahl, weil keines der beiden stärker als das andere bevorzugt wird, aber normalerweise tendieren Menschen dazu, Nummer 3 zu nehmen, da sie es ein bisschen mehr als Nummer 4 mochten.

Einige Zeit später – zum Beispiel nach 15 Minuten; es können aber auch 15 Tage sein – werden dieselben Reize wieder vor den Testpersonen positioniert und die Testperson wird dazu aufgefordert, die Drucke erneut zu bewerten. „Sagen Sie uns, wie sehr Sie sie nun mögen." Was passiert? Beachte, dass dies keine isolierte Studie ist, sondern dasselbe Ergebnis immer und immer wieder festgestellt werden konnte und schau dir an, wie Glück synthetisiert wird. Die Testperson bewertet nun den Druck, den sie beim letzten Mal mitgenommen hat, höher als beim letzten Mal und den anderen, den sie nicht gewählt haben, niedriger. Oder zu gut Deutsch: „Der eine, den ich bekommen habe, ist wirklich besser als ich dachte! Der andere, den ich nicht bekommen habe, ist widerlich!" Das ist die Synthetisierung von Glück.

Um zu beweisen, dass dies kein Wahndenken ist, eine Lüge oder ein Fehler in der Studie, haben sie dasselbe Experiment immer wieder mit derselben Gruppe von Patienten wiederholt, die anterograde Amnesie hatten. Dies sind betreute Patienten, die das Korsakoff-Syndrom haben, eine polyneuritische Psychose, die es ihnen nicht erlaubt, neue Erinnerungen abzuspeichern. Sie erinnern sich an ihre Kindheit, aber wenn du den Raum betrittst und dich vorstellst und dann den Raum verlässt, wissen sie nicht mehr, wer du bist, wenn du wieder reinkommst. Sie haben die Monet-Drucke ins Spital mitgebracht und diese Patienten darum gebeten, sie von dem, den sie am meisten mochten bis zu dem, den sie am wenigsten mochten, zu bewerten. Genau wie vorher. Dann gaben sie ihnen die Wahl zwischen Nummer 3 und Nummer 4. Wie jeder andere auch sagten sie „Danke, Herr Doktor! Das ist großartig! Ich könnte ein neues Bild gut gebrauchen. Ich nehme Nummer 3." Die Krankenhausmitarbeiter erklärten dann, dass sie ihnen Nummer 3 zusenden würden. Dann packten sie die Materialien zusammen und verließen den Raum, warteten eine halbe Stunde und gingen wieder in den Raum. „Hallo, wir sind zurück." Die Patienten sagten „Ähm, Herr Doktor, es tut mir leid, ich habe ein Gedächtnisproblem. Wenn ich Sie zuvor einmal getroffen habe, kann ich mich nicht daran erinnern." „Wirklich, Jim, du erinnerst dich nicht? Ich war gerade hier mit den Monet-Drucken." „Entschuldigung, Herr Doktor, ich habe keine Ahnung." „Kein Problem, Jim. Alles was ich von dir möchte ist, diese Bilder

zu bewerten, von dem, das dir am meisten gefällt bis zu dem, das dir am
wenigsten gefällt."

Was wissen sie? Nun ja, zuerst untersuchte sie der Arzt, um sicher-
zugehen, dass sie wirklich an Amnesie litten. Dazu wurden die Amnesie-
Patienten gefragt, welches der Bilder ihnen gehörte. Und sie fanden dabei
heraus, dass die Amnesie-Patienten nur geraten hatten. Das sind normale Kontrollen. Würde man es mit anderen Personen machen, würde jeder
wissen, welchen Druck sie gewählt haben. Aber wenn ich das mit Amnesie-
Patienten mache, haben sie keinen Dunst. Sie können ihre Wahl aus einer
Reihe von Bildern nicht ausmachen.

Normale Kontrollteilnehmer erzeugen Glück künstlich. Was machen
Amnesie-Betroffene? Exakt dasselbe. „Dasjenige, das ich besitze, ist besser
als ich dachte. Dasjenige, das ich nicht besitze, das, das ich zurückgelassen
habe, ist nicht so gut, wie ich dachte." Diese Leute mögen das Bild mehr,
das sie besitzen, aber sie wissen gar nicht, dass sie es besitzen. Denke über
dieses Ergebnis nach. Was diese Menschen machten, als sie synthetisiert haben, ist, dass sie wirklich, wahrhaftig ihre gefühlsbetonten, hedonistischen,
ästhetischen Reaktionen zu dem Bild hin veränderten. Sie sagen es nicht
nur, weil sie es besitzen, weil sie gar nicht wissen, dass sie es besitzen."[152]
Professor Gilbert beobachtete wie folgt:

> *„Wir schmunzeln, weil wir glauben, dass synthetisches Glück
> nicht von derselben Qualität ist wie das, was wir vielleicht na-
> türliches Glück nennen. [...] Natürliches Glück ist, wenn wir
> bekommen, was wir wollten und synthetisches Glück ist, was
> wir machen, wenn wir nicht bekommen, was wir wollen. Und
> in unserer Gesellschaft gibt es einen starken Glauben daran,
> dass synthetisches Glück minderwertig ist. Warum glauben wir
> das? Nun ja, es ist sehr einfach. Welcher Wirtschaftsmotor
> würde dann noch weiter brummen, wenn wir glauben würden,
> dass wir genauso glücklich wären, wenn wir nicht bekommen,
> was wir wollen wie wenn wir es bekommen?"*[153]

In der Tat. Die Marketingwerkzeuge, die von Konzernen genutzt werden, um mehr Produkte zu verkaufen, vertrauen auf unsere Unfähigkeit,
adäquat zu bestimmen, was uns glücklich macht. Und so fahren wir damit
fort, die Maschine deutlich sichtbarer Konsumation zu befeuern – während
wir uns vortäuschen, dass dies unser Gefühl des Unbehagens lindern würde.

Wir wissen, dass es nicht funktioniert und dennoch machen wir dieselben Fehler immer und immer wieder.

Aber es gibt Hoffnung. Sich dieses Betrugs wirklich bewusst zu werden, kann uns helfen, der Falle zu entrinnen und unser Leben in Richtung eines positiveren, authentischen und realen Wohlbefindenszustands zu bewegen – einen, der auf Empathie basiert, Zusammenarbeit, der Spannung von Entdeckungen und dem Antrieb, etwas Sinnvolles zu tun.

Kapitel 16

Arbeit und Glück

Ich habe das Gefühl, mich bei diesem Thema schon ein bisschen zu lange aufzuhalten, aber gleichzeitig realisiere ich, dass ich gerade einmal die Oberfläche der Glücksforschung angekratzt habe. Eine gründlichere Analyse würde eine ganze Reihe von Büchern für sich alleine beanspruchen und selbst dann hätten wir nur ein unvollständiges Bild. In diesem Buch habe ich entschieden – wie ich schon erwähnt habe – das Hauptaugenmerk auf Glück in Bezug auf Einkommen und noch wichtiger auf Arbeit zu legen, da dies schließlich das Hauptthema der Diskussion darstellt. Wie wir gesehen haben, zeigt die Forschung, dass es eine Verbindung zwischen Einkommen und dem allgemeinen Wohlbefinden gibt (wenngleich dies auch sehr kompliziert und vielschichtig ist), aber es ist unklar, ob es eine *Ursache*, gibt und falls ja, wohin sich diese richtet. Wir wissen, dass glücklichere Menschen im Allgemeinen reicher sind als der Durchschnitt, aber wir wissen auch, dass glückliche Menschen weniger gestresst, sozialer, produktiver und daher auch erfolgreicher sind. Also was genau verursacht nun was? Das Problem mit umgekehrten Kausalzusammenhängen und der Selektion von Tendenzen ist schwerwiegend. Menschen, die generell einsam und unglücklich sind, neigen dazu, abgelehnt zu werden, wenn sie nach einem Job suchen und werden häufiger arbeitslos und *bleiben* arbeitslos.

Dann gibt es noch eine andere Frage. Wären Menschen gleich glücklich, wenn sie dasselbe Einkommen, aber keine Arbeit hätten? Vielleicht ist es nicht die Arbeit selbst, auf die es ankommt, sondern, wofür sie steht. *Zugang.* Zugang zu einem schönen Haus, medizinischer Versorgung, Urlaub mit der Familie, Filme mit Freunden ... Was, wenn all diese Dinge bereitgestellt würden, wären sie genauso glücklich?

Die Antwort ist ein lautes NEIN! Du hast das nicht erwartet oder? Du hast gedacht, dass ich sagen werde, wenn wir den Menschen genug Geld und Zugang zu dem geben, was sie brauchen, um sich nicht über die kleinen Sorgen kümmern zu müssen, könnten sie sich endlich auf das konzentrieren, was in ihrem Leben wirklich zählt, was sie wiederum glücklicher machen wird. Es zeigt sich aber, dass es nicht genug ist, Menschen nur Geld zu geben. Wir wissen das, weil Menschen, die alle Vorteile eines Vollzeitjobs erhalten, berichten, dass sie weniger glücklich sind als solche, die angestellt sind und die ansonsten aber ähnliche Charakteristika aufweisen (Andere Variablen wurden kontrolliert). Arbeit zählt schlussendlich doch.

Arbeitslosigkeit spielt eine solch große Rolle für unser Glück, dass es schwierig fällt, sie nur mit einigen Sätzen abzuhandeln. Viele Studien, die in verschiedenen Ländern und zu unterschiedlichen Zeitpunkten stattgefunden haben, haben herausgefunden, dass die persönliche Erfahrung von Arbeitslosigkeit Menschen *sehr unglücklich* macht.[154] In ihrer bahnbrechenden Studie über Großbritannien fassen Clark und Oswald ihre Ergebnisse wie folgt zusammen: „Arbeitslosigkeit schlägt sich auf das Wohlbefinden mehr nieder als irgendeine andere Charakteristik, inklusive den negativen wie Scheidung und Trennung."[155] Mein lieber Herr Gesangsverein! Mehr als Scheidung und Trennung? Ist es denn eine solch kraftvolle Energie, angestellt zu sein, wenn es darum geht, unser allgemeines Wohlbefinden zu bestimmen? Scheinbar ist es das.

Vor einiger Zeit haben wir über umgekehrte Kausalität aufgrund der Auswahl von Ausrichtungen nachgedacht. Könnte es dasselbe Problem mit Beschäftigung geben? In anderen Worten, verursacht Arbeitslosigkeit Unzufriedenheit oder ist es umgekehrt? Viele Studien mit Langzeitdaten, die erhoben wurden, bevor und nachdem bestimmte Beschäftigte ihre Jobs verloren haben, legen nahe, dass unglückliche Personen tatsächlich eine schlechtere Leistung am Arbeitsmarkt erbringen, aber die Hauptkausalität scheint klar von Arbeitslosigkeit zu Unzufriedenheit zu führen.[156] Andere Studien in Sozialpsychologie kommen ebenfalls zu ähnlichen Ergebnissen.[157]

Halten wir für einen Moment an und sehen uns an, was wir bisher entdeckt haben. Glück ist wirklich komplex, aber wir beginnen gerade, es zu verstehen und wir wissen sicherlich mehr darüber als vor 20 Jahren. Wir wissen, dass genetische, persönliche (stabile Partnerschaft, Familie, mentale und physische Gesundheit, gute Bildung) und soziale Faktoren (demokratische Teilhabe, Gemeinschaftssinn) eine große Rolle spielen. Wir wissen, dass wir sehr schlecht darin sind, unser zukünftiges Glück vorherzusagen, genauso wie wir dazu tendieren, den Effekt zu überschätzen, den große Ereignisse langfristig darauf haben werden. Wir wissen, dass die Erinnerungen an unsere Erfahrungen in unserem Gedächtnis verzerrt werden und dass wir leicht reingelegt werden können. Wir wissen, dass wir uns an so gut wie alles anpassen mit einigen wenigen Ausnahmen (Lärm, kosmetische Chirurgie[158]). Wir wissen, dass es schwer ist, von der hedonistischen Tretmühle herunterzusteigen. Wir wissen, dass Glück relativ ist, da wir dazu tendieren, uns mit denen um uns herum zu vergleichen. Wir wissen, dass Einkommen wesentlich für die Zufriedenheit mit unserem Leben ist (in logarithmischem Maßstab), aber nur bis zu einem gewissen Level für unser emotionales Glück (rund €55.000). Doch am wichtigsten, wir wissen, dass es essentiell für unser Wohlbefinden ist, angestellt zu sein.

Wenn Arbeit so wichtig ist und wir auf dem besten Weg sind, massive Arbeitslosigkeit zu erleben, sollten wir uns auf einige riesige Probleme einstellen. Arbeitslosigkeit führt zu Depression, Angst, Verlust von Selbstbewusstsein und persönlicher Kontrolle. Zahlreiche Studien haben bewiesen, dass arbeitslose Personen in schlechterer mentaler und physischer Verfassung sind als beschäftigte Personen.[159] Als ob dies noch nicht genug wäre, haben sie auch eine größere Tendenz, große Mengen an Alkohol zu konsumieren, ihre persönlichen Beziehungen sind angespannter, sie haben eine höhere Todesrate und sind suizidgefährdeter. Nur um die Dinge in die Perspektive zu rücken, eine 1-prozentige Steigerung der Arbeitslosenquote in den USA zwischen 1972 und 1991 sagt eine Steigerung der Selbstmorde von 1,3% voraus.[160] Nun stell dir vor, was eine Arbeitslosenquote von 25 oder 30% erzeugen wird. Es sieht nicht rosig aus oder?

An diesem Punkt scheint es, als hätten wir keinen Ausweg. Auf der einen Seite wissen wir, dass das gewinnorientierte Marktsystem eine Steigerung der Produktivität benötigt, die durch Automatisierung erzielt wird. Wir haben gesehen, wie sich dies auswirken könnte – die Technologie entwickelt sich exponentiell, aber unsere kulturelle Anpassung tut das nicht. Als Folge davon könnten Millionen schon bald ohne Job sein und nur einige von ihnen werden schnell genug sein, um neue Fähigkeiten zu erlernen und alternative Anstellungen zu finden. Auf der anderen Seite wissen wir, dass sogar wenn wir einen Weg finden, für die Arbeitslosen zu sorgen, sie noch immer recht traurige Leben leben werden.

Was sollen wir tun? Sollten wir kreativ werden und sinnlose Jobs finden, die dem einzigen Zweck dienen, die Illusion zu nähren, hilfreich zu sein (auch wenn sie tatsächlich nichts Produktives tun)? Sollten wir die Automatisierung durch Gesetze stoppen, um einen Kollaps des Systems zu verhindern? Denk daran, dass diese Lösung nur für Jobs im öffentlichen Sektor funktionieren würde, weil Konzerne keine Grenzen kennen und es sich nicht leisten könnten, unter unterdurchschnittlichen Effizienzniveaus langfristig am globalen Markt tätig zu sein. Also sollten die Staaten (einige, die bereits betroffen sind) versuchen, irgendwie Millionen von überflüssigen Beschäftigten anzustellen und zu bezahlen, um die weit verbreitete Depression, Selbstmorde und die kollateralen Auswirkungen zu verhindern?

Bevor ich mit meinen wilden und lächerlichen mentalen Projektionen fortfahre, ist es vielleicht klüger, uns selbst zu fragen „Warum?" Warum hat Arbeitslosigkeit solche desaströsen Konsequenzen? Warum müssen Menschen arbeiten, um glücklich zu sein? Was ist so besonders am Arbeiten?

Soziale Normen beeinflussen das subjektive Wohlbefinden von Menschen zu großen Teilen und es ist auch teilweise unter den Arbeitslosen zu finden.[161] Wenn es die soziale Norm ist, einen Job zu haben, werden diejenigen, die sich nicht schämen oder ausgegrenzt fühlen, zumindest von einem Gefühl der Unterlegenheit geplagt sein. Wir wissen, wie ernst dies ist, insbesondere, da wir unsere Leistungen immer mit denen anderer vergleichen.

Interessant genug, hat dies auch noch eine andere unerwartete Konsequenz. Arbeitslose berichten, dass sie sich weniger unglücklich fühlen, wenn sie von einer Mehrheit von Arbeitslosen umgeben sind, wie viele Studien belegen.[162] Paradoxerweise wird ein hohes Niveau an Arbeitslosigkeit sehr schädlich für das Wohlbefinden der Menschen sein, aber ein deutlich höheres Niveau wäre nicht so schlecht. Bevor wir vorschnell schlussfolgern, dass wir uns über die Zukunft nicht zu viele Gedanken machen sollten, bedenke die Menge an Schmerz und Leid, die die Menschen in der Phase dazwischen erfahren werden. Welche Art von Gesellschaft wäre das außerdem? Erinnere dich daran, dass der Grund dafür, warum die Zufriedenheit arbeitsloser Menschen ansteigt, folgender ist:

1. Sie passen sich an neue Situationen an, sie senken ihre Ansprüche, ihre Erwartungen, ihre Träume.

2. Sobald es die Norm wird, passt sich die allgemeine Kultur der Gesellschaft entsprechend an, Menschen verlieren den Sinn und anstatt traurig und unglücklich mit sich zu sein, sind sie gemeinsam ein bisschen weniger unglücklich und unzufrieden.

Ich weiß nicht, wie es dir geht, aber ich möchte nicht in dieser Art von Gesellschaft leben. Ich zittere beim Gedanken daran, dass dies das mögliche zukünftige Schicksal unserer Spezies darstellen könnte. Es muss einen anderen Weg geben.

16.1 Flow

„Wähle einen Beruf, den du liebst und du wirst keinen Tag in deinem Leben mehr arbeiten müssen."

– Konfuzius

Das Flow-Konzept wurde von dem Psychologen Mihály Csíkszentmihályi vorgestellt und stellt den mentalen Zustand einer Person während einer Tätigkeit dar, in der sie völlig aufgeht in einem Gefühl energiegeladener Fokussierung, vollem Engagement, wobei das Ergebnis eines solchen Aktivprozesses Erfolg ist. Es ist ein zielstrebiges Eintauchen und vielleicht sogar der ultimative Weg einer Bändigung der Gefühle in ausführenden und lernenden Prozessen. Im Flow sind die Gefühle nicht nur eingebunden und kanalisiert, sondern positiv, energetisiert und in einer Linie mit der Tätigkeit.[163]

„Das 'Ich' verschwindet, während der Flow und ein größeres 'Sein' übernehmen. In einer Studie über Flow hat es ein Kletterer so beschrieben: 'du bist so involviert in das, was du tust, dass du über dich selbst nicht separat von der gerade ausgeführten Aktivität denkst. Du bist nicht länger ein teilnehmender Beobachter, nur ein Teilnehmer. Du bewegst dich in Harmonie mit etwas anderem, von dem du ein Teil bist'. Flow ist ein subjektiver Zustand, von dem Menschen berichten, wenn sie komplett in eine Sache involviert sind, bis zu dem Punkt an dem sie Zeit, Müdigkeit und alles andere vergessen, nur nicht die Tätigkeit selbst. Es ist, was wir fühlen, wenn wir einen hervorragend verfassten Roman lesen oder ein gutes Squash-Match spielen oder an einem stimulierenden Gespräch teilnehmen. Mark Strand, früherer Poesie-Preisträger der Vereinigten Staaten, beschrieb diesen Zustand wie folgt:"[164]

> *Du bist mitten in der Arbeit, du verlierst deinen Sinn für Zeit, du bist vollkommen hingerissen, du gehst voll in dem auf, was du tust. ... Wenn du an etwas arbeitest und gut arbeitest, hast du das Gefühl, dass es keinen anderen Weg gibt, auszudrücken, was du ausdrückst.*

Gesellschaftliche Normen, Anpassung, Einkommen und Vergleich erklären nicht ganz, warum Arbeit dazu beiträgt, unser Leben vollständiger zu machen. Wir wissen das, weil Studien gezeigt haben, dass die Selbständigen glücklicher sind, sogar wenn sie mehr Stunden pro Woche arbeiten und/oder weniger Geld verdienen.[165] Dasselbe gilt für freiwillige Arbeiter, die ihr Herz und ihren Geist der Non-Profit-Welt vermachen.[166] Diese Menschen arbeiten nicht nur an etwas, das sie zu tun genießen, sondern sie erhalten noch mehr Bestätigung durch den Akt, anderen zu helfen.

Eine weitere interessante Beobachtung kann man feststellen, wenn man die Anzahl der jährlichen Arbeitsstunden einer Person im Vergleich zur durchschnittlichen Lebens-Bewertung gegenüberstellt.

Wie wir anhand der Abbildung 16.1,[167] [168]sehen, sind Menschen in Ländern, wo weniger gearbeitet wird, durchwegs glücklicher als die mit langen Arbeitswochen. Nimm Dänemark als Beispiel. In jeder Umfrage zeigt es sich als der glücklichste Ort der Erde und 82% der Bevökerung berichten, zu 'gedeihen' (gut ausgeschlafen, respektiert, frei von Schmerzen und intellektuell beschäftigt zu sein), auch wenn sie nur 1.559 Stunden pro Jahr arbeiten, 200 Stunden weniger als der Durchschnitt in den OECD-Ländern. Vergleiche das nun mit Südkorea, wo Menschen 2.232 Stunden arbeiten, 474 Stunden mehr als der Durchschnitt und nur 28% davon gedeihen. Dieselben Muster können überall beobachtet werden: In Ländern, wo die Arbeitswochen kürzer sind (Schweden, Finnland, den Niederlanden) gedeihen die Menschen; in Ländern mit längeren Arbeitswochen (Griechenland, Polen, Ungarn, Russland, Türkei) sind die Menschen unglücklicher.

Es gibt ein der Arbeit zugrundeliegendes Prinzip, das über gesellschaftlichen Erwartungen, Status und Klasse oder dem Einkommen steht. Unabhängigkeit, Selbstbestimmung, Freiheit, die Fähigkeit, unseren Träumen

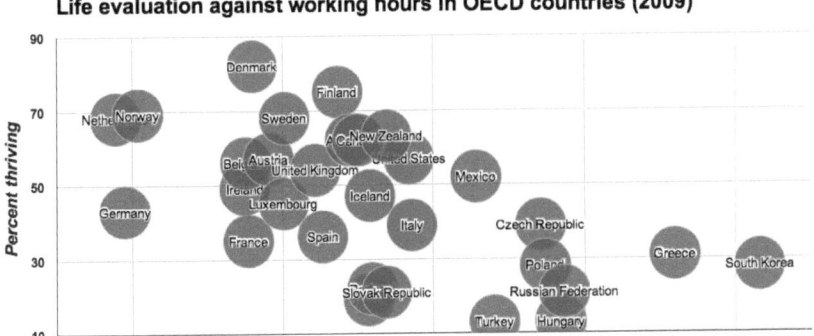

Abbildung 16.1: Lebens-Bewertung und Arbeitsstunden in OECD-Ländern (2009). Auf der Y-Achse sieht man den Prozentsatz der Personen, die sich wohlfühlen, auf der X-Achse die durchschnittlich pro Jahr geleisteten Arbeitsstunden pro Beschäftigtem. Die Zufriedenheitsdaten stammen vom World Gallup Poll 2005-2009 und die Arbeitsstundenzahlen aus der offiziellen OECD-Bücherei. Unter folgendem Link findest du eine interaktive Version der Grafik http://robotswillstealyourjob.com

zu folgen, das Gefühl, positive Veränderung herbeizuführen, sich in einem Zustand aus stetigem *Flow* zu befinden. Das ist, was uns *bewegt*. Das ist der Unterschied, Tag für Tag ohne bestimmten Nervenkitzel zu leben oder vor Energie zu explodieren, jeden Tag bis zum letzten auszukosten, jeden Moment zu feiern und sie aufregend und unverzichtbar zu machen. Um eine Veränderung zu schaffen, uns selbst zu übertreffen, anderen zu helfen, neue Dinge zu schaffen, von denen niemand vorher geträumt hätte, sie zu tun und zu gehen, wo niemand vorher gegangen ist.

Antrieb, Flow, Sinn. Arbeit ist sichtlich ein *Ermöglicher* dieser Zustände und nicht ein Erfordernis.

Kapitel 17

Der Sinn des Lebens

Wenn du in den Vereinigten Staaten, in Japan oder einem von vielen Ländern in Europa lebst, hast du vielleicht schon einmal von deinen Freunden gehört, wie beschäftigt sie sind. „So beschäftigt." *„Verrückt beschäftigt!"* Die ganze Zeit. Sie können nicht einmal einen Spaziergang durch den Park machen, ohne den Kalender auf ihrem Smartphone immer und immer wieder zu prüfen oder unstrukturierte, unverplante Zeit mit ihren Kindern verbringen. Sie sind tatsächlich schwer beschäftigt. Und sie sind durchaus gestresst. Aber warum ist das so?

Ich glaube, ein Grund ist unser sozial induzierter, zwanghafter Drang, uns selbst beschäftigt zu halten oder zumindest immer „beschäftigt zu wirken". Wir beginnen in sehr jungem Alter in der Schule damit. Warum haben wir stundenlange Vorlesungen, wenn unsere Aufmerksamkeitsspanne schon nach 20 Minuten sinkt?[169] Warum lassen wir Kinder nicht mit ihrer eigenen Geschwindigkeit arbeiten?

Dann machen wir im Berufsleben weiter. Warum behandeln so viele Unternehmen ihre Mitarbeiter als wären sie Babys? Warum zahlen sie vorwiegend nach geleisteten Arbeitsstunden anstatt nach Leistung? Warum halten wir sinnlose Jobs am Leben, während wir verzweifelt versuchen, neue Wege zu finden, um Menschen beschäftigt zu halten?

Ich hatte viele Diskussionen bezüglich des Themas der technologischen Arbeitslosigkeit, teilweise während meines Graduate Study Programms an der Singularity University am NASA Ames Research Center wo ich die Möglichkeit hatte, mit einigen der großartigsten Köpfe auf diesem Sektor zu sprechen, inklusive den Autoren des Buchs „Race Against the Machine" von Erik Brynjolfsson und Andrew McAfee, dem Gründer und Chefredakteur des Wired-Magazins Kevin Kelly, Erfinder und Futurologe Ray Kurzweil und Science-Fiction-Autor Vernor Vinge. Ich stehe zu meiner Theorie, dass die Wirtschaft nicht in der Lage sein wird, in derselben Geschwindigkeit neue Jobs zu schaffen, in der die Technologie sie vernichtet. Viele stimmen mir nicht zu und wir könnten darüber diskutieren, aber ich glaube, das geht am Ziel vorbei.

Ich kann mir eine Vielfalt an Zukunftsszenarien vorstellen, in denen jeder einen Job hat. Eine Art von Job könnte sein, sich im Büro zu zeigen, sich hinzusetzen, beschäftigt zu wirken und den ganzen Tag lang E-Mails zu lesen. Ein anderer könnte darin bestehen, Robotern beim Arbeiten zuzuschauen und darauf zu achten, dass nichts falsch läuft. Die Tatsache, dass nur einer von zehntausend Robotern pro Woche fehlerhaft arbeitet und dass ein Überwacher pro Fabrik genug wäre, ist nicht wichtig. Wir können Hunderte von Überwachern haben. Und dann Überwacher der Überwacher. Und dann Manager und Manager der Manager an der Spitze jeder Lebensmittelkette. Wir können neue Krankheiten fabrizieren und dann Berufe kreieren, um diese fiktiven Krankheiten zu kurieren. Schlussendlich sind Wünsche, wie uns Ökonomen lehren, unendlich, weshalb wir unendlich Dinge generieren können, die diese Wünsche befriedigen, wie unseriös oder verwunderlich sie auch sein mögen. Während dies für einige lächerlich klingen mag, klingt es auch genau nach dem, was wir heute tun.

Nachdem ich jahrelang über dieses Thema gegrübelt und nachgedacht habe, bin ich zu dieser radikalen Schlussfolgerung gekommen:

Wir müssen uns endlich von der absolut fadenscheinigen Vorstellung verabschieden, dass jeder seinen Lebensunterhalt verdienen muss. Es ist heute eine Tatsache, dass einer von 10.000 von uns einen technologischen Durchbruch erzielen kann, der dazu in der Lage ist, den Rest von uns zu unterstützen. Die Jugend von heute liegt absolut richtig, wenn sie den Unsinn darin erkennt, einen Lebensunterhalt verdienen zu müssen. Wir erfinden Jobs aufgrund der falschen Idee, dass jeder in irgendeinem Frondienst angestellt sein muss, weil nach maltusianisch-darwinistischer Theorie jeder sein Recht zu existieren rechtfertigen muss. Also haben wir Inspektoren der Inspektoren und Menschen, die Werkzeuge machen für Inspektoren, die Inspektoren inspizieren. Die eigentliche Beschäftigung des Menschen sollte es sein, zurück zur Schule zu gehen und darüber nachzudenken, was auch

immer es war, worüber sie nachdachten, bevor irgendjemand vorbei kam
und ihnen sagte, sie müssten ihren Lebensunterhalt verdienen.

Ich weiß, diese Worte *sind* radikal. Und vielleicht naiv. Das Ergebnis
eines jungen Geistes, blind gegenüber den komplizierten Strukturen unserer Gesellschaft, der nette Träume hat, aber kein wirkliches Verständnis
komplexer Systeme und wirtschaftlicher Vorgänge. Wie es so ist, ist dies
nahezu ein wörtliches Zitat des großartigen, genialen Futurologen Buck-
minster Fuller in einem Interview von 1970 im New York Magazine.[170]

Der Punkt ist, dass „wir es vorziehen, neue Jobs zu erfinden, anstatt
lieber stärker zu versuchen, ein neues System zu erfinden, das es nicht
erforderlich machen würde, dass jeder einen Job hat."[171] Mit diesem Buch
habe ich postituliert, dass Roboter deinen Job stehlen, aber das OK ist.
Ich werde einen Schritt weiter gehen. Ich würde argumentieren, *der Sinn*
des Lebens ist es, dass Roboter deinen Job stehlen.

OK, nun einmal ernsthaft – das ist nicht der Sinn des Lebens. Aber heute denke ich, dass es ein notwendiger, wenn nicht gar essentieller Zustand
ist, um den Sinn deines Lebens zu finden.

Ich weiß nicht, was der Sinn meines Lebens ist, ganz abgesehen von
dem deines Lebens oder dem von irgendjemand anderem auf dem Planeten. Aber ich bin ziemlich sicher, was der Sinn des Lebens *nicht ist.*
Von wie vielen Menschen hast du gehört, die an ihrem Sterbebett sagten:
„Ach je, ich wünschte wirklich, ich hätte mehr Zeit darauf verwendet, die
Buchhaltungs-Tabellenkalkulation auf Fehler zu überprüfen" oder: „Hätte
ich nur 2,5% Rückfluss aus dem Investment auf das Geschäft gehabt statt
der kleinlichen 2%, wäre mein Leben vollständiger". Niemand sagt das.
Sie denken vielleicht „Ich wünschte, ich hätte mehr Zeit mit den Kindern
verbracht.", „Ich wünschte, ich hätte meinem Mann öfter gesagt, dass ich
ihn liebe", „Ich wünschte, ich hätte meinem Schwarm in der Schule gesagt,
dass ich sie mag", oder „Wenn ich nur mehr gereist wäre, hätte ich die
Welt gesehen."

Ich war wirklich bewegt von der Geschichte einer Frau, die Krebs im
Finalstadium hatte. Sie hatte noch zwei Monate zu leben, aber ihr Le-
benstraum war es, Infinitesimalrechnung zu erlernen. Dann entdeckte sie
die Khan Academy und realisierte, dass sie nun endlich die Möglichkeit dazu hatte. Und so tat sie es — sie verwendete die letzten zwei Monate ihres
Lebens darauf, Infinitesimalrechnung zu lernen. Und sie war glücklich.[172]

Ein anderer berüchtigter Drückeberger und Tunichtgut behauptete Folgendes: „Das Ziel für unsere Zukunft ist volle Arbeitslosigkeit, damit wir spielen können. Das ist der Grund, warum wir das derzeitige politisch-ökonomische System zerstören müssen." Das ist kein leichtes Statement, wenn man beachtet, dass es vom legendären Autor und Futurologen Arthur C. Clarke stammt.(*2001: A Space Odyssey, Rendezvous with Rama*), der als Erster die Idee erdacht hat, geostationäre Satelliten für die Telekommunikation zu nutzen (wir nennen den geostationären Orbit nun „Clarke Orbit" oder den „Clarke-Gürtel" ihm zu Ehren).

Aber was bedeutet es, 'zu spielen'? Es könnte vielleicht sein, dass Clarke Konfuzius in anderen Worten zitiert – „Wähle einen Beruf, den du liebst und du wirst keinen Tag in deinem Leben mehr arbeiten müssen". Oder vielleicht meinte er etwas anderes. Einen Job zu finden, den du liebst – einen, der erfüllend ist und der es dir erlaubt, deinen moralischen Vorstellungen zu folgen – ist heute sehr schwer. Tatsächlich – laut dem Shift-Index von Deloitte – hassen nicht weniger als 80% der Menschen ihren Job. [173]Wir müssen unsere Erwartungen an das anpassen, was die Wirtschaft uns zu tun erlaubt und die traurige Realität ist, dass viele Jobs nicht erfüllend sind und auch keinen Wert für die Gesellschaft kreieren. Als ob das nicht genug wäre, werden sie sehr bald auch noch automatisiert – ich erwarte es noch zu unseren Lebzeiten.

Aber – ich bin sehr glücklich, dir zu sagen – es gibt Licht am Ende des Tunnels! Der Sinn dieses Buchs ist nicht, dich davon zu überzeugen, dass Automatisierung dich bald unnötig macht, sondern eher, wie du damit umgehen sollst. Ich habe nachgedacht, recherchiert und Ideen und Vorschläge zu diesem Thema mit Hunderten von Menschen ausgetauscht; und ich habe sie in Teil III dieses Buchs zusammengefasst.

Dies ist mein Geschenk an dich – ich hoffe, es ist nützlich.

Teil III

Lösungen

Kapitel 18

Praktische Ratschläge für jedermann

Schlussendlich der Moment, auf den du gewartet hast. Ich entschuldige mich dafür, diesen Teil so spät im Buch platziert zu haben, aber ich bin sicher, du wirst den Grund dafür verstehen. Hätte ich nicht die Umstände erklärt, würden viele dieser Ratschläge keinen Sinn ergeben und dann müsste ich den Grund jedes Mal einzeln erklären – was häufig in sehr langen Erklärungen enden würde, was die Aufmerksamkeit vom Hauptfokus ablenken würde. Aber nun hast du all die Werkzeuge und den richtigen Geisteszustand, um sie kritisch zu bewerten und sie sollten nun gleich Sinn machen. Tatsächlich hast du vielleicht schon an einige davon selbst gedacht, während du vorhin gelesen hast und diese Liste ist eine nette Zusammenfassung, die deine Gedanken klar und übersichtlich organisiert.

18.1 Weniger brauchen, mehr leben

„Die reichste Person ist nicht die, die am meisten hat, sondern die, die am wenigsten braucht."

– Anonym

Die Wirtschaft entwickelt sich rasant, Automatisierung ersetzt menschliche Arbeiter jeden Tag ein Stück mehr. Arbeitslosigkeit steigt und sogar die, die noch immer einen Job haben, sind potenziell in Gefahr. In einer Situation wie dieser sind nur sehr wenige sicher. Also welche Wahl haben wir?

Selbsthilfebücher konzentrieren sich üblicherweise darauf, wie man sein Einkommen maximieren kann. Einige davon sind nützlich, die meisten davon sind Quatsch. Wenn du genügend Glück hast und auf fruchtbaren Boden fällst und eine große Menge Zeit und Anstrengung in Kauf nimmst, wirst du vielleicht erfolgreich sein (Glück und Zufall spielen ebenso eine große Rolle in dem Prozess). Der hauptsächlich vorgeschlagene Ratschlag dreht sich um die folgenden Punkte: Bau ein starkes Netzwerk von Kontakten und intensiven Freundschaften auf, sei flexibel und selbständig und lerne, dich selbst zu vermarkten. Das ist es! Üblicherweise wirst du 400 Seiten darüber lesen, wie du das tust und dann wirst du es ausprobieren. Während das vielleicht für einige Menschen funktioniert – weil es bei manchen *funktioniert* – sehe ich verschiedene Probleme mit diesem Ansatz, wenn es darum geht, eine größere Öffentlichkeit anzusprechen. Zunächst ist es nicht skalierbar. Die Natur des Systems erlaubt es nicht jedem, erfolgreich zu sein. Es ist eine logische und auch eine mathematische Unmöglichkeit.

Angenommen, jeder wird gut vernetzt, klug und lernt, sich selbst richtig gut zu vermarkten. Was würde passieren? Da das System es erfordert, dass du einen Wettbewerbsvorteil gegenüber anderen hast, um erfolgreich zu sein, werden die, die dich übertreffen wollen, noch weiter entwickelte Marketingtechniken entwickeln müssen und noch klüger sein müssen. Diese Leute werden sich dann gegenseitig anziehen, wie sich massive Körper im Universum gegenseitig anziehen und ein neues Elite-Netzwerk von noch stärkeren Verbindungen schaffen. Es ist ein nie enden wollender Kreislauf, wo die Gewinner von Haus aus immer nur einige wenige sind. Das ist per se keine schlechte Sache. Eine Leistungsgesellschaft dreht sich genau um diesen Punkt, dass wenn du besser in einer Sache bist als jemand anderer, du ihn in dieser Sache übertreffen wirst und Leistungen werden anerkannt. Ich sehe kein Problem darin, wenn du das *auf die nächste Stufe heben willst*. Das Problem ist, dass wir nicht einmal *auf der grundlegendsten Stufe* sind. Es gibt Millionen von Menschen in hoch entwickelten Staaten und Milliarden in Schwellenländern, die keinen Zugang zu den Notwendigkeiten haben, um ein gesundes und anständiges Leben zu führen. Was uns zur anderen Unmöglichkeit bringt.

Solltest du dein Leben dem Ziel widmen, finanziell erfolgreich zu werden oder die Fähigkeit entwickeln, deine Träume zu verfolgen? Oder solltest du damit aufhören, den unerreichbaren Traum vom Erfolg zu jagen, dich von materiellen Gütern lossagen und ein Leben in Schmucklosigkeit führen? Vielleicht gibt es noch eine dritte Möglichkeit auf diesem Weg. Eine, die das Beste aus beiden zusammenführt. Ist es *für jeden* möglich, ein glückliches Leben zu führen und seine Träume zu verfolgen? Es ist schwer, das zu sagen.

Die alten Griechen sprachen von *Tugend* (Latein: 'virtus', Griechisch: αρετη – 'arete'), einer Art moralischer Exzellenz, deren Grundlage 'Prinzipien und ein gutes moralisches Wesen' waren sowie das Zeigen von kollektiver und individueller Größe. In seiner Arbeit *Nicomachean Ethics*, definierte Aristoteles eine Tugend als ein ausbalanciertes Verhältnis zwischen dem Mangel und dem Überschuss eines Merkmals. Das Verhältnis größter Tugend liegt nicht genau in der Mitte, sondern im *goldenen Schnitt*, manchmal näher zu einem Extrem als zum anderen. Beispielsweise ist Courage der Schnitt zwischen Feigheit und Tollkühnheit. Zuversicht ist der Schnitt zwischen Selbstironie und Eitelkeit und Generosität ist der Schnitt zwischen Geiz und Extravaganz. Den goldenen Schnitt zu finden, bedarf gesunden Menschenverstandes, nicht notwendigerweise hohe Intelligenz. Im Sinn von Aristoteles ist Tugend Exzellenz im Menschsein, eine Fähigkeit, die der Person hilft, zu überleben, zu gedeihen, bedeutsame Beziehungen zu knüpfen und Glück zu finden. Tugend zu erlernen ist üblicherweise anfangs schwierig, aber wird mit etwas Übung einfacher mit der Zeit, bis es eine Gewohnheit ist.[174]

Es gibt da eine Idee, die sich von der Philosophie Aristoteles inspirieren lässt, die langsam ihren Weg zu Think Tanks, Aktivistengruppen und Gemeinschaften rund um die Welt findet. Die Idee ist, anstatt mehr und mehr Geld zu machen oder Geld ganz aufzugeben, sollten wir versuchen, den goldenen Schnitt zu finden, indem wir *zunächst die Notwendigkeit von Geld reduzieren.*

Dies sorgt üblicherweise für viele Missverständnisse, also will ich es so klar wie möglich ausdrücken. Reich zu sein ist ein relatives Konzept. Wenn du €100.000 im Jahr verdienst, aber €120.000 Ausgaben hast, bist du relativ arm. Das heißt, du bist arm relativ zu der Menge an Geld, mit der du dich wohlfühlst, um deine Bedürfnisse abzudecken. Wenn du andererseits €30.000 (die meisten Menschen[175] tun das[176])verdienst, aber deine Ausgaben sich um die €20.000 bewegen, bist du tatsächlich relativ reich. Die Notwendigkeit Geld zu reduzieren, bedeutet nicht, dass du ein Leben in Verzicht führen musst und die Dinge, die du magst, aufgeben musst. Ganz im Gegenteil. Du musst dich nicht immer schlecht für das fühlen, was du tust. Du musst keine 180-Grad-Wendung nehmen und dein Leben über Nacht umdrehen. Du kannst die Dinge tun, die du genießt und in einigen Fällen mit weniger. Du kannst ein Leben in Tugend leben, im griechischen Sinn, ein Leben von Größe und Erfüllung, ohne hunderttausende Euros verdienen zu müssen und ohne dich in ein Leben der Schmucklosigkeit begeben zu müssen.

Einige Leute bezeichnen das als *Herunterfahren* und meinen, dass die Idee sehr einfach ist. Lebt einfachere Leben, flüchtet aus dem Hamsterrad des ausufernden Materialismus und reduziert den Stress, die Überstunden und die psychologische Verausgabung, die typischerweise Begleiterscheinungen davon sind. Es ist möglich, eine verbesserte Balance zwischen Freizeit und Arbeit zu finden, indem man die Lebensziele auf persönliche Erfüllung und den Aufbau von Beziehungen legt, anstatt auf die alles auffressende Jagd nach wirtschaftlichem Erfolg. Es gibt keinen Bedarf für dramatische oder plötzliche Veränderungen, die vielleicht deine Stabilität gefährden. Du kannst mit einfachen Dingen beginnen, einen Plan machen und darauf aufbauen und zusehen, wie du ein besseres, erfüllteres und glücklicheres Leben führst.

Es hört sich an wie ein unmögliches Win-Win-Szenario, also wo ist der Haken? Der Haken ist, dass es keinen Zauberspruch gibt. Keine Formel, die für jeden funktionieren wird. Und am wichtigsten, niemanden, der dir eine genaue Liste mit Instruktionen gibt, denen du nur folgen musst.

Nicht alle von uns können Physiker, Biologen, Computerwissenschaftler oder Biotechniker sein. *Du* musst herausfinden, wo deine Stärken liegen, was du am liebsten tust und wie du davon leben kannst. Wir können nicht alle mathematische Genies sein oder Musikwunder, aber wir können alle etwas finden, in dem wir gut sind und das wir gerne tun. Um ein Leben in Tugend voller Leidenschaft und Interesse zu erreichen und gleichzeitig genug zum Leben zu haben, musst du klug sein und einen Blick auf all die Möglichkeiten werfen, die vor dir liegen. Um dies zu tun, wirst du neue Dinge lernen und deinen Horizont erweitern.

18.2 Bilde dich selbst

„Gib einem Mann einen Fisch und du wirst ihm für einen Tag
zu essen geben. Zeige ihm, wie man fischt und du gibst ihm sein
Leben lang zu essen."

– Chinesisches Sprichwort [177]

Dieses alte chinesische Sprichwort hatte über Jahrtausende Gültigkeit.
Doch bedenkt man den massiven Rückgang bei den Fischbeständen in
jüngster Zeit,[178] glaube ich, es bedarf einiger Anpassungen. Daher ist hier
meine neue Version.

„Gib einem Mann einen Fisch und du wirst ihm für einen Tag
zu essen geben. Zeige ihm, wie man fischt und du gibst ihm ein
bisschen länger zu Essen. Lerne ihm, ein Problemlöser zu sein
und er kann jede Herausforderung, die vor ihm liegt, bestehen."

Mit welcher Liste an Dingen, die es zu tun gilt, ich auch aufwarte, es
wird niemals *dein* Lebensproblem von selbst lösen. Es kann ein guter An-
knüpfpunkt sein, eine Inspiration, aber Situationen verändern sich stetig,
entwickeln sich und *der einzige Weg, mit der Welt Schritt zu halten, ist es,*
dich selbst zu einem kritischen Denker und Problemlöser zu erziehen.

Bildung war schon immer von großem Interesse für mich. Ich erinnere
mich sehr lebhaft, als ich in der Schule war. Von der Grundschule bis hin zur
Hochschule. Es war eine der schmerzhaftesten Perioden in meinem Leben.
Ich erinnere mich an die totale Langeweile, an meinem Tisch zu sitzen,
nicht gerade inspirierenden Lektionen zuzuhören, eine Reihe von Regeln
zu lernen, mir Nummern und Worte zu merken, auf die Uhr zu schauen,
darauf zu warten, dass der Schmerz endet und es endlich 16:30 Uhr wird
und ich heimgehen konnte. Aber es war nicht immer so.

Meine Mutter ist Bibliothekarin. Als ich im Kindergarten war, nahm
sie mich oft in die öffentliche Bücherei mit, in der sie arbeitete, bis sie ihre
Schicht beendet hatte. Da war ich, sitzend an einem Tisch, mit niemandem
in der Nähe, der mir sagte, was ich zu tun hatte oder wie ich es tun sollte.
Ich hatte die Möglichkeit, mir Bücher aller Art auszuwählen, noch lange
bevor ich lesen konnte. Meine Mutter sagte mir, dass ich schon ab einem
sehr frühen Alter von Wissenschaftsbüchern fasziniert war. Ich sah mir die

Zeichnungen von Atomen und elektromagnetischen Feldern an, Bilder von allen Tierarten, Sternen und Galaxien, mechanischen Geräten, Dinosauriern und allen Arten anderer interessanter Dinge. Ich erinnere mich nicht an viel, aber sie sagte, dass soweit sie sich zurück erinnern konnte, ich mehr über die Welt wissen wollte und alle Bereiche des Wissens erforschen wollte. Mein Enthusiasmus und meine Faszination für unser Universum waren unersättlich. Dann kam für mich die Zeit, zur Schule zu gehen und es war ein Schlag ins Gesicht für mich wie ein Bus, der mit Hochgeschwindigkeit in eine Ziegelmauer kracht. Ich konnte nicht verstehen, warum die Lehrer meine Fragen nicht beantworten konnten – oder vielleicht auch nicht wollten. Aber am wenigsten konnte ich glauben, dass sie nicht einmal an dem interessiert waren, was sie lehrten! Ich versuchte und versuchte und versuchte und... nichts. Der Enttäuschung folgte die Kapitulation.

Ich wurde als merkwürdiges Kind bezeichnet. Ich fragte mich immer, was das größte Tier war, woher wir wussten, dass es vor 60 Millionen Jahren Dinosaurier gab und nicht vor 2 Millionen oder 10 Millionen (das war lange, bevor der Film Jurassic Park herauskam), warum die Elefanten so groß waren, warum Spinnen acht anstatt sechs Beine hatten, wie der Kolibri flog und wie schnell seine Flügel schlugen, warum und wie sich die Planeten formten? Für meine Lehrer waren dies irrelevante Fragen. Ich musste die Antworten darauf nicht kennen, um die Tests zu bestehen. Sie standen nicht im Lehrplan. Warum also machte ich mir die Mühe, noch mehr wissen zu wollen?

Die Frustration erreichte den Punkt, an dem ich das Schulsystem aufgegeben hatte und selbst recherchierte. Ich habe die Schule aber nicht verlassen. Ich tat wie mir geheißen wurde und war während der meisten Stunden still, wie gefordert. Aber ich lenkte all meine Anstrengungen darin um, selbst zu recherchieren und mir selbst Dinge beizubringen, die außerhalb der staatlichen Anforderungen lagen. Ich habe jede Ausgabe des Guinness Buch der Rekorde und das World Factbook verschlungen. Ich konnte einfach nicht stoppen. Es fühlte sich an, als ob ich von den Daten angezogen würde, als ob eine unsichtbare Macht mich durch sie zog. Es war erst später in meinem Leben, als ich realisierte, wie ich aus diesen Informationen einen Sinn ableiten konnte, wie ich ihre Authentizität infrage stellen und bescheinigen konnte, wie ich sie in einen Kontext rücken konnte. Es war nichts, das mir irgendjemand gelernt hatte. Ich musste es auf dem harten Weg lernen.

Nun, das war bevor das Internet zu einem weit verbreiteten Phänomen
geworden ist. Wenn ich an den riesigen Aufwand denke, den ich investieren musste, um nur ein wenig mehr zu wissen und zu verstehen und ich es
damit vergleiche, wie einfach es heute ist, haut es mich einfach um. Was
Dutzende von Stunden schmerzerfüllter Recherche erforderte, ist heute in
Sekunden verfügbar, oftmals in Videos, Vorträgen und Konferenzen, die
von den außergewöhnlichsten Denkern unserer Zeit gehalten werden. Ein
armes Kind in Uganda hat Zugang zu mehr Wissen als der Präsident der
Vereinigten Staaten vor 30 Jahren. Eine solch dramatische Veränderung
hat in der menschlichen Geschichte keinen Vergleichsfall. Die Erfindung
der Druckerpresse ist ein blasses, fast unbedeutendes Ereignis im Vergleich
dazu. Heute ist es möglich, Bildung auf Weltklasse-Niveau zu erhalten,
wo die besten Lehrer, die von den prestigeträchtigsten Universitäten der
Welt kommen, jedes Fach lehren und das kostenlos. Das ist so ein unglaublicher und revolutionärer Gedanke, dass ich überrascht bin, wie wenigen
Menschen das bewusst ist.

iTunes ist auf mehr als 400 Millionen Computern weltweit installiert[179],
aber wenn ich mit Leuten darüber spreche, wissen nur sehr wenige, dass
es auch für etwas anderes als Musik und Filme verwendet werden kann.
Am 30. Mai 2007 hat Apple die Einführung von iTunesU angekündigt, das
Universitätsvorlesungen der wichtigsten Universitäten der Welt gratis bietet. Das sind hoch qualitative Video-Vorlesungen, oftmals dieselben, die
du bei einem €150.000-Abschluss bekommen würdest, nur dass du sie zu
Hause oder im Bus schauen kannst, sie pausieren kannst, wiederholt sehen
kannst und sie dich nichts kosten. Die Materialien werden an einer Reihe
von Orten rund um die Welt gesammelt, inklusive Colleges, Universitäten,
Museen, Büchereien und anderen kulturellen Institutionen von Wert für
die Bildung. Derzeit sind mehr als 100.000 Daten zum Download verfügbar
von Oxford, Yale, Harvard, Stanford, Cambridge. . . Es sind sprichwörtlich
Hunderte davon. Dieser Ansatz wurde zuerst von OpenCourseWare umgesetzt, einer kulturellen Bewegung, die 1999 in Deutschland ihren Anfang
nahm und schnell expandierte, als das Massachusetts Institute of Technology seine MIT OpenCourseWare im Oktober 2002 startete. Seitdem
wurde es durch ähnliche Projekte in Yale, an der Michigan University, der
University of California oder Berkeley verstärkt. Ähnliche Einrichtungen
in Japan und China entwickelten sich und breiteten sich schnell über den
Planeten aus. Die Begründung des MIT für OCW war 'das menschliche

Lernen weltweit durch die Verfügbarkeit von Wissen im Internet zu verbessern'.[180]

Dieses immense Potenzial, das hier geboten wird, bleibt meiner Meinung nach großteils unberührt, auch wenn sich die Dinge rasch ändern. Der Grund dafür ist sowohl der Mangel an persönlicher Motivation seitens der potenziellen Lernenden, die Kurse zu verfolgen als auch der Schwierigkeitsgrad der Materialien.

Nun hat ein neuer Spieler das Feld betreten und er hat bereits begonnen, das Spiel zu ändern. Es war gegen Ende 2004, als Salman Khan mit seiner kleinen Cousine Nadio über das Universum diskutierte und ähnliche Dinge. Nadia war ein hoch intelligentes, junges Mädchen, das bereit war, in naher Zukunft eine Karriere in der Wissenschaft zu beginnen. Als er dies ihren Eltern sagte, waren sie erschrocken, weil das Mädchen sich mit grundlegender Mathematik in der Schule abkämpfte. Sal konnte nicht glauben, was er hörte. Wie konnte jemand, der hoch anspruchsvolle Themen anging, sich in grundlegender Mathematik schwer tun? Etwas war falsch an dem Schulsystem. Er begann damit, sie über das Internet zu unterrichten und es stellte sich als sehr effektiv heraus. Als andere Verwandte und Freunde seine Nachhilfe suchten, entschied er, dass es praktischer und sinnvoller wäre, die Unterrichtseinheiten auf YouTube zu veröffentlichen. Es war der 16. November 2006. Zu dieser Zeit war er Hedge-Fonds-Analyst, der gutes Geld verdiente und im Begriff war, ein sehr erfolgreicher Geschäftsmann zu werden.

Geld, Macht, Stabilität. Was könne man noch wollen?

Sinn. Sal arbeitete tagsüber immer noch in seinem Job, während er in der Nacht Mini-Unterrichtseinheiten für seine Verwandten aufnahm. Plötzlich begannen andere Leute damit, sie anzusehen. Mehr und mehr. Und sie begannen auch, ihm zu schreiben. Eines Tages erreichte ihn dieser Brief:

> „Herr Khan,
>
> kein Lehrer hat es jemals gut mit mir gemeint – das mag hart klingen, aber ich meine es wörtlich. Ich bekam zwangsweise Medizin, um mich vom Sprechen abzuhalten und ich wurde gezüchtigt dafür, nicht zu sprechen, wenn ich gefragt wurde. Wo ich herkomme, werden Schwarze nicht mit offenen Armen in Schulen empfangen – meine Mutter und ihre Schwestern mussten in eine kleine Baracke zwei Stunden von zu Hause entfernt

gehen, als sie zur Schule gingen. Vor rund fünf Jahren sammelte meine Familie genügend Geld, um von hier wegzuziehen, wo ich geboren wurde, sodass ich die Chance auf bessere Bildung hatte und ein richtiges Leben zu leben. Aber ohne richtiges Beherrschen der Grundrechenarten machte ich nur langsam Fortschritte.

Ich bin jetzt im College und lerne mehr als ich es je in meinem Leben getan habe. Aber ein inadäquater mathematischer Hintergrund hielt mich zurück. Ich habe die Khan Academy im Juni 2009 gefunden, direkt als ich Math 141 abgeschlossen hatte (einen Algebra-Kurs am College). Ich habe den ganzen Sommer auf Ihrer YouTube-Seite verbracht. Und ich wollte Ihnen nur für alles, was Sie tun, danken. Gott hat Sie gesandt. Letzte Woche habe ich für meinen Einstufungstest geübt und ich habe nun einen Punktestand von 200. Keine Frage wurde falsch beantwortet. Der Prüfer bei meinem Einstufungstest war so beeindruckt von der Breite meines Wissens in Mathematik, dass er sagte, ich sollte in lineare Algebra gehen.

Herr Khan, ich kann ohne Zweifel sagen, dass Sie mein Leben und das von jedem in meiner Familie verändert haben."

Einige Tage danach kündigte Sal seinen Job, um Vollzeit an der 'Khan Academy' zu arbeiten. (`http://khanacademy.org`). Das Wissen und die Realisierung, dass du anderen Menschen hilfst, eine 'emphatische Zivilisation' aufzubauen,[181] basierend auf dem Teilen wissenschaftlichen Wissens zur Verbesserung der Menschheit; das ist etwas, für das es sich lohnt, morgens aufzuwachen. „Mit so wenig Aufwand meinerseits kann ich eine unlimitierte Zahl von Menschen für alle Zeit ermächtigen. Ich kann mir keine bessere Nutzung meiner Zeit vorstellen." – sagte Sal. Die Mission der Academy ist nichts weniger als „hoch qualitative Bildung zu bieten, für jeden, überall".

Ich wette, du erinnerst dich zurück an die Zeit an der Schule, als du und deine Freunde versucht haben, den Hintergrund eines Konzepts herauszufinden oder ihr ein spezielles Problem lösen wolltet. Es würde Stunden brauchen, ein paar kluge Köpfe, die ununterbrochen arbeiten, um eine Lösung zu finden und eine beträchtliche Menge an Kopfschmerzen, bis endlich jemand schreit 'Heureka!' (oder in vielen Fällen auch 'Scheiße ja!'). Die

Person erklärt dann jedem anderen die Lösung des Rätsels, was üblicherweise nicht mehr als 10 Minuten dauert. Wäre es nicht großartig, wenn du die vier Stunden einfach überspringen könntest und der Lehrer es einfach in instinktiver und praktischer Manier in wenigen Minuten erklärt? Ich dachte, es wäre bloß ein Traum, bis ich die Videos von Sal sah.

Die ganze Geschichte ist absurd und faszinierend zur gleichen Zeit. Ein Typ, der es mit dem MIT, Stanford und Harvard aufnimmt, wird in der Welt berühmter und höher wertgeschätzt als diese etablierten Einrichtungen? Eine Person, die die größte Online-Schule aufbauen will, ein Zentrum für Vernunft, Kunst und Wissenschaft, ganz alleine? Ja, scheinbar tut er es wirklich!

Es ist einige Jahre her, seit ich entschieden habe, Chemie zu lernen. Als ich MIT OpenCourseWare und iTunesU entdeckte, haute es mich um. Vorlesungen von Stanford, Harvard und dem MIT aufgenommen und gratis verfügbar im Internet? Wow. „Ich muss mir einige Zeit frei nehmen, um eine Menge an Fächern zu lernen", dachte ich mir. Aber natürlich kam diese Zeit nie. Ich kam um 8 Uhr abends von der Arbeit nach Hause, fühlte mich erschöpft und während ich es genoss, mein Gehirn weiter auf Trab zu halten, schaute ich üblicherweise einen TED Talk oder eine Konferenz von der Singularity University, aber es war zu schwierig zu versuchen, einem Kurs über Quanten-Verflechtung oder Biochemie um 11 Uhr abends zu folgen. Mit Sals Videos in ihrem 13-Minuten-Format konnte ich das Lernen zu jeder Tageszeit genießen – bei der Mittagspause, im Zug, nach dem Abendessen, wann auch immer.

Die Konzepte sind einfach, sehr gut präsentiert und ich kann nicht genug hervorheben, wie intuitiv sie aufgebaut sind. Ich war immer interessiert daran, warum etwas passiert, wie es funktioniert, was es funktionieren lässt, was die Bedingungen sind, unter denen es das nicht tut und so weiter. Jeder kann eine Formel anwenden, insbesondere Computer. Aber kannst du die Formel ableiten? Kannst du erklären, wie sie gefunden wurde? Mit dem Aufkommen von Wolfram Alpha[182] wird klar, dass es heute überholt ist, mechanische, manuelle Berechnungen anzustellen. Was am meisten zählt, ist die Idee, das Konzept, die Intuition.

Ich habe sofort damit begonnen, mir die Chemie-Lektionen der Khan Academy anzusehen und ich war jedes Mal begeistert über die Entdeckungen und das Verständnis, wenn ich eines dieser Videos schaute. Es mag sich etwas merkwürdig anhören, aber es macht viel mehr Sinn, wenn du es in den richtigen Kontext setzt. Das exponentielle Wachstum bei Informationstechnologie und das Aufkommen der freien Software-Bewegung hat zu einem bahnbrechenden Wandel in unserem mentalen Paradigma geführt. Information ist heute weitaus verfügbarer, verlässlich und meistens komplett kostenlos. GNU, Linux, Creative Commons, Wikipedia, OpenCourseWare und nun die Khan Academy. Es ist eine logische Konsequenz des exponentiellen Wachstums in Technologie und Kultur.

Sal hat den Wunsch geäußert, so viele Fächer wie möglich zu unterrichten. Bis jetzt (Mitte 2012) gibt es mehr als 3.200 Vorlesungen in Bereichen wie Mathematik, Geschichte, Gesundheitswesen und Medizin, Finanzen, Physik, Chemie, Biologie, Astronomie, Ökonomie, Kosmologie, organischer Chemie, amerikanischer Staatsbürgerkunde, Mikroökonomie und Computerwissenschaft. Und im Grunde lehrt er nahezu alleine (obwohl mit neuen großartigen Lehrern rasant expandiert wird). Sicherlich ist dir folgender Gedanke durch den Kopf geschossen: 'Wer ist der Typ? Was qualifiziert ihn, eine solche Vielfalt an Fächern zu lehren?'. Sal war Jahrgangsbester seiner High-School-Klasse und hat bei seinem Reifeprüfungstest in Mathematik ein perfektes Ergebnis erreicht. Er ist Bachelor of Sciene in Mathematik, Bachelor in Electrical Engineering and Computer Science und Master of Science in Electrical Engineering and Computer Science am Massachusetts Institute of Technology. Als ob das noch nicht genug wäre, hält er auch den Titel eines Master of Business Administration an der Harvard Business School. Und er hat all das noch vor dem Alter von 32 gemacht. Er weiß also, wovon er spricht.

2009 habe ich über die Khan Academy geschrieben, als noch (fast) niemand etwas darüber wusste. Nun ist sie die größte Schule in der Geschichte der Menschheit. Es wurden bereits über 150 Millionen Vorlesungen für Millionen Studenten weltweit gehalten. Und sie wärmen sich gerade erst auf. Die Khan Academy erhält Millionen von Dollars als Spenden von der Bill and Melinda Gates Stiftung, Google und der O'Sullivan Stiftung. Bei CNN, PBS, CBS, TED und Charlie Rose wurde bereits darüber berichtet, um nur einige zu nennen. Sie expandiert und verbessert sich jeden Tag. Die Kurse werden in mehr als 40 Sprachen übersetzt und es wird erwartet, dass die 10 am meisten gesprochenen Sprachen in den nächsten Jahren vollständig abgedeckt werden. In einigen Schulen laufen Versuche, um herauszufinden, ob dieser Ansatz in klassische Lernumgebungen integriert werden kann. Die ersten Ergebnisse sind erstaunlich. Anstatt dass Lehrer überflüssig werden, hilft es ihnen, bessere Mentoren zu werden und gibt ihnen mehr Zeit für Einzelgespräche und Interaktionen mit den Schülern. Die Schüler und Studenten können zu Hause selbst lernen und haben dann mehr produktive Zeit daheim, indem sie gemeinsam Übungen machen, ihr Wissen festigen oder sich gegenseitig beibringen, was sie gelernt haben. Sals Worte:

„Dies könnte die DNA einer physischen Schule sein, wo Studenten 20% ihrer Tageszeit damit verbringen, Videos zu schauen und in ihrer eigenen Geschwindigkeit Übungen machen und den Rest des Tages Roboter bauen, Bilder malen, Musik komponieren oder was auch immer."[183]

Der Lehrer wird damit mehr zu einem Mentor, einem Lenker als zu einer Autoritätsperson. Sie erhalten einen Bildschirm mit allen ihren Schülern und können sehen, woran diese gerade arbeiten, wie gut sie sich machen und nur dann intervenieren, wenn sich Schüler bei bestimmten Themen schwer tun.

Klingt unglaublich? Erstaunlich?! Zu gut um wahr zu sein? Also wo ist der Haken? Es scheint unglaublich, aber es gibt keinen Haken. Khan Academy ist gratis. Die Lektionen werden als Creative Commons angeboten. Der Code für die Webseite der Plattform ist komplett Open Source. Du kannst in deiner eigenen Geschwindigkeit arbeiten. Du kannst dich dazu entscheiden, nur den Fächern zu folgen, die du magst oder du kannst einem vorgeschlagenen Pfad folgen. Du kannst sogar deine Schule fragen, ob sie es integrieren wollen. Oder du kannst es selbst nutzen, dann zur Schule gehen und alle mit deinem Können übertrumpfen. Die Lektionen machen Spaß, sind leicht und sehr intuitiv gestaltet. Sie erweitern das Programm rasch und verbessern es jeden Tag.

Was fehlt in diesem Bild? Zwei Dinge. Der Mangel an akademischen Leistungen und die Schwierigkeit, Kunst und Geisteswissenschaften über dieses Medium zu lehren. Aber ich sehe keines der beiden als Hindernis. Wie wir gesehen haben, entwickeln sich die Dinge schnell. Alles, das mit exponentiell wachsenden Technologien in Berührung kommt, folgt der Kurve der beschleunigenden Veränderung. Wikipedia. `http://en.wikipedia.org/wiki/Accelerating_change` Das Bildungssystem wird sich an neue Realitäten wie die Khan Academy anpassen müssen und nicht umgekehrt. Der Grund, warum Eltern ihre Kinder zur Schule schicken ist (traurigerweise) nicht, zu lernen, sondern einen Abschluss zu bekommen, der es ihnen einfacher machen wird, einen Job zu finden. Diese Gleichung hat allerdings keine Gültigkeit mehr. Wie Dale J. Stephens,

Michael Ellsberg und viele andere hervorgehoben haben, wird traditionelle Bildung überbewertet und was dich am Arbeitsmarkt wettbewerbsfähig macht, sind nicht zwangsläufig deine akademischen Titel. Sicher, einen Ph.D von Stanford zu haben, hilft, aber es ist nicht mehr ausreichend für Erfolg. Wenn es dein Ziel ist, zu Google, PayPal, Microsoft oder irgendeinem anderen dieser Technologie-Giganten zu gehen, dann wird es schon bald attraktiver aussehen, sein Können bei der Khan Academy unter Beweis stellen zu können als durch einen Abschluss an einer traditionellen Einrichtung. Kluge Universitäten verstehen das und sie reformieren rasch. Das MIT hat gerade MITx eingeführt, das kostenlos ein Portfolio an MIT-Kursen für eine virtuelle Gemeinschaft von Lernenden rund um die Welt anbietet. Es wird auch die Bildungserfahrung bei seinen Studenten am Campus verbessern, indem es Online-Werkzeuge zur Verfügung stellt, die ihre Erfahrungen im Labor oder im Klassenraum ergänzen und bereichern. Gegen eine kleine Gebühr können Menschen, die Online-Kurse besuchen, auch ein gültiges Zertifikat des MIT erhalten.

Letzten Herbst habe ich an einem der ersten Experimente im Bereich massiven Online-Lernens teilgenommen, als Sebastian Thrun, Peter Norving und Andrew Ng die Standford-Kurse für Künstliche Intelligenz und maschinelles Lernen eingeführt haben. Es waren noch grobe Experimente mit Auf und Abs, aber die Ergebnisse waren dennoch unglaublich. Hunderttausende Menschen haben an diesen 10-Wochen-Kursen teilgenommen, die mehr oder weniger dieselben waren, an denen Stanford-Studenten teilnehmen. Wenn du am Ende gut warst und deine Hausaufgaben richtig gemacht hast (alles mittels automatisierter Software), hast du neben der Tatsache, dir solides Wissen in einem anspruchsvollen und nützlichen Fach angeeignet zu haben, außerdem eine Abschlussbestätigung erhalten, die du deinem Lebenslauf hinzufügen kannst. Nett daran war, dass du den Kurs Woche für Woche verfolgt hast und du in einer Klasse mit Tausenden von Menschen warst, mit denen du gearbeitet hast und denen du Fragen stellen konntest und mit denen du über die Lektionen und Übungen diskutieren konntest. Es war eine wunderbare Erfahrung. Sebastian Thrun war so begeistert, dass er sich dazu entschied, seine Professur in Stanford aufzugeben und seine Zeit den Millionen von Studenten weltweit kostenlos zu widmen. (http://udacity.com). Klingt das bekannt?

Der Ansatz von Andrew Ng hat viele andere inspiriert, die nun unter dem Schirm eines Non-Profits namens 'Coursera' lehren mit anspruchsvollen Fächern wie Modelldenken, natürliche Sprach-Prozesse, Spiel-Theorie, probalistische grafische Modelle, Kryptografie, Design und Analyse von Algorithmen, Software as a Service, Computer-Vision, Computerwissenschaft, maschinelles Lernen, menschliche Interaktion mit Computern, Bau grüner Gebäude, Informationstheorie, Anatomie und Computersicherheit. Unnötig zu sagen, dass das erst der Anfang ist. Es ist die natürliche Evolution der Bildung, wenn sie mit Technologie kombiniert wird. Lebe den Wandel oder stirb.

Also inwiefern betrifft dich das alles? Wie kann es dir helfen? Falls du es nicht bemerkt hast, genau das ist das Gewinnerlos. Du kannst ein Experte werden oder zumindest Zugang zu den Werkzeugen haben, die es dir erlauben, ein Experte zu werden und zwar in nahezu jedem Gebiet, **gratis**. Bald wird es qualitativ hochwertige Kurse in Molekulartechnik, Nanotechnologie, nachhaltigen Technologien für Energieerzeugung, Ernährung, Bauwesen und wahrlich alles geben. Bildung wird noch relevanter, einfacher, motivierender und vor allem kostenlos sein. Heutzutage ist das beste Investment, das du machen kannst, das in dich selbst.

Die Werkzeuge für Kreativität sind in jedermanns Händen und sie werden zunehmend einfacher und zugänglicher. Du bekommst eine Gelegenheit, die niemand jemals zuvor in der menschlichen Geschichte bekommen hat.

Carpe diem.

18.3 Lehre andere

Nun, was hilft es, dich selbst zu retten, wenn alle anderen verloren sind? Behalte dieses Wissen nicht für dich selbst, teile es mit so vielen Menschen wie du kannst! Verstehe es nicht als eine Möglichkeit, einen Wettbewerbsvorteil für dich selbst zu erhalten. Das ist eine alte, kurzsichtige Sichtweise, getrieben von Eigeninteresse. Je mehr Leute Bildung erhalten und über diese Dinge Bescheid wissen, umso mehr können sie dazu beitragen, den Herausforderungen zu begegnen, denen wir alle gegenüberstehen. Glück lässt sich durch Teilen finden und Teilen führt zu unglaublichen Entdeckungen. Ich kann einen Tag sehen, der nicht mehr so weit weg ist, wo Menschen nicht mehr an der Fähigkeit gemessen werden, andere auszustechen, sondern an ihrer Fähigkeit, anderen zu helfen. Nicht an ihrer Fähigkeit, die besten Studenten zu sein, nicht an ihrer Fähigkeit, die besten Lehrer zu sein.

Das ist wahrhaftig eine Welt, in der es wert ist, zu leben!

18.4 Bau deine eigenen Lebensmittel an

Das hier ist so offensichtlich, dass es mir fast blöd vorkommt, es zu erwähnen. Nahrung ist eine Form von Energie, vielleicht sogar die wichtigste Energieform überhaupt. Sie ist der Treibstoff für unseren Körper. Aber es ist auch eine Art von Macht. Deine eigenen Lebensmittel anzubauen ist nicht nur eine Freizeitaktivität oder ein Hobby. Es geht darum, die Macht wieder selbst in die Hand zu nehmen. Roger Doiron nennt dies ein *subversives Grundstück*, eines, das anstatt Verschwiegenheit zu unterstützen, Offenheit und das Teilen vorantreibt. Es ist ein Grundstück, von dem nicht nur wenige auf Kosten von vielen profitieren, sondern eines, das jedes Individuum stärkt und wenn wir alles zusammentun, sind wir weitaus sicherer, gesünder und unabhängiger. Es gibt mehrere Vorteile, einen eigenen Garten zu haben. Ich werde hier nur einige davon nennen.

- **Steigere deine Gesundheit (und die deiner Familie).** Studien zeigen, dass die meisten unserer Erkrankungen ihre Ursache in schlechter Ernährung und schlechtem Essen haben. Mehr frisches Obst und Gemüse zu essen, ist nicht nur eines der wichtigsten Dinge, die du tun kannst, um gesund zu bleiben, sondern wenn du sie selbst anbaust, fällt es deinen Kindern auch gleich doppelt so leicht, sich gesund zu ernähren.[184]

- **Spare Geld.** Dies sollte klar sein. Die Lebensmittelpreise sind in den letzten Jahren deutlich angestiegen und werden in der Zukunft sehr wahrscheinlich noch weiter ansteigen. Warum? Weil es mindestens 10 Kalorien Öl (Äquivalent) für jede Kalorie Nahrung braucht, die wir herstellen. Die Ölpreise sind angestiegen und von nun an können sie nur noch ansteigen. Selbst angebaute Lebensmittel können eine hervorragende Ergänzung für deine Einkäufe darstellen und in einer typischen Familie mit vier Familienmitgliedern kannst du damit bis zu €2.250 und mehr im Jahr sparen (die genaue Summe hängt von vielfältigen Faktoren ab).

- **Reduziere deinen Einfluss auf die Umwelt.** Dies mag nicht für jeden interessant erscheinen, doch es sollte. Bedenke, dass die Ökosysteme alle miteinander verbunden sind und wir alle von ihnen abhängig sind. Auch wenn du dich per se nicht um die Umwelt kümmerst, solltest du zumindest wissen, dass das Ignorieren der Umwelt einmal eine heftige Retourkutsche mit sich bringen kann. Versuche, keine chemischen Pestizide oder Dünger zu verwenden. Es gibt eine Menge Internetseiten mit großartigen Anleitungen, wie man natürliche Systeme am besten nutzen kann. Mit minimalem Aufwand und maximalen Ergebnissen(siehe Permakultur), sogar wenn du in der Stadt wohnst (urbane Landwirtschaft, Hydrokulturen/Aquaponik-Gärten).

- **Genieße das Leben draußen.** Pflanzen, Jäten, Gießen und Ernten sind großartige Möglichkeiten, um sich körperlich zu betätigen. Gartenarbeit hilft dir auch dabei, zu entspannen und Zeit zum Nachdenken zu finden oder die Seele baumeln zu lassen.

- **Gemeinschafts- und Familienzeit.** Einen Garten zu haben ist eine lohnende Aktivität. Es kann ein guter Weg sein, um einige Zeit mit deinen Kindern zu verbringen und gleichzeitig etwas Nützliches zu tun. Wenn du beispielsweise Freunde hast, die selbst keinen Garten haben und ihre eigenen Lebensmittel nicht anbauen können, teile deinen Garten mit ihnen! Es wird dir auch die Möglichkeit geben, deine Erzeugnisse mit deinen Nachbarn zu teilen, anderen auszuhelfen und wieder einen Gemeinschaftssinn aufzubauen.

- **Genieße Lebensmittel, die besser schmecken.** Die frischesten Lebensmittel, die du haben kannst, sind die, die du selbst ernten kannst. Wenn du in den Supermarkt gehst, wurden die Lebensmittel, die in den Regalen liegen, weit weg produziert, geerntet, verpackt, transportiert in Lkws, Flugzeugen, Zügen, Schiffen und Containern (Öl, Öl, Öl). Wie lange sind sie dort gelegen, bevor sie weiter transportiert wurden? Einen Tag? Eine Woche? Einen Monat? Wo war es genau? Wo wurde es gelagert? Was haben sie hineingegeben, damit es so makellos aussieht (oder oft auch geschmacklos)? Glaube mir, wenn du das Obst oder das Gemüse in die Hand nimmst, das du selbst angebaut hast und hineinbeißt, wirst du wissen, dass du die richtige Wahl getroffen hast.

- **Hör damit auf, ein Sklave der Lebensmittel-Unternehmen zu sein.** Muss ich mehr sagen?

18.5 Iss weniger Fleisch

Dieser Punkt wird häufig missverstanden, weil er eine Menge emotionalen Ballast in sich trägt, sowohl auf der Pro- als auch auf der Contra-Fleisch-Seite der Debatte. Ich will keine davon wählen. Ich mache ein rein analytisches Statement, basierend auf Physik und Biologie.

Die Physik. Fleisch in großen Mengen herzustellen und zu nutzen als die primäre Nahrungsquelle ist hoch ineffizient. Intensive Vieh-Produktion erfordert riesige Mengen an geerntetem Futter. Laut der Food and Agriculture Organisation (FAO), „ist die durch Viehzucht hervorgerufene Abholzung der Wälder eine der Hauptursachen für einige einzigartige Pflanzen- und Tierarten in den tropischen Regenwäldern in Zentral- und Südamerika als auch für den CO_2-Ausstoß in die Atmosphäre." Sie sagt weiter, dass „die Expansion der Vieh-Produktion einer der größten Treiber für die Zerstörung des tropischen Regenwaldes in Lateinamerika ist, was ernsthafte Schäden für die Umwelt in dieser Region verursacht." Eine frühere FAO-Studie kam zu dem Ergebnis, dass 90% der Waldzerstörung durch nicht nachhaltige Praktiken in der Landwirtschaft verursacht werden. Forst- und Plantagenwirtschaft, die zwar nicht als die Hauptursachen für die Abholzung der Wälder gelten, spielen eine größere Rolle bei der Waldschädigung.[185]

Die Aufzucht von Tieren für den menschlichen Konsum ist heute für ungefähr 40% der gesamten Menge an landwirtschaftlicher Produktion in den industrialisierten Ländern verantwortlich und die Viehzucht ist der größte Nutzer von Land in der Welt. Weiden nehmen 26% der eisfreien Landflächen der Erde ein und die Produktion von Futtergetreide nimmt rund ein Drittel der landwirtschaftlich nutzbaren Flächen in Anspruch.[186] Im globalen Maßstab wird geschätzt, dass Vieh direkt und indirekt zu rund 9% zur gesamten anthropogenen CO_2-Emission, zu 37% aller Methan-Emissionen und zu 65% zu Distickstoffmonooxid-Emissionen beiträgt.[187] Nur um dir eine Idee von den Proportionen zu geben. Die Produktion von 1 kg Weizen erfordert 1 Tonne Wasser. Um dieselbe Menge Rindfleisch zu erzeugen, brauchen wir mehr als 15 Tonnen Wasser.[188] Nicht zu vergessen die anderen negativen Begleiterscheinungen der Fleischherstellung wie der Verlust von Biodiversität und der Verlust lokaler Vieharten, die Produktion und Verbreitung von Antibiotika-resistenten und pathogenen Bakterien in Tieren und in Lebensmitteln, die Freisetzung natürlich vorkommender und synthetischer Hormone, Ektoparasitiziden und Derivaten, die Ansammlung schwerer Metalle und bleibender organischer Schadstoffe.

Die Biologie. Exzessiver Fleischkonsum (insbesondere von rotem Fleisch) steht in Verbindung mit vielen Gesundheitsproblemen wie Darmkrebs[189] Speiseröhren-, Lungen-, Pankreas- und Endometriumkarzinomkrebs,[190] Brustkrebs,[191] Magenkrebs,[192] Lymphomen,[193] Blasenkrebs,[194] Lungenkrebs,[195] verschiedenen Herz- und Gefäßkrankheiten,[196] Diabetes,[197] Übergewicht,[198] Bluthochdruck und Arthritis.[199]

Ich denke, das ist genug.

Die Schlussfolgerung. Bedeutet das, dass wir alle vegan werden sollen? Nein. Aus einer ethischen Perspektive läuft eine intensive Debatte, zu der Menschen unterschiedliche Ansichten haben, also werde ich es dabei belassen. Des Weiteren gibt es trotz der oben aufgelisteten Fakten keinen Konsens, dass Fleisch per se 'schlecht' ist. Die physischen und biologischen Beweise legen lediglich nahe, dass die Überproduktion und der Überkonsum von Fleisch keine gar so großartige Idee sind. Dann gibt es zusätzlich zur physischen Realität auch noch den menschlichen Aspekt. Viele Menschen essen gerne Fleisch. In vielen Delikatessen aus den Küchen der Welt findet sich Fleisch am Teller. Sollte man von uns erwarten, freiwillig (oder schlimmer, gezwungenermaßen) das alles wegzulassen und den veganen Weg zu gehen? Ich schlage einen Ansatz mit mehr Menschenverstand vor. Warum versuchen wir nicht, den Fleischkonsum lediglich zu reduzieren? Es belastet die Umwelt weniger und es ist gesünder für uns. Du musst Fleisch nicht komplett verbannen, sondern nur versuchen, es nicht 14 Mal die Woche zu essen. Starte vielleicht mit 10 Mal, danach eventuell mit 5 oder 2 Mal. Schau dir an, wie es läuft. Experimentiere. Es muss sich nicht wie eine Bürde anfühlen. Probier es einfach und wenn du wirklich nicht leben kannst, ohne zwei Mahlzeiten mit Fleisch pro Tag, dann soll es so sein. Wenn du aber andererseits herausfindest, dass du genauso gut lebst, aber nur mit der Hälfte oder einem Teil der üblichen Menge an verzehrtem Fleisch, dann ist das sogar noch besser! Du wirst gesünder leben, der Umwelt helfen und sogar Geld sparen!

18.6 Hungrige, hungrige Häuser (Spare Energie)

Wenn Leute in diesen Tagen über Energieprobleme und deren Lösungen sprechen, assoziieren sie das mit erneuerbarer Energie. Die weit verbreitete Meinung ist, dass das einzige Problem die Quelle ist (Kohlenwasserstoff, der sehr limitiert ist und sehr lange Zeit braucht, um zu entstehen) und dass wenn wir lediglich zu Solarenergie, Windkraft, Erdwärme, Wasserkraft, Biotreibstoff, Gezeitenkraft oder Wellen (die erneuerbar sind) wechseln, alles OK wäre.

Es ist ein bisschen so als ob aus einem Fass Wasser ausläuft, weil es mehr Löcher als Schweizer Käse hat und die Lösung darin bestehen soll, mehr Wasser rein zu pumpen.

Energie aus erneuerbaren Energiequellen daheim zu erzeugen ist großartig, aber bevor du noch darüber nachdenkst, solltest du dich um den großen Elefanten im Zimmer kümmern. Die meiste Energie, die wir nutzen, wird tatsächlich verschwendet. Und ich spreche nicht von den Kindern, die das Licht überall im Haus anlassen (obwohl es besser ist, das nicht zu tun). Ja, wir sollten kein Leitungswasser verschwenden, wenn wir uns die Zähne putzen, aber vergleiche das mit der Menge an *trinkbarem Wasser*, das wir jedes Mal die Toilette runterspülen und das Wassersparen beim Zähneputzen wirkt sofort lächerlich. Energie wird beim Heizen, durch schlechte Isolierung, alte Geräte, schlechtes Design, schlechte Gewohnheiten und vor allem *schlechtes Denken* verschwendet. Warum solltest du dir eine 10kW-Photovoltaikanlage installieren, wenn du dein Haus *zuerst* nachrüsten kannst und *dann* nur mehr einen Teil davon benötigst?

Gebäude sind die ultimativen Endnutzer für 68% der Kohle und 55% des Erdgases in den Vereinigten Staaten. Es gibt ein riesiges Potenzial, den Konsum fossiler Treibstoffe in diesem Sektor zu verringern und es ist noch nicht genutzt worden. Bedenke auch, dass Energie nicht nur Elektrizität und Öl ist. Wasser ist Energie und wenn du deinen Wasserverbrauch um die Hälfte reduzierst, brauchst du nur mehr die Hälfte an Gas zum Heizen und die Hälfte an Strom, um die Pumpen zu bewegen. Wir denken darüber nicht in dieser Weise nach, aber alles ist miteinander verbunden und alles,

Abbildung 18.1: Ein Comic, den ich zum Blog Action Day gemacht habe.

was sich bewegt, braucht Energie. Daher ist Nachrüsten *immer* günstiger und effizienter als einfach zu einer anderen Energiequelle zu wechseln. Das bedeutet, es gibt hier einen größeren Return of Investment. Es kostet weniger und spart mehr. Es gibt Millionen von Dingen zu tun, aber hier sind einige davon:

- **LED-Lampen.** Sie dürsten weniger nach Energie, sie enthalten keine giftigen Chemikalien und halten länger. Und für die, die das Gefühl des „altmodischen" gelben Stils lieben, gibt es sie auch in Farben.

- **Hocheffiziente Haushaltsgeräte.** In der EU haben sie die Klassen A++ und A+++, in den Vereinigten Staaten sind sie nach dem Energy Star zertifiziert. Sie sparen wirklich eine Menge Energie.

- **Programmierbare Thermostate**, die Software mit künstlicher Intelligenz nutzen. Diese Schönheiten können bis zu 50% deines jährlichen Konsums einsparen (The Nest ist ein gutes Beispiel für ein solches System).[200]

- **'Matten' für Warmwasser-Boiler.** Neuere Boiler haben eine relativ gute Isolierung. Um zu sehen, ob eine Isolationsmatte gut für dich ist, lege einfach deine Hand außen auf den Boiler. Wenn es sich warm anfühlt, dann kannst du Geld sparen, indem du ihn ummantelst.[201]

- **Standby-Stromreduktion.** Spare Geld mit einigen 'klugen' Stromschaltern für deine Elektrogeräte, wo es bequem ist. Sie erkennen automatisch den Sleep-Modus, schalten Phantomstromverluste ab und schalten außerdem alle 'dazugehörigen' Elektrogeräte ab, die du am selben Schalter angesteckt hast.[202]

- **Reduziere den Wasserverbrauch**, indem du Belüfter und Niedrig-Verbrauch-Duschköpfe installierst (wieder weitere 50% an Ersparnis).

Einer konservativen Schätzung zufolge haben die oben genannten Nachrüstungen eine Amortisationszeit von einem Jahr oder weniger, einen Return of Investment von 100% und können dir in Kombination jährliche Einsparungen von €750 einbringen. Das bedeutet jedes Jahr. Und mit steigenden Kosten für Elektrizität und Wasser können die Einsparungen nur steigen.

Du kannst kreativ sein und viele andere Ideen finden und es gibt eine Vielzahl von Webseiten, die von Enthusiasten betrieben werden, die sich dem Nachrüsten daheim widmen. Green And Save bietet eine großartige

Grüne Tunings				
Amortisationsdauer	Zusatzkosten	Jährliche Ersparnis	10-Jahres-Ersparnis	ROI
1,2 Jahre	€985	€997	€8.483	96,5%

Grüne Umbauten				
Amortisationsdauer	Zusatzkosten	Jährliche Ersparnis	10-Jahres-Ersparnis	ROI
4,2 years	€11.809	€3.246	€32.469	26,8%

Grüne weiterentwickelte Systeme				
Amortisationsdauer	Zusatzkosten	Jährliche Ersparnis	20-Jahres-Ersparnis	ROI
8,7 years	€51.966	€5.458	€136.037	11,8%

Tabelle 18.1: Gesamtersparnis durch Nachrüstmaßnahmen

Tabelle mit Nachrüst-Möglichkeiten aller Art (Verbesserungen, Umbauten, weiter entwickelte Systeme), komplett mit Amortisationszeit, zusätzlichen Kosten, jährlichen Einsparungen, 10-Jahres-Einsparungen und dem Return of Investment.[203] Wenn du es dann ernsthaft angehen willst, kannst du tiefergreifendes Nachrüsten vornehmen, das auf integratives Design zugreift,[204] beginnend mit der Isolation deiner Wände, des Dachs, des Kellers und dem Austausch von Fenstern. Dies kann mehr Zeit und Geld vorab in Anspruch nehmen, aber es wird sich langfristig auszahlen, nicht nur in den Einsparungen, sondern in der Qualität deines Zuhauses.

Erinnere dich, dass du nicht alles auf einmal tun musst und du nicht alles machen musst. Sei klug und nutze die richtigen Technologien, die zu deinem Leben und deinem Umfeld passen, zu deinem Haus und deinen Gewohnheiten. Nach der Simulation von Green and Save kannst du, wenn du alles machst, die Nachrüstungen, die Umbauten und die weiter entwickelten Systeme, für eine Investition von €64.000 in 20 Jahren bis zu €225.000 sparen. Natürlich ist jedes Haus ein bisschen anders und du willst vielleicht nur einige Verbesserungen vornehmen, aber es gibt dir ein Gefühl von dem Hebel, der hier drin steckt. Die Tabelle 18.1 ist eine Zusammenfassung der Tabellen zum Return on Investment.

18.7 Mach deine eigene Energie

Von Energie unabhängig zu sein, war immer sehr schwer. Heute scheint es wie ein Verbrechen, es nicht zu tun. Während die Kosten für fossile Energieträger angestiegen sind, sind die Kosten für erneuerbare Technologien drastisch gesunken.

Solar ist bereits billiger als Nuklearenergie[205] und an einigen Orten (wie Italien und Spanien) wird es schon nächstes Jahr günstiger werden als Öl, möglicherweise sogar ohne Förderungen.[206] (mit Förderungen wird es sogar noch einfacher werden).[207] Solarenergie ist eine exponentiell wachsende Technologie, wo wir stetig ein Sinken der Kosten und ein Ansteigen der Effizienz beobachten können.[208] Abhängig davon, wo du lebst, haben Warmwasser-Solarpanele eine Amortisationszeit von 4-10 Jahren, Photovoltaik von 6-12 Jahren und Heißluftkollektoren von 1-2 Jahren. Bedenke, dass diese Technologien mit mindestens 80% ihrer ursprünglichen Effizienz nach 30 Jahren in Gebrauch (mit Gewährleistung) arbeiten, aber sogar nach dieser Periode *noch immer arbeiten*, aber eben nur ein bisschen weniger effizient. Darüber hinaus sinken die Kosten für Photovoltaik-Technik rund alle zwei Jahre um die Hälfte und sie wurde bereits unglaublich günstig im Vergleich zu den Kosten vor fünf Jahren und dieses Verhältnis wird sich weiter verbessern.

Es gibt Wärmepumpen, Windturbinen, verschiedene Systeme der Mikro-Energieerzeugung und Zehntausende von verfügbaren Technologien, die dir helfen, die Energie zu erzeugen, die du brauchst. Aber erinnere dich daran, dass dies der letzte Schritt sein muss. **Energieeinsparung sollte deine erste Priorität sein, Energieerzeugung kommt danach.**

Die wichtigste Energieform ist die unserer Gehirne. Nutze sie weise.

18.8 Wirf dein Auto weg

Ein Auto zu haben, ist bequem. Du kannst es nutzen, wann immer du willst, dich einfach von einem Ort zum anderen bewegen, lange Ausflüge machen, zur Arbeit gelangen, mit Freunden abhängen. Das Leben wäre nicht mehr dasselbe ohne ein Auto. Wenn du in einer ländlichen Gegend wohnst, hast du nicht wirklich eine andere Wahl, da du ohne ein Auto in der Pampa feststeckst. Doch wenn du in der Stadt lebst (wie die meisten

Menschen), kann der Besitz eines Autos mehr Ärgernis als Komfort bedeuten. Hier sind einige Gründe, weshalb du dir überlegen solltest, kein Auto zu besitzen.

- **Geld sparen**. Vielleicht verbindest du die Kosten für ein Auto mit den Treibstoffkosten. Angesichts dessen, dass diese jeden Tag steigen, sollte dich alleine diese Tatsache darüber nachdenken lassen, ob es wirklich wert ist, ein Auto zu haben, aber tatsächlich gibt es noch viele andere Dinge, die es zu bedenken gilt. Anschaffungskosten, Reparaturen, Wartung, Versicherung, Abwertung... die wahren Kosten, ein Auto zu besitzen, liegen zwischen €3.700 und €11.200 jährlich (abhängig vom Auto, dem Ort und der Fahrzeugnutzung).[209] Das ist eine Menge Geld. Denke nur einmal daran, wie viel du sparen könntest, wenn du eine Kombination aus öffentlichen Transportmitteln, dem Fahrrad, zu Fuß Gehen und anlassbezogener Anmietung eines Autos nutzen würdest, wann immer du es gerade brauchst.

- **Unfall-Reduktion**. Wenn du versuchen würdest, eine Zulassung für eine Technologie zu bekommen, die alleine in Europa jedes Jahr 1,6 Millionen Menschen verletzt und weitere 40.000 tötet, würden sie dich niemals dein Geschäft eröffnen lassen. Das ist aber genau, was Fahrzeugunfälle verursachen.[210] Die Dinge werden sich ändern, wenn selbstfahrende Autos allgegenwärtig sind, aber auch dann wird kaum jemand ein eigenes Auto brauchen. Warum sich all den Ärger antun, wenn du einfach das nächste automatisierte Auto mit deinem Handy rufen kannst, einsteigst und dich davon kutschieren lässt? Die Bezahlung kann automatisch mit dem Handy abgewickelt werden, die Autos werden bei maximaler Effizienz arbeiten und das zu einem Bruchteil der Kosten.

- **Saubere Luft**. Bis wir den Sprung zu vollelektrischen Autos schaffen, die alle dank erneuerbarer Energieträger geladen werden, werden Autos die Luft verschmutzen. Je mehr Leute sie nutzen, desto weniger lebenswert ist die Stadt. Es ist ganz einfach.

- **Entdecke die Gemeinschaft neu**. Forschungen haben gezeigt, dass es eine direkte Verbindung zwischen dem Verkehrsaufkommen auf einer Straße und der Anzahl an Nachbarn gibt, die sich beim Namen kennen. Je weniger Autos da sind, desto wahrscheinlicher ist es, dass die Menschen Zeit vor der Türe verbringen. Wenn du Menschen aus deiner Umgebung kennenlernen willst, geh zu Fuß.[211]

- **Vermeide Verkehr und Stress.** Besonders hilfreich in den Hauptverkehrszeiten kann dir die Nutzung eines Fahrrades bemerkenswert viel Zeit sparen, nicht zu sprechen von dem Stress.

- **Sei gesünder.** Im Jahr 2010 berichtete die CDC mit 35.7% einmal mehr von höheren Zahlen der erwachsenen Amerikaner mit Übergewicht und mit 17% bei den amerikanischen Kindern.[212] Im Februar 2012 sagten Experten voraus, dass in nur drei Jahren die Hälfte der amerikanischen Bevölkerung übergewichtig sein wird, verglichen mit 1/3 im Vereinigten Königreich, die bis 2020 als übergewichtig gelten könnten.[213] Gehen, Radfahren, Laufen, Skaten, wozu auch immer du dich entscheiden wirst, wird dich gesünder machen. Nicht nur das, sondern du wirst auch eine riesige Menge Geld für Gesundheitsversorgung sparen (Medizin, Untersuchungen, Operationen und wer weiß was sind Auswirkungen der Vernachlässigung deines Körpers). Du musst vielleicht nicht einmal ins Fitnessstudio gehen, was dir wiederum Geld spart.

Wenn du in bestimmten Situationen wirklich ein Auto brauchst, kannst du immer auch auf Carsharing ausweichen, ein sehr beliebtes System, das sich rund um die Welt rasant verbreitet. *Carsharing* ist nicht dasselbe wie der klassische Mietservice und bietet viele Vorteile, da es nicht durch Bürozeiten begrenzt wird; Reservierung, Abholung und Rückstellung werden vom Nutzer selbst abgewickelt; Fahrzeuge können auf die Minute genau gemietet werden, für eine Stunde genauso wie auch für einen Tag; Die Stationen sind im ganzen Service-Gebiet verteilt und häufig so positioniert, dass sie mit öffentlichen Verkehrsmitteln gut erreichbar sind; Versicherung und Treibstoffkosten sind in den Gebühren inkludiert. Viele parallele Systeme haben sich aus dieser Idee heraus entwickelt wie *Peer-to-Peer*-Automietsysteme in Deutschland, den Niederlanden, Großbritannien, den USA, Kanada, Spanien und Slowenien.[214]

Natürlich gibt es auch die gute, alte *Fahrgemeinschaft*, die heutzutage dank des Internets und mobiler Apps deutlich einfacher gehandhabt wird. Es gibt viele Webseiten, die dir helfen, eine Mitfahrgelegenheit zu finden, du kannst die Person wählen, mit der du gerne dein Auto teilen möchtest, basierend auf deinen Vorlieben für Musik, Filme, Kunst oder Sport. Und du kannst sogar, warum auch nicht, deinen Lebenspartner auf diesem Weg finden!

Kapitel 19

Die Zukunft gestalten

„Der beste Weg, um die Zukunft vorherzusagen, ist es, sie zu gestalten.“

– Peter F. Drucker [215]

Bisher war es der Fall, dass große gesellschaftliche Veränderungen aus dem Geist und der Entschlossenheit außergewöhnlicher Individuen entstanden. Dann änderte sich alles. Nach der zweiten industriellen Revolution, als die Gesellschaften komplexer wurden, war immer größerer Aufwand notwendig, um die Ergebnisse einer Idee zu erfinden, damit zu experimentieren und sie zu verteilen – bis die notwendige Menge an Geld, um Ungewöhnliches möglich zu machen, so massiv gigantisch wurde, dass es sich nur mehr sehr große Konzerne leisten konnten.

Heute befinden wir uns am Übergang zu einer neuen industriellen Revolution, eine, die die Macht zurück zu den Menschen bringt – den Machern, den Hackern, den fleißigen Erfindern und Gestaltern, die die Zukunft sehr schnell gestalten werden. Es ist die Entstehung der DIY-Community (Do It Yourself), bestehend aus Innovatoren, die die physischen, digitalen und kulturellen Werkzeuge für eine neue Gesellschaft schaffen. Diese stillen Helden haben häufig keinen Namen oder ein Gesicht, aber wir profitieren täglich kollektiv von den Früchten ihrer Arbeit. Und das ist möglich, weil sie neue Dinge bauen, Codes schreiben, wunderschöne Kunstobjekte schaffen und sie unter Free/Open-Source-Lizenzen verbreiten.

Ich bin überzeugt, dass wir am Anbeginn einer neuen Zivilisation stehen.

19.1   Unterstütze Open-Source-Projekte

Wann immer ich die Worte „Open Source" äußere, wissen die Menschen
entweder nicht, was sie bedeuten oder sie denken an Software. „Ist das
nicht das Linux-Ding?". Sicher. Linux, GNU und Tausende von anderen
Projekten sind frei und Open Source, aber sie sind nur ein winzig kleiner
Teil des Ganzen.

*Open Source ist nicht nur Software. Es ist eine Philosophie. Es ist die
Idee, dass Teilen besser ist als Geheimhaltung. Es ist der Beweis, dass Kooperation effektiver ist als rücksichtsloser Wettbewerb; und dass sich die
Entwicklung der Wissenschaft, Kultur, der Kunst und allem positiv be-
schleunigt, sobald man die Blaupausen freigibt. Es ist vielleicht das außer-
gewöhnlichste Beispiel aller menschlichen Leistungen, das Licht im Tunnel
unserer düsteren Eigenheiten, ein Triumph des Herauswachsens aus unseren primitiven Zuständen. Es ist, was mir Hoffnung für die Zukunft der
Menschheit gibt, der Grund warum ich denke, dass wir den Pfad der Selbst-
zerstörung verlassen können und unsere Spezies voranbringen können.*

Während der letzten 30 Jahre hat die Open-Source-Philosophie jeden
Aspekt unseres Lebens durchdrungen und alles, das sie berührt hat, wurde verbessert. Es ist eine unbegreifliche Kraft, die Millionen von Menschen inspiriert, einen positiven Wandel in der Welt zu erwirken. Was
vielleicht als 'lediglich Software'[216] begonnen hat, hat seinen Weg zu praktisch jedem Bereich der Wissenschaft, der Künste und sogar der Kultur
im großen Stil gefunden. Wir haben Open Hardware (z.B. Arduino, eine Mikro-Controller-Plattform für hobbymäßige Künstler und Designer),
Open Getränke (Open Cola und Open Bier!), Open Bücher, Open Filme,
Open Robotertechnik, Open Design, Open Journalismus und sogar Experimente im Bereich Open Staatsregierung.[217]

Der Open-Source-Pionier Linus Torvalds, der Vater von Linux, sagte
bekannterweise:[218]

„Die Zukunft ist 100% Open Source in jedem Sektor"

Um zu verstehen, was das bedeutet, müssen wir nicht weiter schauen
als auf die Seiten dieses Buchs, das du in diesem Moment in deinen Händen hältst. Die Entwicklung von *'Roboter stehlen deinen Job, aber das ist
OK: wie man den Wirtschaftskollaps glücklich überlebt!'* war möglich dank

einer Crowdfunding-Kampagne, die ich auf einer Webseite gestartet habe. Die Software, die dazu genutzt wurde, um dieses Buch zu schreiben, war vorwiegend Free and Open Source (FOSS) und läuft auf einem System, das stark auf FOSS vertraut, um zu funktionieren.[219] Der Browser, den du genutzt hast, um mein Buch zu finden ist vielleicht ebenfalls FOSS. Google Chrome, Firefox, Safari, sie alle sind FOSS. Aber auch Wikipedia, Creative Commons, viele Flickr-Fotos und Videos bei YouTube und Vimeo sind unter irgendeiner Art von freier oder offener Lizenz veröffentlicht. In jüngerer Zeit gab es eine Welle von Open-Source-Projekten, die ein unglaublich breites Spektrum abdeckten und sogar physische Objekte wie Feuerzeuge, Sensoren, Fahrräder, Solarpanele und 3D-Drucker inkludierten.

Internet-Communities wie IndieGoGo und Kickstarter sind großartige Orte, um die direkte Unterstützung von Open-Source-Projekten zu starten, die uns zu einem besseren Leben verhelfen werden. Das Konzept ist einfach. Jemand hat eine großartige Idee, die er gerne entwickeln würde, er teilt sie mit der Community und bittet sie um eine bestimmten Menge Geld, um das Projekt zu vollenden oder fortzusetzen. Leute, die interessiert sind, steuern bei und bekommen Belohnungen dafür. Über 90% des Geldes geht an den ursprünglichen Künstler/Erfinder, aber was er kreiert, davon profitiert die gesamte Community. Viele entscheiden sich dafür, den Quellcode/die technischen Spezifikationen öffentlich und Open Source zu veröffentlichen.

Das ist ein großartiger Weg, um zu unterstützen, *was* du gern magst und *wie* du es möchtest. Du kannst auswählen, welche Projekte du unterstützt und die Geldmenge, die du beisteuern willst. Es gibt dir ein Gefühl von Erfüllung und Macht. Es gibt dir das Gefühl, Teil einer Community von Gleichgesinnten zu sein. Und vor allem ist es *fair*. Es gibt keine Spiele hinter dem Rücken, keine speziellen Interessen, keine Bestechung von Regierungsvertretern. Es ist Meritokratie in ihrer Reinform.

Um die Dinge wieder in die richtige Perspektive zu rücken, Kickstarter ist am besten Weg, 2012 über $150 Millionen Dollar an die Projekte seiner Nutzer zu verteilen oder mehr als das gesamte Jahresbudget 2012 des Kunstförderprogramms National Endowment of the Arts (NEA), das bei $146 Millionen[220] liegt.

Wir können nicht von Regierungen erwarten, all unsere Probleme zu lösen. Natürlich wäre es nett, wenn öffentliche Gelder weise für Programme ausgegeben würden, die jedem helfen und unter maximaler Effizienz arbeiten. Aber wir wissen alle, dass so sehr wir es auch versuchen, dies häufig nur ein Wunschtraum bleibt. Wir dürfen die Hoffnung in unsere Regierungen nicht vollständig aufgeben, aber wir sollten nicht darauf warten, dass eines Tages alles wie von Zauberhand wie am Schnürchen laufen wird. Wir müssen die Dinge selbst in die Hand nehmen und den positiven Wandel beschleunigen.

Mein Ratschlag ist, so viel Unterstützung wie möglich Open-Source-Projekten zukommen zu lassen, die für die Entwicklung der Menschheit fundamental sind wie Wikipedia, Creative Commons, The Electronic Frontier Foundation wie auch viele kleine Projekte deiner Interessensgebiete. Was immer du geben kannst, wird helfen. €50, €20, oder sogar €1 kann einen Unterschied machen. Es wird nicht nur dem Projektleiter und der Community sehr helfen, sondern auch direkt. Wenn du deine Abhängigkeit von Geld reduzieren kannst, indem du etwas verwendest, das durch ein Open-Source-Projekt entstanden ist und das du mit finanziert hast, befindest du dich in einer zufriedenstellenden Position. Sobald etwas Open Source ist, ist es für die gesamte Menschheit verfügbar. Für immer. Es ist eine Win-Win-Situation.

Nun zu einem pragmatischerem Ansatz. Ich kann mir vorstellen, dass du denkst „Yeah, das ist alles sehr nett, aber ich kann nicht von Wikipedia leben". Tatsächlich hätte ich sogar hier Einwände (unerschöpfliche Quelle von Wissen und Verweisen), aber ich verstehe, was du meinst. Physischer Kram? Dinge, die du nutzen kannst, um zu leben? Richtig. Ich gebe dir nur ein Beispiel, aber es gibt viele.

Marcin Jakubowski ist ein unglaublicher Mann. Es gibt viele Menschen, die darüber sprechen, eine bessere Welt zu gestalten. Viele haben auch großartige Ideen, futuristische Visionen, wie die Welt sein könnte, wenn wir es nur wollten. Aber einer von ihnen gestaltet sie tatsächlich. Sein Ziel: Nichts weniger als eine Post-Mangel-Gesellschaft zu kreieren, wo Menschen nur 1-2 Stunden pro Tag arbeiten müssen, um davon zu leben, sodass sie die restliche Zeit höheren Zwecken widmen können. Er baut die Stiftung für das nächste Paradigma der gesellschaftlichen Revolution auf und er stellt alles Open Source. Ein Visionär, aber mit solider Bodenhaftung. Die Geschichte erzählt Marcin am besten selbst, der 2011 bei TED sprach. Dieser Talk wurde mehr als 1,5 Millionen Mal angesehen und in 41 Sprachen übersetzt.[221]

„Ich begann mit einer Gruppe namens Open Source Ecology. Wir haben die 50 wichtigsten Maschinen identifiziert, von denen wir denken, dass sie notwendig sind, damit modernes Leben existieren kann – Dinge wie Traktoren, Brotbacköfen, Herstellungsanlagen für Schaltkreise. Dann machten wir uns daran, eine Open-Source-DIY-Version zu erstellen, die jeder selbst zu einem Bruchteil der Kosten bauen und warten kann. Wir nennen dies das Global Village Construction Set.

Lass mich dir eine Geschichte erzählen. In meinen 20ern erhielt ich mein Ph.D. in Fusionsenergie und entdeckte, dass ich unnütz war. Ich hatte keine praktischen Fähigkeiten. Die Welt präsentierte mir Optionen und ich wählte sie. Ich denke, man kann das Konsum-Lifestyle nennen. Also begann ich, eine Farm in Missouri zu betreiben und lernte viel über die Ökonomie der Landwirtschaft. Ich kaufte einen Traktor – der dann kaputt ging. Ich bezahlte, um ihn reparieren zu lassen – dann ging er wieder kaputt. Und schon bald war auch ich kaputt.

Ich realisierte, dass die wirklich angemessenen, günstigen Werkzeuge, die ich brauchte, um mit einer nachhaltigen Farm und Ansiedlung zu beginnen, einfach nicht existierten. Ich brauchte Werkzeuge, die robust, modular, hoch effizient, optimiert und günstig waren und aus lokalen und recycelten Materialien gemacht wurden, die ein Leben lang hielten und nicht veralten würden. Ich erkannte, dass ich sie mir selbst bauen musste. Und so tat ich genau das. Und ich testete sie. Und ich erkannte, dass industrielle Produktivität auch im kleinen Maßstab möglich war.

Anschließend veröffentlichte ich die 3D-Designs, die Pläne, erklärende Videos und Budgets in einem Wiki. Dann zeigten sich Beitragende aus der ganzen Welt in dezidierten Projektbesuchen, die neue Maschinen als Prototypen bauten. Bis dahin hatten wir acht Prototypen der 50 Maschinen. Und nun beginnt das Projekt, von alleine zu wachsen.

Wir wissen, dass Open Source mit Werkzeugen zum Management von Wissen und Kreativität erfolgreich war. Und dasselbe beginnt nun auch mit Hardware zu geschehen. Wir konzentrieren uns auf Hardware, weil es Hardware ist, die das

Leben von Menschen verändern kann in so greifbaren materiellen Bereichen. Wenn wir die Barrieren zur Landwirtschaft, zum Bau, zur Produktion verringern können, können wir massive Mengen an menschlichem Potenzial entfesseln.

Das gilt nicht nur für die Entwicklungsländer. Unsere Werkzeuge sind gemacht für den amerikanischen Farmer, Baumeister, Unternehmer, Macher. Wir haben viel Begeisterung bei diesen Leuten wahrgenommen, die nun ihr Bauunternehmen, ihre Teile-Herstellung, ihre organische solidarische Landwirtschaft gründen können oder die lediglich Energie zurück ans Netz verkaufen wollen. Unser Ziel ist ein Magazin für veröffentlichte Designs, das so klar und vollständig ist, dass eine einzelne gebrannte DVD ein effektives Zivilisations-Starter-Paket darstellt.

Ich habe Hunderte von Bäumen an einem Tag gepflanzt. Ich habe 5.000 Ziegel an einem Tag aus dem Dreck unter meinen Füßen gepresst und innerhalb von sechs Tagen einen Traktor gebaut. Von dem, was ich bisher gesehen habe, stehen wir erst am Anfang.

Wenn diese Idee wirklich solide ist, dann sind die Auswirkungen enorm. Eine größere Verbreitung von Produktionsmitteln, Lieferketten und eine erneut relevante DIY-Maker-Kultur darf darauf hoffen, den künstlichen Mangel zu durchbrechen. Wir erforschen die Grenzen von dem, was wir alle tun können, um mit offener Hardware-Technologie eine bessere Welt zu schaffen."

Zusammen können wir den Übergang zu einer Gesellschaft beginnen, in der alle profitieren, anstatt einer Gesellschaft der Geheimhaltung, die die Mächtigen bedient. Der Autor Clay Shirky hob hervor, dass Wikipedia 100 Millionen Stunden menschlicher Gedankenarbeit repräsentiert. Mit 100 Millionen Stunden Gedankenarbeit und Kooperation waren wir in der Lage, die größte und vollständigste Enzyklopädie aller Zeiten zu schaffen. *„Eine Welt, in der jede einzelne Person auf dem Planeten kostenlosen Zugang zum gesamten menschlichen Wissen hat. Das ist, was wir tun"*.[222] Vergleiche das mit Fernsehen. 200 Milliarden Stunden werden alleine in den USA vor dem Fernseher verbracht. Oder anders ausgedrückt haben wir jedes Jahr 2.000 Wikipedia-Projekte, die mit Fernsehen verbracht werden und 100 Millionen Stunden (1 Wikipedia-Projekt) jedes Wochenende, das nur damit verbracht wird, die Werbeunterbrechung zu schauen.[223]

Denk nur einmal daran, was wir erreichen könnten, wenn wir nur einen Bruchteil dieser Zeit einfangen könnten und ihn für etwas Sinnvolles nutzen könnten. Die Möglichkeiten sind unendlich – zusammen können wir eine wahrlich wundervolle Welt schaffen.

Es hat bereits begonnen. Sei dabei ☺

19.2 Wähle mit deiner Geldbörse (nicht, was du denkst)

Wir wissen, dass Politik zu großen Teilen von großen Unternehmen beeinflusst ist, die die Macht haben, um intensives Lobbying zu betreiben. Soweit ich betroffen bin, geschieht die Wahl nicht so sehr in der Wahlkabine wie sie im Einkaufszentrum geschieht. Wenn du darüber nachdenkst, hast du effektiv mehr Wahlmacht, wenn du dich entscheidest, etwas zu kaufen, weil du Unternehmen und deren Strategien beeinflusst, was in der Folge wiederum Auswirkungen auf die Politik hat und noch spezieller der Entgang von Gewinnen. Walmart hat seinen Öko-Sektor nicht gestartet, weil sie eine Sinneswandlung vom Herzen aus hatten; plötzlich der Umwelt helfen wollten, gesündere Lebensmittel für Menschen bieten wollten und bessere Produkte. Sie taten es, weil sie darin einen Markt sahen, einen Wandel im öffentlichen Interesse. Wenn es irgendwo einen Markt gibt, wird irgendjemand die Nische füllen. Tatsächlich wählst du mit deiner Geldbörse jeden Tag in deinem Leben; du hast es nur nicht bemerkt.

Das nächste Mal, wenn du ins Einkaufszentrum gehst und etwas aus dem Regal nimmst, frag dich selbst, ob du es wirklich brauchst. Wird es dir lediglich temporäre Zufriedenstellung geben oder wird es dir wirklich gut dienen? Brauchst du das 20. Paar Jeans wirklich? Was ist mit den anderen 19? Sind sie nicht gut genug? Warum hast du sie dann gekauft? Oder haben sie dir zuerst gefallen, aber hast du dann deine Meinung schnell geändert?

Werde die Dinge los, die du nicht brauchst. Verkaufe sie bei eBay, auf dem Flohmarkt, verschenke sie, es ist egal. Kaufe klug (später mehr dazu) und hör auf damit, ein Sklave der Konzernmaschinerie zu sein. Hol dir die

Kontrolle über dein Leben zurück. Sie wollen, dass wir glauben, Freiheit wäre die Freiheit zwischen 200 Marken an Zahnpasta zu wählen. Koste von der wahren Freiheit!

19.3 Arbeite weniger, sei selbständig

Geh zurück und wirf einen Blick auf die letzten 30 Seiten oder so. Vielleicht ist dir aufgefallen, dass sie alle etwas gemeinsam haben. Es handelte sich um Ideen, wie man Geld sparen kann, aber ohne die Dinge zu opfern, die du gern hast. Tatsächlich helfen sie dir vielleicht sogar dabei, gesünder, ausgeglichener und glücklicher zu leben. Zähl alles zusammen und du wirst sehen, wenn du den folgenden Ratschlag beherzigst, kannst du mehrere tausend Euro pro Jahr sparen. Das ist Geld, das du bisher gebraucht hast, aber nicht mehr brauchen wirst. Also was kannst du mit diesem extra Geld tun? Du kannst klug sein und es für Dinge ausgeben, die du wirklich genießt (siehe das Kapitel darüber, wie man klug Geld ausgibt) oder du könntest noch klüger sein und es als eine Chance sehen, weniger zu arbeiten. Richtig gelesen. Wenn du weniger Geld brauchst, warum nicht Teilzeit arbeiten? Warum nicht den Job wechseln, um etwas zu tun, das du *wirklich* gerne machst, aber das nicht so gut bezahlt ist wie der andere (weniger zufriedenstellende) Job? Wenn du zunächst einmal den Bedarf für Geld vermindert hast, kann die Reduzierung der Arbeitsstunden der erste Schritt zu einem erfüllteren und weniger stressvollem Leben sein.

Das sollte nun klar sein und es ist eine radikale Idee. Eine Gruppe von Ökonomen des britischen Think Tanks New Economics Foundation (NEF) empfahlen, zu einer kürzeren Arbeitswoche überzugehen, als sie einen Bericht veröffentlichten, indem die Motivationen dahinter und der General-Plan hervorgehoben wurden: „Eine 'normale' Arbeitswoche von 21 Stunden könnte helfen, um einer Reihe von dringenden, miteinander verknüpften Problemen zu begegnen: Überarbeitung, Arbeitslosigkeit, Überkonsum, hohe CO2-Emissionen, niedriges Wohlbefinden, versteckte Unfähigkeiten und der Mangel an Zeit, um nachhaltig zu leben, sich um andere zu kümmern und einfach das Leben zu genießen."[224]
Der Bericht fährt fort:

> „Eine weitaus kürzere Arbeitswoche würde die Geschwindigkeit unseres Lebens verändern, Gewohnheiten und Sitten

neu gestalten und die dominanten Kulturen der westlichen Gesellschaft grundlegend verändern. Argumente für eine 21-Stunden-Woche fallen in drei Kategorien, wobei es sich um drei untereinander abhängige 'Wirtschaften' handelt oder Quellen des Wohlstands, abgeleitet von den Ressourcen des Planeten, von menschlichen Ressourcen, Werten und Beziehungen, zusammenhängend mit dem alltäglichen Leben von jedem und den Märkten. Unsere Argumente basieren auf der Voraussetzung, dass wir alle drei Wirtschaften erkennen und wertschätzen müssen und sichergehen müssen, dass sie gemeinsam für nachhaltige soziale Gerechtigkeit arbeiten.

Sicherung der natürlichen Ressourcen des Planeten. Die Hinwendung zu einer deutlich kürzeren Arbeitswoche würde dazu beitragen, die Gewohnheit, für die Arbeit zu leben und zu verdienen, um zu konsumieren, zu durchbrechen. Menschen wenden sich vielleicht von CO2-intensivem Konsum ab und widmen sich stattdessen mehr Beziehungen, Freizeitbeschäftigungen und Orten, die weniger Geld absorbieren und mehr Zeit. Es würde der Gesellschaft helfen, ohne CO2-intensives Wachstum auszukommen, Zeit für Menschen freigeben, nachhaltiger zu leben und die Treibhaus-Gas-Emissionen vermindern.

Soziale Gerechtigkeit und Wohlbefinden für alle. Eine 'normale' 21-Stunden-Arbeitswoche könnte helfen, bezahlte Arbeit gleichmäßiger über die Bevölkerung zu verteilen, mit Arbeitslosigkeit verbundene Erkrankungen reduzieren wie auch lange Arbeitstage und wenig Kontrolle über die Zeit. Es würde es ermöglichen, bezahlte und unbezahlte Arbeit gleichmäßiger auf Männer und Frauen zu verteilen; für Eltern mehr Zeit mit ihren Kindern zu verbringen – und die Zeit unterschiedlich zu verbringen; für Menschen, die Rente zu verschieben, wenn sie das möchten und mehr Zeit zu haben, um sich um andere zu kümmern. Mehr Zeit zu haben, um an lokalen Aktivitäten teilzuhaben und andere Dinge ihrer Wahl zu tun. Deutlich würde es die 'Kern'-Wirtschaft in die Lage versetzen, zu florieren, indem sie mehr und besseren Nutzen aus unveränderten menschlichen Ressourcen ziehen, indem sie individuelle und gemeinsame Bedürfnisse definieren und befriedigen. Es würde Zeit für

Menschen freistellen, um als gleichwertige Partner zu agieren mit Experten und anderen öffentlichen Angestellten, um gemeinsam Wohlbefinden herzustellen.

Eine robuste und prosperierende Wirtschaft. Kürzere Arbeitszeiten könnten helfen, die Wirtschaft an die Bedürfnisse der Gesellschaft und der Umwelt anzupassen anstatt Gesellschaft und Umwelt den Bedürfnissen der Wirtschaft unterzuordnen. Unternehmen würden davon profitieren, dass mehr Frauen den Arbeitsmarkt betreten; von Männern, die rundere, ausgeglichenere Leben führen; und von der Reduzierung des Arbeitsstresses in Verbindung mit den Verantwortlichkeiten daheim. Es könnte auch helfen, das von Krediten getriebene Wachstum zu beenden, um eine elastischere und anpassungsfähigere Wirtschaft zu entwickeln und somit öffentliche Ressourcen für Investitionen in eine CO_2-niedrige Industrie-Strategie und andere Maßnahmen zur Förderung einer nachhaltigen Wirtschaft zu sichern."

Eine solche Wirtschaft, eine die den Gleichgewichtszustand anstrebt, wie er von Herman Daly und anderen befürwortet wird, hätte auch den großen Wert, elastisch und anpassungsfähig zu sein. Es gibt viele notwendige Voraussetzungen, die erreicht werden müssen, bevor die 21-Stunden-Woche umgesetzt werden kann und der Bericht beschreibt einen Übergang von Klarheit und wertvollen Einblicken. Einfach nur die Arbeitswoche zu verringern und alles andere gleich zu lassen, könnte ein Schuss nach hinten sein, wie wir das in vorangegangenen Experimenten erlebt haben (Frankreich 2000-2008). Es braucht einige begleitende Anpassungen. Menschen brauchen Zeit, um sich anzupassen. Somit sollte es eine Übergangszeit von einigen Jahren geben, ein garantiertes faires Einkommen, soziale Normen und Erwartungen müssen sich ändern, nicht zu sprechen von der Geschlechter-Beziehung. Doch viel mehr muss sich die allgemeine Kultur ändern. Menschen müssen die *Vorzüge* und den *Bedarf* nach einem anderen System sehen, sodass sie selbst danach fragen, anstatt sich dagegen zu wehren.

Mein Ratschlag an dich wäre *dir einen Plan zu machen, der es dir über den Zeitraum von einigen Jahren erlaubt, den Übergang zu einer reduzierten Arbeitswoche oder zu einem Job, der schlechter bezahlt wird, aber der dir größere Zufriedenheit gibt, zu schaffen.* Die Arbeit-für-Einkommen-Falle zu durchbrechen ist keine einfache Aufgabe und sollte ernst genommen werden, da du dich ansonsten in einer sehr unkomfortablen Situation wiederfinden wirst (insbesondere, wenn du eine Familie hast, deren Auskommen von dir abhängt). Nutze die Ressourcen aus diesem Buch, beginne, die neuen Möglichkeiten zu erforschen und hab keine Angst davor, deine Freunde, Familie oder sogar Fremde nach Hilfe zu fragen. Sobald du damit beginnst, dich einem anderen Lebensstil zu öffnen, wirst du ganze Gemeinschaften von Menschen finden, die gewillt sind, dir Ratschläge zu geben.

Das ist dein Leben. Lebe es in vollen Zügen!

19.4 Sei kein Arsch

Dies ist ein größtenteils übersehener Aspekt der Welt des Aktivismus. Lange Zeit war ich in mehreren Non-Profit-Organisationen und sozialen Bewegungen involviert und habe einige davon selbst gestartet. Ich weiß, wie schmerzvoll es für die nicht aktiven Mitglieder sein kann, jemanden zu haben, der sie darüber aufklären will, wie sie ihr Leben leben sollten. Es gibt nichts Ärgerlicheres als gesagt zu bekommen, dass alles, was du dein bisheriges Leben lang getan hast, falsch war und dass du es ändern solltest. Sogar wenn es wahr wäre – und in vielen Fällen ist es das nicht – wäre es noch immer der falsche Ansatz, um jemanden dazu zu bekommen, mitzumachen.

Zuallererst ist es eine schreckliche Kommunikationsstrategie. Nur sehr wenige Menschen sind offen genug, um ihre eigenen Glaubensmuster und Gewohnheiten infrage zu stellen, mit denen sie ihr ganzes Leben leben und diese in wenigen Sekunden abzustreifen. Und sogar in dem sehr seltenen Moment, wenn das geschieht, könnte es weitaus effizienter gestaltet werden, wenn man eine andere Strategie nutzt anstatt sie dazu zu bewegen, sich schuldig und unzulänglich zu fühlen. Es ist schwer, das zu erreichen. Denn das Letzte, was Menschen brauchen, ist ein bürgerlicher, selbstgerechter Umweltschützer, der auf den Bürgersteig klettert und beginnt, dich zu belehren. Wenn du willst, dass Leute bei dir mitmachen, musst du ihnen den *Wert* von dem, was du ihnen vorschlägst, zeigen und du musst ein Beispiel anführen. Ich weiß, die Praxis ist weitaus schwieriger als über Dinge zu reden und manchmal wirst du vielleicht von den Ereignissen um dich herum überwältigt sein. Es hilft nichts, wir befinden uns in einem System und müssen mit den Werkzeugen arbeiten, die uns für den Übergang zu einer besseren Gesellschaft zur Verfügung stehen. Das oder du isolierst dich vom Rest der Welt. Ich denke, das Letztere ist ein recht kurzsichtiger und egoistischer Weg, auf das Problem zu reagieren, also werde ich mich nun auf die vorherige Option konzentrieren.

Uns läuft die Zeit davon, aber das ist kein Grund, um zu drängen und Chaos zu veranstalten. Stattdessen müssen wir realisieren, dass wir den effizientesten und effektivsten Weg finden müssen, um den Übergang zu einem neuen System zu schaffen. Bevor du irgendetwas tust, stelle dir selbst diese Frage: Wie effektiv ist das? Denke an das Thema Fleischkonsum. Die meisten Veganer, die ich kenne, sprechen sehr gerne über ihre Entscheidung und wenn das die ganze Geschichte wäre, wäre es keine große Sache. Das Problem ist, dass einige von ihnen widerwärtig arrogant und rabiat in ihrem Ansatz sind. Diejenigen, die ihnen nicht zustimmen, werden als Mörder oder mit Verachtung angesehen, manchmal auch mit Ekel. Schon wenn du dir die Flugblätter und Webseiten von veganen Aktivisten ansiehst, kannst du die offensichtlichen Angst-Taktiken erkennen, die versuchen, die Empathie des Leser zu missbrauchen und eine emotionale Reaktion hervorzurufen. Wenn es das Ziel ist, Menschen dazu zu bringen, sich zu fürchten, sich zu empören und sich von dir zu distanzieren, ist dies sicherlich ein effektiver Weg, um genau das zu erreichen. Wenn es andererseits dein Ziel ist, Menschen ein bestimmtes Problem bewusst zu machen, solltest du vielleicht damit beginnen, sie zu respektieren und die Vorzüge deines Lebensstils aufzeigen.

Frage dich wieder, ist es einfacher, 10% der Menschen zu überzeugen, kein Fleisch mehr zu essen oder ist es einfacher 50% zu überzeugen, weniger Fleisch zu essen? Die Antwort ist sehr einfach und das Konzept wurde von Graham Hill in seinem kurzen Buch *Weekday Vegetarian: Finally, a Palatable Solution* und in seinem TED Talk *Why I'm a weekday vegetarian* weit entwickelt.[225] Stell dir vor, du bist von einer Sache überzeugt. An irgendeinem Punkt wirst du auf deinen letzten Hamburger oder dein letztes Steak schauen und du wirst wissen, dass du kein weiteres davon mehr haben wirst, niemals mehr. Viele Menschen sind nicht wirklich bereit dafür. Also wie wäre es, wenn du es mit einem allmählichen, einfacheren Ansatz versuchst? Ein Wochentags-Vegetarier macht den Eindruck einer zumutbareren und schmackhafteren Lösung. Eine, die die meisten Menschen annehmen wollen würden, ohne ihre Gewohnheiten drastisch und dramatisch zu ändern. Ja, durch die Reduktion von Fleisch auf ein bis zwei Mal pro Woche würdest du deinen Fleischkonsum deutlich um 70-80% reduzieren.

Dieselbe Art zu denken funktioniert für jeden Aspekt unseres Lebens. Es ist sehr schwer, mit deinen Werten zu 100% durchgängig zu sein, aber du kannst nach einem ehrlichen, nicht heuchlerischen Lebensstil streben, ohne es dir unerträglich zu machen, damit zu leben.

Kapitel 20

Wie man glücklich ist

Während meiner Recherche verwendete ich viel Zeit darauf, Bücher aus der Selbsthilfe-Kategorie zu lesen. Ich reiste in 20 Länder, gab Tausende von Euro für Seminare aus, tauchte tief in die Abgründe des Glücks, damit du dir das ersparen kannst.

Hier ist also der Moment, auf den alle gewartet haben, der Grund, warum du dieses Buch gekauft hast. Ich werde dir das definitive und endgültige Geheimnis von Glück verraten. Ein Geheimnis, das für Jahrtausende geheim gehalten wurde, von einem Genie zum anderen weiter gegeben wurde, von Leonardo da Vinci an Albert Einstein, um nun endlich enthüllt zu werden. Fertig? Hier ist es.

Wenn irgendetwas in deinem Leben falsch läuft, dann weil du negative Schwingungen aussendest, die dann verstärkt zu dir zurückkommen. Daher solltest du dich dazu zwingen, die ganze Zeit positiv zu denken.

- Verändere deine Gedanken, verändere dein Leben, verändere das Universum.

- Ändere deine Gedanken. Ernähre dich besser. Mach mehr Bewegung. All diese Dinge werden einen Schneeballeffekt haben und dein Leben wird einen dramatischen Wandel in die positive Richtung erleben.

- Wenn du reich und berühmt werden willst, denke und handle wie eine reiche und berühmte Person. Kaufe Erste-Klasse-Tickets im Flugzeug, umgib dich mit reichen Personen. Und früher als du denkst, wirst du einer von ihnen werden.

Ich denke, man nennt es Quanten-Mechanik. Oder so ähnlich. Warte, oder waren es Schwingungen? Ja, das klingt besser. Schwingungen.
Quanten-Schwingungen! Das muss es sein.[226]

OK, nun einmal ernsthaft. Während ich es liebe, gegen die Selbsthilfe-
Idiotie, die in den letzten Jahren über die Vereinigten Staaten und Großbritannien hereingebrochen ist, zu sticheln, gibt es einige Vorschläge, die
dir vielleicht helfen werden, sofern du sie mit ein wenig wissenschaftlicher
Strenge angehst.

Ich kann mir vorstellen, dass du bereits relativ müde davon bist, immer wieder von Dingen zu lesen, die nicht funktionieren, wissenschaftliche
Analysen ohne klare Trennung zwischen Korrelation und Verursachung
und der gute alte Menschenverstand, verkleidet als die versteckte Wahrheit. Wie wäre es mit einigen praktischen Vorschlägen, Dingen, die du in
deinem täglichen Leben anwenden kannst und die du noch nicht kennst?
Du kennst meine Einstellung zur Selbsthilfe. Ich denke, es ist vorwiegend
pseudowissenschaftlicher Betrug, den sich gierige Menschen mit den Ver-
zweifelten und Leichtgläubigen erlauben. Doch wenn man es ernst nimmt,
gibt es da einige Dinge, die du versuchen könntest und die dir vielleicht
tatsächlich helfen, ein glücklicheres Leben zu führen. Beachte bitte, dass
du diesen Ratschlag nicht als einheitlich anwendbare To-Do-Liste auffassen
solltest oder als eine Anleitung, der du einfach folgen musst, damit alles
von Zauberhand geschieht. Das Folgende ist eine organische, sich entwi-
ckelnde und sich immer verändernde Liste, das Ergebnis rigoroser wissenschaftlicher Experimente, die über lange Zeiträume an einer Vielzahl von
Menschen ausgetestet wurden und die durchgängig Muster zeigen.[227] Das
bedeutet nicht, dass es für jeden in jedem Moment seines Lebens funktionieren wird. Aber es ist besser als pseudowissenschaftlicher Hokuspokus.
Erinnere dich daran, dass dies keine Regeln sind, es sind Ratschläge. Es
sind keine Instruktionen, es sind Vorschläge. Sei klug.

Ich kann Glück nicht versprechen, aber ich kann versprechen, dir lediglich die Dinge zu zeigen, bei denen Forschungen gezeigt haben, dass sie
effektiv sind und die *ich auch selbst probiert habe*. Näher werde ich einer
„Selbsthilfe-Anleitung" nicht kommen. Tatsächlich kannst du es mehr als
eine Reihe von Vorschlägen ansehen, wie man anhaltenden positiven Wandel kreiert, aber mit dem Nutzen des Zweifels. Probiere sie selbst aus, für
dich selbst, ohne Stress. Lass uns mit diesen Gedanken im Kopf beginnen.

20.1 Lebe smart

Achtsame Meditation

Im Gegensatz dazu, was viele Selbsthilfe-Psychologiebücher dich vielleicht glauben machen wollen, funktioniert es nicht, schlechte Erinnerungen und Gedanken beiseite zu schieben und zu versuchen, sie nur mit dem Glücklichen zu ersetzen, selbst wenn du dich dazu zwingst. Nimm dir stattdessen jeden Tag etwas Zeit, um deinen Kopf frei zu bekommen. Finde einen ruhigen Ort, schalte dein Handy aus, schließe die Augen, atme langsam und versuche, dich zu entspannen. Das wird deinem Körper und Geist erlauben, Verbindungen zu schaffen und von der überwältigenden Menge an Reizen zu lernen, der du ständig ausgesetzt bist.

Schreib Dinge nieder, die einer Auflösung bedürfen

Es ist nicht wirklich wichtig, ob du tatsächlich Lösungen findest (obwohl es am besten wäre, wenn du das tust), der Prozess, die Probleme, denen du gegenüberstehst, zu externalisieren, hilft dir, zu fokussieren und sie in die Perspektive zu rücken. Üblicherweise neigen wir dazu, die Bedeutung und Auswirkungen bestimmter Ereignisse auf unser Leben zu überschätzen und lassen unsere ungehinderten Gefühle den Antrieb unserer Laune sein. Auf diesem Weg kannst du Dinge rationeller angehen.

Schreibe die guten Dinge nieder, die dir heute passiert sind

Die kleinen Dinge zählen, sogar wenn wir dazu neigen, sie vorbeiziehen zu lassen. Am Ende des Tages, nimm dir einen Moment Zeit und denke an die drei Dinge, für die du dankbar bist, drei gute Dinge, die du getan hast oder die dir heute passiert sind. Beachte bitte, dass du dich nicht selbst dazu zwingst, glücklich zu sein oder nur glückliche Gedanken zu haben. Du erinnerst dich selbst nur daran, die glücklichen Dinge noch einmal Revue passieren zu lassen, die du ansonsten vielleicht vergessen würdest. Wenn du von der hedonistischen Tretmühle herabsteigst, wirst du lernen, das Leben ein bisschen mehr wertzuschätzen und dich selbst dabei in gute Laune zu versetzen.

Trainiere

Unser Körper ist eine Erweiterung unseres Geistes. Das Nervensystem erstreckt sich in unseren Armen, Beinen, Muskeln. Experimentelle Erkenntnisse zeigen, dass Menschen, die Bewegung machen, glücklicher sind als solche, die das nicht tun (unter kontrollierten Bedingungen). Du musst keine teuren Kurse besuchen oder Extremsport betreiben. Beginne mit etwas Einfachem. Sogar ein 10-20-minütiger Lauf wird dir gut tun. Wenn du kannst, nimm das Rad anstatt des Autos. Mit der Zeit wird dir auffallen, dass du dich dadurch besser fühlen wirst (und du wirst auch körperlich fit werden).

Tatsächlich gibt es eine große Vielfalt an Studien, die zeigen, dass das Spazierengehen die beste Medizin der Natur ist. Es scheint, dass schon 30 Minuten täglich zu gehen das Beste ist, was du für deine Gesundheit tun kannst.[228] Wenn du Sitzen und Schlafen auf 23 $1/2$ Stunden pro Tag oder weniger reduzieren kannst, bist du am richtigen Weg, um gesünder und glücklicher zu sein.

Willkürliche Handlungen der Güte

Wissenschaftliche Studien zeigen, dass Menschen, die anderen helfen, von einem gesteigerten Niveau an Zufriedenheit berichten können. Stell dir vor, du findest einen €10 Schein auf der Straße. Wenn du das Geld für dich selbst ausgibst, wirst du weitaus weniger glücklich sein als wenn du das Geld für jemand anderen ausgegeben hättest. Lade deine Freunde auf eine Tasse Kaffee ein, ein Abendessen oder auf ein Konzert zu ihrer Lieblingsband. Willkürliche Handlungen der Güte müssen aber nicht zwangsläufig monetärer Natur sein. Sie könnten auch die Form eines selbstgemachten Geschenks haben. Ein unerwarteter Anruf bei einem Freund oder Verwandten, den du lange nicht gesehen hast. Ein Lied, gemeinsam mit Freunden gesungen. Groß oder klein, es ist egal. Die zwei essentiellen Aspekte sind: Willkür und Güte. Wenn du beginnst, deinem Partner jeden Monat ein Geschenk zu machen, wird sich dieser daran gewöhnen, was wiederum Erwartungen schürt, was wiederum zu geringerer Zufriedenheit führt und reiner Unzufriedenheit, wenn das Geschenk nicht kommt oder wenn es sich billig anfühlt und nicht authentisch. Das unerwartete Wesen der Handlung

macht sie so kraftvoll. Und je weniger sie erwartet wird, desto größer wird
der Effekt sein.

Kultiviere neue Erfahrungen

Genau wie beim letzten Punkt, werden neue Erfahrungen dir helfen,
die hedonistische Tretmühle und die hedonistische Gewöhnungs-Falle zu
verlassen. Und wieder müssen sie nicht groß sein. Wenn du Rechtshän-
der bist, versuche, deine Zähne mit der linken Hand zu putzen. Wenn du
abends heimgehst, nimm einen Weg, den du vorher noch nicht gegangen
bist. Probiere Speisen, von denen du noch nie gehört hast. Probiere eine
neue Sportart. Denk dran, übertreibe keinen dieser Ratschläge. Zwanghaft
von einem Ding zum nächsten zu hüpfen, ohne dazwischen durchzuatmen,
wird nichts Gutes bewirken. Sei ausgeglichen.

Setze dir kleine, realistische Ziele

Wir lieben es, groß zu träumen und wenn unser Ziel insbesondere positiv und erfüllend ist, werden wir das Gefühl von Flow und Antrieb erleben,
über das wir vorhin gesprochen haben. Das ist alles schön und gut, aber
wir dürfen nicht vergessen, dass das Leben für viele Momente gemacht ist
und jeder davon zählt. Setze dir sehr kleine Ziele, sogar lächerlich einfache Ziele wie ein spontaner 1-minütiger Lauf. Erinnerst du dich daran, als
du noch ein Kind warst und du versucht hast, dem imaginären Fluss aus
Lava auszuweichen, indem du von Sofa zu Sofa gesprungen bist? Es ist
sehr ähnlich. Ein Glas Wasser gefällig? Schau, ob du es in fünf Sekunden
schaffst. Du musst ein Buch rasch abschließen? Versuche dir das Ziel zu
setzen, noch vor der vollen Stunde zwei Seiten zu lesen. Zwei Seiten scheint
einfach und mühelos zu sein, also tu es einfach. Sobald du beim Lesen bist,
wirst du viel lieber noch weiter lesen.

20.2   Gib dein Geld klug aus

Wir haben gesehen, dass ein Einkommen über €55.000 jährlich kaum
oder gar keinen Einfluss mehr auf unsere allgemeine Zufriedenheit hat. Das
ist der Fall, weil andere Faktoren hinzukommen wie unsere persönlichen

Beziehungen, Familien, Freunde, höhere Ziele, Träume. Aber wer sagt, dass beides exklusive Dinge sind? Eine neuere Studie, die im Journal of Consumer Psychology veröffentlicht wurde, erklärt „Wenn Geld dich nicht glücklich macht, dann gibst du es vielleicht nur nicht richtig aus".[229] Wir neigen dazu, viel Geld für Dinge auszugeben, die uns mit einem kurzlebigen Gefühl von unmittelbarer Befriedigung versorgen, anstatt für die Dinge, die uns wirklich glücklich machen. Unsere Unfähigkeit, die hedonistischen Konsequenzen der Zukunft vorauszusagen ist ein Grund, begleitet von der Tatsache, dass nur wenige die Frage von Glück auf wissenschaftlicher Basis angehen. Wir neigen dazu, auf unser gutes Bauchgefühl zu vertrauen, das wie wir gesehen haben, beinahe sicher falsch liegt. Die von Dan, Gilbert und Wilson durchgeführte Arbeit ist schlichtweg beeindruckend. Es ist das Ergebnis vieler Jahre gründlicher und akribischer Forschung und es verweist auf mehr Dokumente als wir möglicherweise lesen könnten. Also wenn du dich nicht danach fühlst, Tausende von wissenschaftlichen Studien zu lesen, ist hier eine 8-Punkte-Zusammenfassung, die dir hilft, zu beginnen.

Kaufe Erlebnisse statt Dinge

„Geh los und kauf dir etwas Nettes" ist der Ratschlag, den wir häufig Freunden geben, die schlechte Neuigkeiten bekommen haben; auch wenn es ein sehr schlechter sein könnte. Das Vergnügen als Ergebnis der Aneignung von materiellem Besitz hält nicht sehr lange an. Wir gewöhnen uns sehr schnell an Dinge. Dinge bleiben gleich und es ist schwer, sie zu teilen. Erlebnisse sind anders. Sie sind so einzigartig wie die Menschen, die sie haben. Erlebnisse können geteilt werden, gelebt und dann in Erinnerung gerufen werden. Aber am wichtigsten, wir können Erlebnisse mit anderen Menschen teilen und andere Menschen – wie wir nun sehen werden – sind unsere größte Quelle für Glück.

Hilf anderen statt dir selbst

Menschliche Wesen sind die sozialsten Tiere auf diesem Planeten. Wir sind die einzige Spezies, die komplexe soziale Netzwerke kreiert, selbst mit denen, mit denen wir nicht direkt verwandt sind. Geld für uns selbst auszugeben, macht uns deutlich weniger glücklich als es für andere auszugeben. Sei es für Wohltätigkeit oder für Freunde, Geld herzugeben verbessert dein allgemeines Wohlbefinden. Selbst kleine Beträge zählen und sogar daran zu denken, hilft, prosoziale Ausgaben haben eine überraschend kraftvolle Wirkung auf soziale Beziehungen.

Kaufe viele kleine Vergnügen statt einiger großer

„Gewöhnung ist ein bisschen wie der Tod: Wir haben Angst davor, wir bekämpfen es und manchmal kommen wir ihm zuvor, aber am Ende verlieren wir immer. Und wie beim Tod gibt es mehrere Vorzüge, seine Unvermeidlichkeit zu akzeptieren." Weil wir uns einfach an alles gewöhnen, sind es nur einige wenige Käufe wirklich wert; es ist besser, die Erfahrungen zu genießen, die von den vielen kleinen Dingen kommen. Je schwieriger es zu verstehen ist, zu erklären wie auch sich an eine neue Situation anzupassen, umso aufregender wird es. Kleine regelmäßige Vergnügen sind unvorhersehbar, sie überraschen uns, sie sind neuartig. Nach der Arbeit ein Bier mit Freunden zu trinken ist niemals dasselbe wie dasselbe Bier mit deiner Freundin zu trinken, aber der Küchentisch, den du letzte Woche gekauft hast, bleibt immer gleich. Lebe die Aufregung des Neuen und die Unklarheit des Kultivierens von vielen kleinen Erfahrungen.

Kaufe weniger Versicherungen

Wenn die schlechte Nachricht ist, dass wir uns an gute Dinge gewöhnen, dann ist die gute Nachricht, dass wir uns genauso auch an schlechte Dinge gewöhnen. Es hat keine bis gar keine Wirkung auf unser allgemeines Wohlbefinden. Es ist wie ein psychologisches Immunsystem, das uns vor schlechten Erfahrungen schützt. Teure, erweiterte Garantien zu kaufen, um uns gegen den Verlust von Konsumgütern abzusichern, ist vielleicht unnötige emotionale Absicherung. Menschen suchen erweiterte Garantien und großzügige Rückgaberichtlinien, um zukünftiges Bedauern zu vermeiden, doch Studien legen nahe, dass diese Gewährleistungen möglicherweise unnötig in Bezug auf Glück sind und die Rückgaberichtlinien dies sogar unterminieren könnten.

Zahle jetzt und konsumiere später

Sofortige Belohnung kann dazu führen, dass du Käufe tätigst, die du dir nicht leisten kannst oder die du vielleicht eigentlich gar nicht willst. Impulskäufe entziehen dich außerdem der notwendigen Distanz, um begründete Entscheidungen zu treffen. Es vernichtet jedes Gefühl von Vorfreude, die eine große Quelle für Glück ist. Verzögerter Konsum bietet dir den Vorzug der Vorfreude, aber es fördert Glück vielleicht auch auf zwei andere Arten. Zuerst verändert es möglicherweise, was du wählst (und du triffst vielleicht eine bessere, informiertere Entscheidung), zweitens kreiert es Unsicherheit (was wiederum eine gute Sache ist). Für maximales Glück, genieße (oder verlängere sogar) die Unsicherheit über die Entscheidung, ob du kaufst, was du kaufst und wie lange du auf das Objekt deiner Begierde wartest, bis es ankommt.

Denke, woran du nicht denkst

Wenn wir einen zukünftigen Kauf in Betracht ziehen, neigen wir dazu, extreme Bedeutung solchen Eigenschaften beizumessen, die sehr wenig damit zu tun haben, was tatsächlich unsere Erfahrung ausmachen wird, wenn wir es einmal besitzen. Wir achten auf Haupt-Eigenschaften wie etwa wie schön ein Haus von außen aussieht, anstatt auf die kleinen Dinge, die sich tatsächlich auf das Leben darin auswirken werden. Wir überschätzen die Bedeutung von Haupt-Eigenschaften, während Glück in kleinen, alltäglichen Dingen liegt. Bevor du einen größeren Kauf tätigst, bedenke auch die Mechanik und Logistik, die notwendig ist, um dieses Ding zu besitzen und worauf du deine Zeit tatsächlich verwenden wirst, wenn du es einmal besitzt. Versuche dir einen typischen Tag in deinem Leben vorzustellen, im Detail, Stunde für Stunde: Wie wird er von diesem Kauf beeinflusst sein?

Nimm dich vor Vergleichs-Käufen in Acht

Eine der Gefahren von Vergleichs-Einkäufen ist, dass die Vergleiche, die wir anstellen, wenn wir einkaufen, nicht dieselben Vergleiche sind, die wir anstellen, wenn wir konsumieren, was wir eingekauft haben. In anderen Worten, die Gründe, warum wir etwas kaufen, sind nicht die Gründe, warum wir es genießen, das Ding zu haben. Lass dich nicht dazu verführen, alleine wegen des Vergleichs zu vergleichen; versuche lediglich die Kriterien abzuwiegen, die tatsächlich für die Freude oder die Erfahrung zählen.

Folge der Herde anstatt deinem Kopf

Überschätze nicht deine Fähigkeit, unabhängig vorherzusagen, wie sehr du etwas genießen wirst. Wir sind, wissenschaftlich gesprochen, sehr schlecht darin. Aber wenn etwas verlässlich andere glücklich macht, ist es wahrscheinlich, dass es auch dich glücklich macht. Dank des Internets haben wir eine Fülle an Webseiten, wo Leute ihre Einkäufe bewerten können und wie sehr sie ihnen Freude gemacht haben. Beziehe die Meinung anderer und Nutzer-Rezensionen stark in deine Kaufentscheidungen mit ein, stell dir vor, wie du es besitzt und schau, wie es sich anfühlen könnte.

Wir wissen, dass Geld nicht die Ursache für Glück ist, aber es kann ein Ermöglicher sein, wenn es richtig genutzt wird. Folge diesen acht Schritten, bevor du dich dazu entscheidest, Geld auszugeben. Das gilt, wenn du es überhaupt ausgeben musst!

Kapitel 21

Die Zukunft ist schön

Einer meiner Lieblingsfilme ist das philosophische, in Rotoskopie gedreh-te Traum-Abenteuer Waking Life (2001) von Richard Linklater.[230] Dieser Film hatte einen gewaltigen Einfluss auf mein Leben und die Art und Weise, wie ich die Welt sehe.

Es gibt eine bestimmte Szene, die in meinen Augen die Essenz von am Leben zu sein einfängt, im Lichte der Zukunft, die kommt und ich würde sie gerne mit dir teilen.

> **Mann auf dem Zug**: Hey, bist du ein Träumer?
>
> **Wiley**: Ja.
>
> **Mann auf dem Zug**: Ich habe hier in letzter Zeit nicht mehr viele gesehen. Die Zeiten waren zuletzt hart für Träumer. Sie sagen, das Träumen ist tot, niemand macht es mehr. Es ist nicht tot. Es ist nur, dass es vergessen wurde und aus der Sprache entfernt. Niemand lehrt es und deshalb weiß auch niemand, dass es existiert. Der Träumer ist in die Dunkelheit verbannt. Nun, ich versuche, das alles zu ändern und ich hoffe, du auch. Indem du jeden Tag träumst. Träumen mit deinen Händen und mit deinem Geist. Unser Planet steht den größten Problemen gegenüber, denen er je gegenüber stand. Also was immer du tust, langweile dich nicht.

Dieser einfache, häufig vergessene Fakt ist heute sogar noch richtiger. Seit dem Anbeginn der menschlichen Geschichte vor 200.000 Jahren starrten wir in die Sterne oder blickten ins Feuer und ließen unsere Vorstellungskraft wild umherziehen. Unser entwickelter Neocortex hat es uns erlaubt, Sprache zu entwickeln, abstraktes Denken und Sehnsüchte. Wir sind zu einem anderen Zustand übergegangen, seit wir entschieden haben, dass wir nicht einfach nur stillstehen würden und das Schicksal akzeptieren würden, das die Elemente für uns gemacht hatten. Wir waren fähig, uns eine andere Welt vorzustellen, eine bessere Zukunft und wir hatten die Macht, sie in die Realität zu bringen.

Die Welt ist ein sehr großer Platz, obwohl sie auch sehr klein ist. Es ist unsere Gesellschaft – ein komplexer Organismus, scheinbar unmöglich zu verstehen oder zu kontrollieren, und dann könnten einige einfache, aber kraftvolle Ideen alles verändern.

Wir sind geschaffen, zu glauben, dass unsere Taten, was ein Einzelner tut, nicht die Hoffnung einer Chance haben, um Millionen oder gar Milliarden zu beeinflussen. Für Tausende von Jahren konnte jeder nur hoffen, die Geschichte ein bisschen im Verlauf seines ganzen Lebens zu verändern. Vielleicht könntest du hundert oder maximal ein paar tausend Menschen beeinflussen. Heute existieren für mich Möglichkeiten, um in zehn Jahren das Leben von mehr Menschen zu verbessern als es irgendjemand in der gesamten menschlichen Geschichte getan hat. Und auch du kannst es. Das ist ein Privileg, das niemand zuvor hatte. Der Gedanke daran, dass wir die erste Generation sind, die diese Chance leben kann, ist schlichtweg berauschend. Es ist wundervoll.

Ich will dir noch den letzten Satz vom Mann auf dem Zug nennen, der den Geist von Linklater widerspiegelt und auch meinen eigenen:

„Dies ist absolut die aufregendste Zeit, in der wir uns wünschen konnten, zu leben. Und es ist gerade einmal der Anfang."

Anhänge

Anhang A

Wie eine Familie durch kluge Budgetplanung besser leben kann

In diesem Buch habe ich verschiedene Wege vorgestellt, wie jemand dazu übergehen kann, durch Herunterfahren der materiellen Bedürfnisse sein Geld besser zu verwenden. Dies ist ein Beispiel der essentiellen Ausgaben, die eine typische italienische Familie mit vier Personen hat, um durchzukommen. Natürlich haben Familien unterschiedliche Größen, verschiedene Bedürfnisse und in verschiedenen Ländern gibt es unterschiedliche Rechtslagen, Steuern und damit Kosten. Zum Beispiel werden in den Vereinigten Staaten Steuern erst dann gezahlt, wenn man bezahlt wurde, während sie in Italien und den meisten Ländern Europas vom Lohn abgezogen werden (was Medizinrechnungen und andere vom Staat gebotene Leistungen abdeckt). Ich weiß, es gibt viele Unterschiede, aber ich wollte das Problem eingrenzen – indem ich reale Daten verwende – um einen Einblick zu geben.

Ich habe die Daten von den Ausgaben 2011 aus meiner eigenen Familie hergenommen – eine Familie aus vier Personen (meine Eltern, mein Bruder und meine Schwester), die in Norditalien lebt und der Mittelschicht zuzurechnen ist. Ich habe die Ausgaben in Kategorien aufgeteilt. Insgesamt waren es €33.920. Du kannst das Ergebnis in der Abbildung A.1 sehen. Ich habe lediglich die *essentiellen Ausgaben* aufgelistet. Die von denen ich denke, dass sie für ein anständiges Leben notwendig sind.

Ausgabenposten	Jährliche Kosten (€)
Essen	8.950
Strom	1.500
Gas (Heizen und Kochen)	2.250
Steuern (Grundsteuer, Wasser, Müll)	750
Hausversicherung	520
3 Autos, Leasing	5.600
3 Autos*	5.600
Kleidung	2.250
Mobilität (Zug, Bus)	1.500
Unerwartete Kosten	2.250
Arztrechnungen	2.750
Gesamt	33.920

Tabelle A.1: Ungefähre Ausgaben meiner Familie (vier Personen) in 2011. *(Inkludiert Steuern, Versicherung, Treibstoff, Wartung)

Auf den ersten Blick können wir sofort Ausreißer entdecken. Die Autos machen die höchsten Ausgaben aus – €11.200. Ich habe die Autokosten in Leasingkosten (durchschnittlich €15.000 pro Auto, verteilt über die Lebensdauer von 8 Jahren)[231] und die jährlichen Kosten für Versicherung, Steuern, Treibstoff, Wartung und Reparatur aufgeteilt – rund €5.600). Meine Mutter arbeitet nahe bei unserem Haus, also nimmt sie gerne das Rad. Mein Bruder hat viele Kollegen in der Arbeit und er entscheidet sich für eine Fahrgemeinschaft mit ihnen, wobei sie sich die Treibstoffkosten aufteilen. Wir brauchen aber noch immer ein Auto. Mein Vater reist sehr viel und ehrlich gesagt ist zumindest ein Auto in der Familie notwendig.

Als Nächstes 'frisst' das Essen €8.950 pro Jahr auf. Indem wir unsere eigenen Lebensmittel anpflanzen, können wir bis zu €2.250 sparen (wir haben das in Kapitel 18.4, *Pflanze dein eigenes Essen an*) gesehen. Die Kosten für Strom und Gas (jeweils €1.500 und €2.250) können ebenso durch Nachrüsten reduziert werden.

Andererseits sind die Reisekosten angestiegen – seit wir mehr von öffentlichen Verkehrsmittel und der Fahrgemeinschaft abhängig sind.

Mit den eben genannten Anpassungen schaut die neue Kostentabelle so aus:

A.2 zeigt die Projektion reduzierter Ausgaben. Wir sind nun unten bei

Ausgabenposten	Jährliche Kosten (€)
Essen	6.700
Strom	0
Gas (Heizen und Kochen)	370
Steuern (Grundsteuer, Wasser, Müll)	750
Hausversicherung	520
1 Auto Leasing	1.870
1 Auto*	1.870
Kleidung	2.250
Reisen (Zug, Bus, Fahrgemeinschaft)	2.250
Unerwartete Ausgaben	2.250
Arztrechnungen	2.750
Gesamt	21.580

Tabelle A.2: Eine Projektion der reduzierten Ausgaben durch kluge Budgetplanung. *(Inkludiert Steuern, Versicherung, Treibstoff, Wartung)

€21.580 angelangt von der ursprünglichen Summe von €33.920. Natürlich kann dies nicht innerhalb eines Jahres erreicht werden. Nachrüstungen und alternative Energiequellen können zwischen 3 Monaten und 8 Jahren brauchen, um sich selbst zu amortisieren. Wir müssen dieses Experiment als das nehmen, was es ist. – *Ein Mehrjahresplan, nicht ein schneller Schalter, der wie auf magische Weise alles lösen wird.*

Anhang B

Wachstum

In seiner Rede zur Lage der Nation im Jahr 2012 hat Barack Obama den Plan vorgelegt, um 'Amerika wieder auf die Beine zu bringen'. Nahezu alle der Vorschläge hatten etwas gemeinsam, Grundannahmen. Wenn wir besser werden wollen, müssen wir 'die Wirtschaft wachsen lassen'. Jede einzelne Politik, die vorgeschlagen wurde, unterstrich das Prinzip, dass wirtschaftliches Wachstum durch die Anstellung von Arbeitskräften die treibende Kraft ist, die die Balance wiederherstellen wird und jeden glücklicher macht.

Klingt das vernünftig? Jede industrialisierte Nation hat eine Steigerung der Lebensqualität seiner Bürger dank wirtschaftlichem Wachstum erlebt. Wir haben uns unseren Weg sozusagen aus der Armut herausgewachsen. Von einer primären Agrarkultur haben wir uns zu einer nicht zu stoppenden, mechanischen Maschine der Massenproduktion entwickelt, die den planetaren Markt globalisiert hat. Wirtschaftswachstum hat uns wunderbare Dinge gegeben, die unser Leben einfacher und allgemein besser machen. Straßen, Lampen, Züge, Strom, Flugzeuge, fließendes Wasser in unseren Häusern, Computer, Handys, Flachbildfernseher, das Internet, moderne Medizin. Wir haben unser Leben um den Faktor 2 verlängert und das in weniger als einem Jahrhundert. Um es anders auszudrücken, Wirtschaftswachstum macht unser Leben nicht nur genussvoller, sondern auch doppelt so lang.

Gut. Großartig. Fantastisch! Dann sollten wir diesem Pfad unendlich lang folgen, er wird all unsere Probleme lösen und wir werden immer besser

und besser leben! Bevor wir zu voreiligen Schlussfolgerungen gelangen, lass
uns sehen, für wie lange wir dies aufrecht erhalten können.

Wachstum und Energiekonsum

„Wir waren Jäger und Sammler. Die Grenzen waren überall. Begrenzt waren wir lediglich durch die Erde, den Ozean
und den Himmel. Der freie Pfad ruft noch immer leise. Unser
kleiner Globus aus Erde und Wasser ist das Irrenhaus aus den
Hunderten, Tausenden, Millionen von Welten. Wir, die nicht
einmal unser eigenes planetares Zuhause in Ordnung halten
können, das von Rivalitäten und Hass zerrissen ist, wollen das
Abenteuer ins All wagen? Zu der Zeit, wenn wir auch nur das
nächste planetare System besiedeln, werden wir uns verändert
haben. Alleine die Überfahrt so vieler Generationen wird uns
verändert haben. Die Notwendigkeit wird uns verändert haben. Wir sind eine anpassungsfähige Spezies. Es werden nicht
wir sein, die Alpha Centauri oder die anderen näheren Sterne
erreichen. Es wird eine Spezies sein, die uns sehr ähnlich ist.
Aber mit mehr von unseren Stärken und weniger von unseren
Schwächen. Selbstbewusster, weitsichtiger, fähig und klug. Bei
all unseren Schwächen mit all unseren Grenzen und Fehlbar-
keiten, sind wir Menschen fähig zu Größe."

– Carl Sagan, The Pale Blue Dot

Vor nicht allzu langer Zeit waren wir Nomaden, die von dem lebten,
was wir jagen und am Wegesrand aufsammeln konnten. Wir waren
Menschen, ja, aber vor Hunderttausenden von Jahren lebten wir sehr viel
anders als wir es heute tun. Wir lebten in kleinen Stämmen, waren den
Elementen der Natur ausgesetzt und strebten danach, zu überleben. Dann
veränderte uns etwas. Zuerst die landwirtschaftliche, dann die industrielle
Revolution, begleitet von der Entdeckung günstiger und reichlich vorhan-
dener Energie, führten sie uns zu einer Ära der wissenschaftlichen Entdeckungen, der Erforschung und scheinbar grenzenlosen Wachstums. Dies
hat uns allen den modernen Komfort gebracht, den wir heute als selbstverständlich ansehen. Der Computer oder das Buch, das du hältst, um genau
diesen Satz zu lesen, das künstliche Licht in dem Raum, das du nutzt, um

die Seiten lesen zu können, die Heizung oder Klimaanlage, die es dir bequem macht, die Elektrizität, die durch dein Haus läuft; all das wäre nicht möglich gewesen ohne das Zusammenspiel menschlicher Genialität, Technologie, Energie und eines Wirtschaftssystems, um das alles anzutreiben.

Die Vereinigten Staaten als Beispiel. Nehmen wir die Daten von der Energy Information Agency für US-Energieverbrauch seit 1650, sehen wir einen bemerkenswert glatte Flugbahn der Energiekonsumkurve, stetig mit fast 3% pro Jahr.

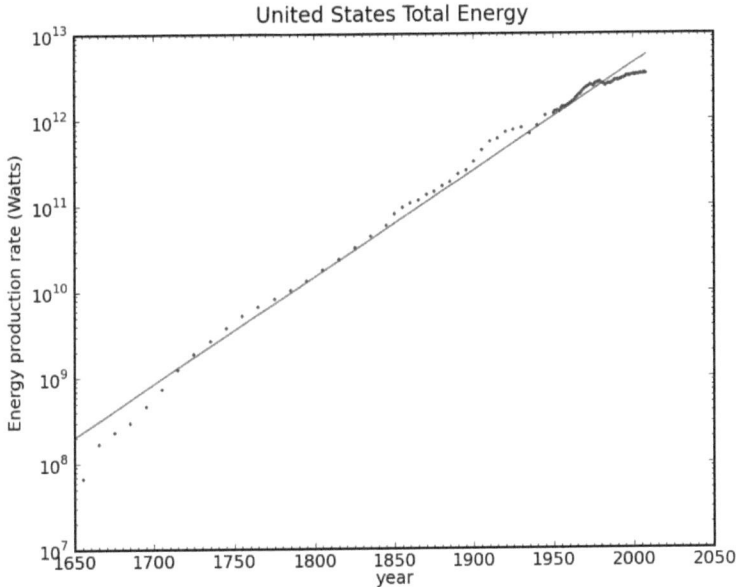

Abbildung B.1: Gesamter US-Energiekonsum aller Arten seit 1650. Datenquelle: EIA. Mit freundlicher Genehmigung von Prof. Tom Murphy.

In der Abbildung B.1 kannst du den gesamten Energieverbrauch der USA mit allen Energiearten seit 1650 sehen. Die vertikale Skala ist logarithmisch, sodass eine exponentielle Kurve, die konstantes Wachstum widerspiegelt, als gerade Linie erscheint. Die rote Linie entspricht einer jährlichen Wachstumsrate von 2,9%.[232]

Nun lass uns ein Experiment durchführen. Angenommen, wir führen diese Flugbahn fort; wie weit können wir gehen, wenn wir versuchen, den

'Road Runner der unendlichen Energie' einzufangen, bis wir realisieren, dass sich unter uns nichts befindet und wir möglicherweise die Klippe hinunter stürzen werden wie Wile E. Coyote? Um es einfach zu machen, nehmen wir die konservative Schätzung von 2,3% Wachstum pro Jahr an, anstatt der 3% die wir in der Realität erlebt haben. Das passt sehr gut zu unserer Fermi-Schätzung des Gedanken-Experiments, weil wir alle 100 Jahre eine Steigerung um den Faktor 10 erleben[233], was einfach bedeutet, dass wir nach einem Jahrhundert die zehnfache Menge von dem haben, womit wir begonnen haben.

Heute nutzen wir global durchschnittlich 15 Terawatt (TW) an Energie. Bei 7 Milliarden Menschen bedeutet das, dass wir 2 Kilowatt (kW) pro Person verbrauchen *sollten*. Die USA und Kanada nutzen rund 10 kW pro Einwohner oder nahezu fünfmal mehr als sie sollten, wenn wir den Kuchen gleichmäßig über alle Nationen aufteilen wollten. Im Gegensatz dazu kommen Europäer, obwohl sie einen ähnlichen Lebensstandard wie Nordamerikaner haben, sehr gut mit nur rund der Hälfte davon aus. (Italien nutzt 3,6 kW, Großbritannien 4,2). Mexico liegt genau in der Mitte mit 2 kW und auf der anderen Seite des Spektrums liegt Bangladesch, wo die Menschen gerade einmal durchschnittlich 0,2 kW pro Einwohner verbrauchen.[234] Nun stell dir vor, wir decken *die gesamte Erdoberfläche* mit hoch effizienten Solarpanelen (die mit 20% Effizienzgrad arbeiten) ein, dann können wir 7.000 TW Energie generieren oder rund 470 Mal unseren aktuellen Bedarf decken. Erinnere dich daran, das wir bei 2,3% Wachstum den Faktor 10 alle 100 Jahre erhalten. Somit werden aus 15 TW schnell 150. Wenn wir weitere 100 Jahre warten, bekommen wir 1500 TW. In 300 Jahren erreichen wir 15.000 TW, mehr als das Doppelte der Solar-Energiemenge des gesamten Planeten. Geh einen Schritt zurück und wir sehen, dass wenn wir diesem Pfad nicht einmal 270 Jahre lang folgen, es für unseren Energiehunger nicht ausreichen wird, wenn wir die gesamte Erdoberfläche mit Solarpanelen ausstatten. 270 Jahre mögen vielleicht lang erscheinen, aber im Maßstab der Zivilisationsgeschichte ist es nur ein Wimpernschlag.

Aber warum bin ich so pessimistisch? Sicher, bis dahin wird die Energieeffizienz von Solarpanelen die 20% überschritten haben. Neue kluge Köpfe, neue Technologie, unendliche Möglichkeiten! OK, lachen wir der Thermodynamik (dem Luder!) einfach ins Gesicht. Wir werden mit 100% Effizienz arbeiten. Das erkauft uns lediglich einen Faktor von 5 oder rund 70 Jahren. Erinnere dich daran, dass wir gerade erst die gesamte Erdoberfläche (wer braucht schon Nahrungsmittel?) abgedeckt haben, also warum hier Halt machen? Wir haben auch Ozeane. Machen wir doch ein gigantisches Feld von Photovoltaikzellen, so groß wie die gesamte Oberfläche der Erde, die mit der unmöglichen Effizienz von 100% arbeiten. Beachte gar nicht die Tatsache, dass dabei theoretisch alles Leben (inklusive uns) zerstört werden würde, wir brauchen mehr Energie! Das hilft (dem imaginären) uns für maximal weitere 55 Jahre. Um es zusammenzufassen, in 400 Jahren des Wachstums haben wir die *vollständig* verfügbare Energie der Erde, die von der Sonne kommt, aufgebraucht.

Doch vielleicht wendest du ein, dass wir andere Formen von Energie haben! Muss ich dich daran erinnern, dass Biomasse, Wind und Wasserkraft sich alle von der Sonnenstrahlung ableiten? Was ist mit fossilen Energieträgern? Zunächst einmal wissen wir, dass diese sehr schnell verschwinden werden und dass sie vor dem Ende dieses Jahrhunderts aufgebraucht sein werden. Zweitens, fossile Energieträger entstehen auch durch Mithilfe der Sonne. Es sind tote Pflanzen, die über Millionen von Jahren zu konzentrierten Formen von Kohlenwasserstoff-Energie geworden sind. Bis heute haben wir lediglich drei Energiequellen, die nicht vom Sonnenlicht kommen: nuklear, geothermisch und Tidenkraft (die von der Anziehungskraft des Mondes abhängig ist), wobei die letzten zwei für diese Analyse mit lediglich wenigen Terawatt pro Stück unbedeutend sind.

An diesem Punkt weiß ich, dass die Star-Trek-Fans aufgrund der Einfallslosigkeit und des Visionsmangels empört sein werden. Warum sich nur auf die Erde beschränken? Klar, die Zukunft liegt im Weltall. Warum bauen wir nicht eine Dyson-Sphäre und umgeben die gesamte Sonne mit Solarpanelen? Und wenn wir das tun, machen wir sie ultradünn (4mm dick) mit perfekter Effizienz von 100%. Beachte gar nicht, dass wir dafür eine komplette Erde an Materialien brauchen würden. Bei einer Wachstumsrate von 2,3% kommen wir nur 1.300 Jahre mit dieser Energie aus.

Offensichtlich machen meine Beispiele nicht viel Sinn. Warum sollten wir ausgerechnet die Quelle des Lebens für diesen Planeten aufbrauchen? Lass die Sonne Sonne sein und nutze *andere* Sterne. Wir haben eine ganze Galaxie in unserem Hinterhof! 100 Milliarden Sterne, die alle darauf warten, von unserem Energie saugendem 'schwarzen Loch' aufgesogen zu werden. Mach dir nichts aus dem kleinen Problem, die Lichtgeschwindigkeit überwinden zu müssen (wir werden das bis dahin geknackt haben), nehmen wir an, dass interstellares Reisen machbar ist. Erinnere dich daran, dass jeder Faktor 10 uns 100 Jahre weiter führt. 100 Milliarden ist der 11. Faktor von 10. Also verschafft uns die Milchstraße weitere 1.100 Jahre. Exponentielles Wachstum. In rund 2.500 Jahren von jetzt würden wir die Energie einer großen Galaxie verbrauchen. Das natürlich nur, wenn wir annehmen, wir können perfekte Effizienz (unmöglich?) erreichen, die Lichtgeschwindigkeit überwinden (höchst unwahrscheinlich) und dass die Energie, die gebraucht wird, um die Energie von einem anderen Stern zu sammeln und zu transportieren, geringer ist als wir aus diesem rausbekommen (Darauf würde ich nicht wetten).

Angenommen, wir überwinden diese 'minimalen' Ingenieursprobleme. Zu dieser Zeit werden wir sicherlich Negativ-Energie-Schiffe haben, die die Raumzeit beugen, wir werden Quantenmechanik beherrschen und ihre mysteriösen Tunneleffekte; Nuklearfusion wird ein Kindergeburtstag! Und das wird unendliche Energie und für immer Überfluss mit sich bringen, richtig? Nun, um es einfach zu sagen, nein. *Egal, mit welcher Technologie*, eine nachhaltige Energie-Wachstumsrate von 2,3% würde erfordern, dass wir so viel Energie produzieren wie die Sonne im Zeitraum von 400 Jahren. Sogar, wenn wir ein nukleares Fusionskraftwerk bauen, wird es ein wenig warmlaufen. Thermodynamik erfordert, dass wenn wir Energie auf der Erde erzeugen wollten im Ausmaß der Sonne – die Oberfläche der Erde – die kleiner ist als die der Sonne – heißer sein müsste als die Oberfläche der Sonne![235]

Diese Ergebnisse sind offensichtlich lächerlich. Es ist klar, dass wir uns nicht selbst lebendig kochen werden und wir werden den Planeten nicht komplett unbewohnbar für unsere Spezies machen. Von einer rein mathematischen und physikalischen Warte aus gesehen, wissen wir eine Sache: Wir werden das Wachstum nicht mit einem exponentiellen Energiewachstum fortsetzen. Es ist einfach unmöglich. Egal, mit welcher Technologie, egal wie erfinderisch und klug wir werden, egal mit welcher Energiequelle, die Thermodynamik würde es nicht erlauben. Das bedeutet, dass wenn wir noch immer an das Wachstums-Paradigma glauben, sollte es auf einer Art von Wachstum basieren, das weder physische (Güter) noch energetische Ressourcen benötigt. Was heißt das? Der einzige Weg, um weiter zu wachsen, ohne die Gesetze der Physik zu brechen, besteht darin, immaterielle Güter und Dienstleistungen zu produzieren.

Lasst uns alle Musiker, Schriftsteller, Psychologen und Massagetherapeuten sein! Und lasst uns uns gegenseitig jeden erdenklichen Moment unserer Leben verkaufen! Nicht nur unser Wissen und unsere Expertise, sondern auch unsere intellektuellen und kreativen Kapazitäten, unsere Ideen und warum nicht auch unsere Intimität! Und immer zu einem höheren Preis. Wir werden in virtuellen Welten wie Second Life leben oder einer Weiterentwicklung von Facebook und Twitter. Und wir werden unsere Zeit darauf verwenden, uns gegenseitig digitale Güter für digitale Währungen zu verkaufen. Wir haben die Gamification bereits in vielen Aspekten unseres Lebens begonnen, warum sie nicht auf den nächsten Level führen? Alles wird ein großes, großes Spiel sein. Was für eine glänzende Zukunft erwartet uns.

Klingt absurd? Ja, ich stimme zu. Aber es ist der einzige Weg, um dieses Wachstumsgeschäft aufrecht zu erhalten, ohne in etwas zu stürzen, das nicht nur absurd, sondern einfach unmöglich ist.

Es ist recht treffend, dass diese Ergebnisse so unverfänglich sind wie sie von den Mainstream-Ökonomen ignoriert werden. Ich konnte keinen einzigen Ökonomen finden, der an einer Debatte mit den Mathematikern und Physikern über die Genauigkeit dieser Analyse teilnehmen würde. Sie entscheiden sich einfach dafür, es zu ignorieren. Aber für wie lange können wir dieses Spiel des „nichts sehen, nichts hören, nichts sagen" weiterspielen? Sogar Leute wie Ray Kurzweil, der ein bemerkenswertes Verständnis davon hat, was exponentielles Wachstum bedeutet und wie es sich auf die globale Wirtschaft auswirkt, scheint sich nicht im Geringsten durch diese Ergebnisse gestört zu fühlen. Versteh mich nicht falsch, Ray ist ein sehr cleverer Typ, also wenn er nicht besorgt ist, habe ich wohl etwas verpasst. Aber ich habe mit Ökonomen und Futurologen gesprochen, ihre Bücher gelesen und noch immer keine Lösung für dieses Rätsel gefunden. Laut ihnen wird die Wirtschaft einen Weg finden, weil... nun, weil sie *immer einen Weg findet*. Diese Art von Tautologie wäre verständlich, wenn sie von einigen Beweisen außer dem vergangenen Wachstum auf diesem Planeten unterstützt würde, das nie die physischen Grenzen von dem, was tatsächlich machbar ist, erreicht hat.

Einer der wenigen Kritikpunkte gegen die Unmöglichkeit des fortgesetzten Wachstums, den ich gehört habe, ist, dass ich nicht den wichtigsten Aspekt des Marktsystems beachtet habe: *Effizienz*. Das Argument lautet wie folgt. Wenn die Technologie sich weiter entwickelt, steigt die Effizienz, daher gibt es keinen Grund zur Sorge und der Markt wird sich selbst ausbalancieren. Ich will, dass du verstehst, warum Menschen, die diese Behauptung äußern, entweder falsch liegen und sich dessen nicht bewusst sind oder einfach lügen. Ohne zu zweifeln würde ich argumentieren, dass sie in den meisten Fällen sehr aufrichtig sind. Sie haben einfach keine Ahnung, wovon sie reden.

Schauen wir einmal, wie sich das Effizienz-Argument auswirkt. Eine Sache, die es zu verstehen gilt, ist dass egal wie viel Technologie du nutzt, egal wie klug du bist oder wie gut du als Unternehmer bist, es gibt physische Grenzen in Bezug auf Effizienzgewinne, die du erreichen kannst. Egal, wie sehr du es versuchst, du kannst die Effizienz von 100% nicht überschreiten. Tatsächlich erlaubt es dir die Thermodynamik nicht einmal 100% Effizienz zu erreichen, aber wir können uns für jeden praktischen Zweck sehr nahe annähern. Fossile Energieträger und Nuklearkraftwerke arbeiten mit 30-40% Effizienz und Autos arbeiten mit 15-25% Effizienz. Wärmekraftmaschinen sind daher für rund zwei Drittel des Energiekonsums in den USA verantwortlich (27% im Transport, 36% in der Stromerzeugung, ein bisschen in der Industrie). Tom Murphy, Professor der Physik, der diese Analyse ursprünglich gemacht hat, fährt fort:

> „Die Effizienz von Benzin getriebenen Autos kann sich nicht einfach um einen großen Faktor verbessern, aber die effektive Effizienz kann deutlich erhöht werden, indem man zu elektrischen Zügen übergeht. Während ein Auto, das mit einer Gallone Benzin rund 40 Meilen kommt, vielleicht einen Benzinmotor mit 20% Effizienz hat, kann ein batteriebetriebener Zug vielleicht etwas bei 70% Effizienz erreichen (85% Effizienz beim Laden der Batterien, 85% beim Fahren mit dem elektrischen Motor). Der Faktor 3,5 an Verbesserung in der Effizienz legt eine effektive Meilenleistung von 140 Meilen pro Gallone nahe. Aber Achtung: Wenn die eingegebene elektrische Energie von einem fossilen Kraftwerk stammt, das mit 40% Effizienz und 90% Transporteffizienz arbeitet, wird die effektive Fossil-zu-Zug-Effizienz auf 25% reduziert und stellt keinen allzu großen Schritt dar. [...] Wenn man bedenkt, dass zwei Drittel unserer Energieressourcen in Wärmekraftmaschinen verbrannt werden und dass diese nicht viel mehr als um den Faktor 2 verbessert werden können, werden anderswo noch deutlichere Werte vermindert. Zum Beispiel, wenn wir die 10% unseres Energie-

budgets, das für direkte Wärme verwendet wird, (z.B. durch
Öfen und Warmwasserboiler) durch Wärmepumpen ersetzen,
die mit ihrer maximalen theoretischen Effizienz arbeiten, ersetzt das eine 10%-Ausgabe durch eine 1%-Ausgabe. Ein Faktor von 10 klingt wie eine fantastische Verbesserung, aber die
Gesamteffizienz-Verbesserung in der Gesellschaft liegt nur bei
9%. Beispielsweise durch den Ersatz von Lampen: Große Gewinne in einem kleinen Sektor. Wir sollten diese Effizienzver-
besserungen nach wie vor mit Nachdruck vorantreiben, aber
wir sollten nicht erwarten, dass uns das eine Form von unlimi-
tiertem Wachstum einbringen könnte."[236]

Um es zusammenzufassen, das meiste, was wir vielleicht erwarten können, zu erreichen ist eine Verdoppelung des Netto-Wirkungsgrades, bevor
theoretische Grenzen und Ingenieursrealitäten rigoros durchgreifen. Zur-
zeit haben wir eine gesamte Rate von 1%, was bedeutet, dass uns die
Möglichkeiten neuer Zugewinne Ende dieses Jahrhunderts ausgehen wird.
So viel zum Effizienzargument.

Du musst mir vergeben, wenn ich diesen Punkt bis zur Erschöpfung
ausschlachte, aber ich fühle mich gezwungen, zu wiederholen und zu be-
tonen, was ich früher geschrieben habe: Was wir beschrieben haben, ist
unabhängig von der Technologie, der Zeit oder dem Markt. Es ist Physik. Egal, was wir tun, mit einem Wachstum von 2,3% pro Jahr (was weit
geringer ist als die Rate der letzten 150 Jahre), erreichen wir die physischen Grenzen bestenfalls in wenigen Dekaden. Nicht gerade ein Plan für
ein Überleben auf lange Sicht oder? Ohne zu sehr in die Zukunft zu projizieren, werden sich die praktischen Grenzen der Effizienz auf die meisten
von uns noch während unserer Lebenszeit auswirken und sehr sicher auf
die unserer Kinder. Das ist kein Grund zum Lachen. Das nächste Mal,
wenn du jemanden hörst, der behauptet, dass wirtschaftliches Wachstum
für immer fortgesetzt werden kann und dass du es einfach nicht vertehst,
weil du die Effizienz nicht berücksichtigst, weißt du, was du antwortest.

Um abzuschließen, würde ich gerne einen Blick aus einer größeren Perspektive wagen. Wie Prof. Murphy hervorhob, sind wir als eine Gesellschaft
wie Kinder, die ihre Eltern nach einem Pony fragen. Wir haben noch nicht
gelernt, uns um eine Wüstenrennmaus zu kümmern (Ölfördermaximum,
Umweltzerstörung) und jetzt fragen wir nach einem Pony (Fusion oder

welche angeblich unendliche Quelle für Energie wir auch im Kopf haben, All-Kolonisation, unendliches Wachstum). Das ist ziemlich arrogant und gleichzeitig unverantwortlich.

Wir sollten besser sein als verwöhnte kleine Kinder. Es ist Zeit, erwachsen zu werden und vorwärts zu gehen

Wie versprochen, ein letztes Dankeschön an bemerkenswerte Personen, die mich während meiner IndieGogo-Crowdfunding-Kampagne unterstützt haben: Maurizio Bisogni, Susi Guarise, Simone Roda, Alessandro Ronca, Sirio Marchi, Lorenzo Grespan, Søren Lassen Schmidt, Steve Friedrich, und Jason Souders.

Danke noch einmal.

Aufzeichnungen

Anerkennungen

1. Ich sollte sagen AFK (Away from Keyboard, zu Deutsch: Fernab der Tastatur) Ich glaube, das Internet ist real.

Kapitel 1 - Arbeitslosigkeit heute

2. *US Posts Stronger Solid Growth in July*, Mokoto Rich, 2011. The New York Times.
   http://www.nytimes.com/2011/08/06/business/economy/us-p osts-solid-job-gains-amid-fears.html?pagewanted=all

3. *Private Sector Up, Government Down*, David Leonhardt, 2011. The New York Times.
   http://economix.blogs.nytimes.com/2011/08/05/private-sec tor-up-government-down/

4. *Jobs Deficit, Investment Deficit, Fiscal Deficit*, Laura D'Andrea Tyson, 2011. The New York Times.
   http://economix.blogs.nytimes.com/2011/07/29/jobs-defic it-investment-deficit-fiscal-deficit/

5. *The Employment Situation*, 2012. Bureau Of Labor Statistics
   http://www.bls.gov/news.release/pdf/empsit.pdf

6. *Civilian Labor Force Participation Rate*. Bureau of Labor Statistics.
   http://data.bls.gov/timeseries/LNS11300000

7. *Race Against The Machine: How the Digital Revolution is Accelerating Innovation, Driving Productivity, and Irreversibly Transforming Employment and the Economy*, Erik Brynjolfsson and Andrew McAfee, 2011. Digital Frontier Press.
http://raceagainstthemachine.com

8. *The End of Work Website*, Jeremy Rifkin.
http://www.foet.org/books/end-work.html

9. *The End of Work*, Wikipedia.
http://en.wikipedia.org/wiki/The_End_of_Work

10. *A rough 10 years for the middle class*, Annalyn Censky, 2011. CNN-Money.
http://money.cnn.com/2011/09/21/news/economy/middle_clas s_income/index.htm.

11. *22 Statistics That Prove That The Middle Class Is Being Systematically Wiped Out Of Existence In America*, Michael Snyder, 2010. Business Insider.
http://www.businessinsider.com/22-statistics-that-prove -the-middle-class-is-being-systematically-wiped-out-o f-existence-in-america-2010-7

12. *US Congressional Budget Office*, 2011. Graphics adapted from Mother Jones.
http://motherjones.com/politics/2011/02/income-inequalit y-in-america-chart-graph

13. *Building a Better America – One Wealth Quintile at a Time*, Michael I. Norton, Dan Ariely. Journal Perspectives on Psychological Science.
http://pps.sagepub.com/content/6/1/9

14. Ich empfehle dringend die vierteilige Videoserie *Everything is a Remix* von Kirby Ferguson, eines der besten Werke, die ich je zu diesem Thema gesehen habe.
http://www.everythingisaremix.info

Kapitel 2 - Der Ludditen-Trugschluss

15. *The Skilled Labourer 1760-1832*, Hammond, J.L.; Hammond, Barbara, 1919. London: Longmans, Green and co.; p. 259.
    http://www.archive.org/details/skilledlabourer00hammiala

16. *Difference Engine: Luddite legacy*, 2011. The Economist.
    http://www.economist.com/blogs/babbage/2011/11/artifici
    al-intelligence

17. *Productivity and unemployment*, 2003. Marginal Revolution.
    http://www.marginalrevolution.com/marginalrevolution/
    2003/12/productivity_an.html

18. *Harmonisierte Arbeitslosenrate nach Geschlecht.* Eurostat.
    http://epp.eurostat.ec.europa.eu/tgm/table.do?tab=table
    &language=en&pcode=teilm020&tableSelection=1&plugin=1

19. *American Notes: Vonnegut's Gospel*, 1970. Time Magazine.
    http://www.time.com/time/magazine/article/0,9171,878826,
    00.html

Kapitel 3 - Exponentielles Wachstum

20. *Sustainability 101: Arithmetic, Population, and Energy*, Albert Bartlett.
    http://jclahr.com/bartlett/

21. Der Grund dafür ist einfach. 70 ist ungefähr $100ln(2)$. Also, $Verdopplungszeit = 100ln(2) = 69,3$. Wenn du die Zeitspanne wissen möchtest, um die Zahl zu verdreifachen, lautet die Formel $Verdreifachungszeit = 100ln(3) = 109,8$. Die Zeit, um n mal zu wachsen, ist $100ln(n)$.

22. *70er-Regel.* Wikipedia.
    http://en.wikipedia.org/wiki/Rule_of_70

23. laut anderen Quellen war es ein legendärer Dravida Vellalar *Volk der Dravidianer* ist ein Begriff, mit dem die verschiedenen Völkergruppen bezeichnet werden, die ursprünglich Sprachen der dravidianischen Sprachfamilie sprachen. Sprachpopulationen von etwa 220 Mio. Sprechern, die sich vor allem im Süden Indiens finden. *Vellalars*

(auch Velalars, Vellalas) waren ursprünglich eine Elite-Kaste von tamilischen landwirtschaftlichen Grundbesitzern in Tamil Nadu, Kerala in Indien und im benachbarten Sri Lanka; sie besetzten die wohlhabende, aristokratische Schicht der antiken tamilischen Gesellschaft (Chera/Chola/Pandya/Sangam-Ära) und hatten enge Beziehungen zu verschiedenen Königsdynastien mit dem Namen Sessa oder Sissa.

http://en.wikipedia.org/wiki/Dravidian_peoples
http://en.wikipedia.org/wiki/Vellalar Es existieren mehrere Variationen der gleichen Geschichte, eine spielt im Römischen Reich und handelt von einem tapferen General und seinem Cæsar, eine andere am Markt mit zwei Händlern. Alle unterschiedlichen Situationen kommen zum selben Ergebnis.

http://en.wikipedia.org/wiki/Wheat_and_chessboard_probl
em

24. Image courtesy of Wikipedia.
http://en.wikipedia.org/wiki/File:Wheat_Chessboard_with_
line.svg

Kapitel 4 - Informationstechnologie

25. *Cramming more components onto integrated circuits*, Gordon E. Moore, 1965. Electronics Magazine. p. 4.
http://download.intel.com/museum/Moores_Law/Articles-Pre
ss_Releases/Gordon_Moore_1965_Article.pdf

26. *The Law of Accelerating Returns March 7*, Ray Kurzweil, 2001.
http://www.kurzweilai.net/the-law-of-accelerating-retur
ns

Kapitel 5 - Intelligenz

27. Das chinesische Zimmer ist ein Gedankenexperiment, das von John Searle entwickelt wurde. Es geht davon aus, dass ein Programm existiert, das einem Computer die Fähigkeit verleiht, eine intelligente Konversation in chinesischer Schriftsprache zu führen. Wenn dieses Programm von jemand genutzt würde, der nur Englisch spricht, um die Instruktionen des Programms auszuführen, dann wäre auch der

Englischsprecher in der Lage, eine Konversation in geschriebenem Chinesisch auszuführen. Doch der Englischspracher würde die Konversation nicht verstehen können. Searle schließt daraus, dass ein Computer, der das Programm ausführt, gleichermaßen nicht in der Lage wäre, die Konversation zu verstehen.
http://plato.stanford.edu/entries/chinese-room/
http://en.wikipedia.org/wiki/Chinese_room

28. Diese Geste wird auch als „Facepalm" bezeichnet und kann in vielen Kulturen als Zeichen von Frustration, Enttäuschung, Verlegenheit, Schock oder Überraschung gedeutet werden. Sie wurde als Internet-Meme, das auf einem Bild des Charakters Kapitän Jean-Luc Picard basiert, populär, der die Geste in einer Episode von *Star Trek: The Next Generation* ausführte "DéjàQ".
http://picardfacepalm.com/
http://en.wikipedia.org/wiki/Facepalm

29. *Intelligence without Reason*, Rodney A. Brooks, 1991. Massachusetts Institute Of Technology Artificial Intelligence Laboratory.
http://people.csail.mit.edu/brooks/papers/AIM-1293.pdf

30. *On Intelligence: How a New Understanding of the Brain will Lead to the Creation of Truly Intelligent Machines*, Jeff Hawkins, 2004; *The Emotion Machine: Commonsense Thinking, Artificial Intelligence , and the Future of the Human Mind*, Marvin Minsky, 2006

Kapitel 6 - Künstliche Intelligenz

31. Dieses Beispiel stammt aus *The Lights in the Tunnel: Automation, Accelerating Technology and the Economy of the Future*, Martin Ford, 2009. CreateSpace. pp.64-67.

32. „In Wirklichkeit gibt es noch einen Faktor, der die vollständige Automatisierung in der Radiologie noch etwas verzögern könnte: Das ist die Haftung für Fehler. Denn die Folge eines Fehlers oder eines Versehens bei der Interpretation von medizinischen Scans kann für den Patienten mitunter schrecklich ausfallen. Der Hersteller eines komplett automatisierten Systems müsste auch mit einem riesigen Haftungspotenzial im Fall von Fehlern rechnen. Dieses Haftungsrisiko existiert natürlich auch für Radiologen, verteilt sich aber auf Tausende von

Ärzten. Doch es ist natürlich auch möglich, dass die Gesetzgebung und/oder Gerichtsentscheidungen diese Barriere in der Zukunft aus dem Weg räumen werden. Beispielsweise entschied der Oberste US-Gerichtshof im Febuar 2008 in einer 8-1-Entscheidung, dass Hersteller von medizinischen Geräten in bestimmten Fällen von Haftungsrisikofällen geschützt sind, solange die FDA das Gerät genehmigt hat. Im Allgemeinen können wir annehmen, dass nicht technologische Faktoren wie die Produkthaftung oder die Macht der organisierten Arbeitskräfte die Automatisierung in bestimmten Bereichen verlangsamen können, aber die Gesamtentwicklung wird ungebrochen bleiben." aus: *The Lights in the Tunnel: Automation, Accelerating Technology and the Economy of the Future*, Martin Ford, 2009. CreateSpace. p.67.

33. *Can AI Fight Terrorism?*, Juval Aviv, 2009. Forbes.
    `http://www.forbes.com/2009/06/18/ai-terrorism-interfor-o`
    `pinions-contributors-artificial-intelligence-09-juval-a`
    `viv.html`

34. *Smart CCTV System Would Use Algorithm to Zero in on Crime-Like Behavior*, Clay Dillow, 2011. Popular Science.
    `http://www.popsci.com/technology/article/2011-08/new-cct`
    `v-system-would-use-behavior-recognition-zero-crimes`

35. *The offshoring of radiology: myths and realities*, Martin Stack, Myles Gartland, Timothy Keane, 2007. SAM Advanced Management Journal.
    `http://www.accessmylibrary.com/coms2/summary_`
    `028630757731_ITM`

36. *Comparing machines and humans on a visual categorization test*, François Fleuret, Ting Li, Charles Dubout, Emma K. Wampler, Steven Yantis, and Donald Geman, 2011. Proceedings of the National Academy of Sciences.
    `http://www.pnas.org/content/early/2011/10/11/1109168108.`
    `full.pdf`

37. *The Singularity Is Near: When Humans Transcend Biology*, Kurzweil, 2005. Penguin Books.

Kapitel 7 - Beweise für Automatisierung

38. Nach der Webseite der Japan Vending Machine Manufactures Association gibt es 8.610.521 Verkaufsautomaten in Japan oder einen Automaten für jeweils 14 Personen.
http://www.jvma.or.jp/information/qa_01.html

39. *Amazon buys army of robots*, Julianne Pepitone, 2012. CNN Money.
http://money.cnn.com/2012/03/20/technology/amazon-kiva-robots/index.htm?hpt=hp_t3

40. Tesco Homeplus Virtual Subway Store in South Korea.
http://www.youtube.com/watch?v=fGaVFRzTTP4

41. Schwergewicht Walmart (Infographic)
http://frugaldad.com/2011/12/01/weight-of-walmart-infographic/

42. *Strikes End at Two Chinese Automotive Suppliers*, 2010. Reuters.
http://www.reuters.com/article/idUSTRE66L0A220100722

43. *Table 3. The Circuits Assembly Top 50 EMS Companies*, 2009. Circuits Assembly.
http://circuitsassembly.com/cms/images/stories/ArticleImages/1003/1003buetow_table3.pdf

44. *Forbes Global 2000: The World's Biggest Companies – Hon Hai Precision Industry*, 2010. Forbes.
http://www.forbes.com/companies/hon-hai-precision/

45. *Which is the world's biggest employer?*, 2012. BBC News.
http://www.bbc.co.uk/news/magazine-17429786

46. *Apple partnership boosting Foxconn market share*, 2010. CNET.
http://news.cnet.com/8301-13579_3-20011800-37.html

47. *Foxconn to replace workers with 1 million robots in 3 years*, July 2011. Xinhuanet News.
http://news.xinhuanet.com/english2010/china/2011-07/30/c_131018764.htm

48. *Companies Making The Necessary Transition From Industrial To Service Robots*, 2012. Singularity Hub.
http://singularityhub.com/2012/06/06/companies-making-t
he-necessary-transition-from-industrial-to-service-rob
ots/

49. *Foxconn Factories Are Labour Camps: Report.* South China Morning Post.

50. *Foxconn Security Guards Caught Beating Factory Workers*, 2010. Shanghaiist.
http://shanghaiist.com/2010/05/20/foxconn-security-guard
s-beating.php

51. *Revealed: Inside the Chinese Suicide Sweatshop Where Workers Toil in 34-Hour Shifts To Make Your iPod*, 2010. Daily Mail (London).
http://www.dailymail.co.uk/news/article-1285980/Reveal
ed-Inside-Chinese-suicide-sweatshop-workers-toil-34-hou
r-shifts-make-iPod.html

52. *Suicides at Foxconn*, 2010. The Economist.
http://www.economist.com/node/16231588

53. *Canon Camera Factory To Go Fully Automated, Phase Out Human Workers*, June 2012. Singularity Hub.
http://singularityhub.com/2012/06/06/canon-camera-facto
ry-to-go-fully-automated-phase-out-human-workers/

54. *China Is Replacing Its Workers With Robots*, 2012. Business Insider.
http://www.businessinsider.com/credit-suisse-chinese-aut
omation-boom-2012-8

55. *The Machines Are Taking Over*, Sep. 14, 2012. The New York Times
http://www.nytimes.com/2012/09/16/magazine/how-computeri
zed-tutors-are-learning-to-teach-humans.html

56. *Why Software Is Eating The World*, 2011. The Wall Street Journal.
http://on.wsj.com/pC7IrX

57. In der TV-Serie Star Trek funktioniert ein Replikator, indem er Partikel, kleiner als Atome, miteinander verbindet, die es überall im Universum gibt, um Moleküle zu arrangieren und das Objekt zu formen. Um zum Beispiel ein Stück Schweinefleisch zu erzeugen, würde der Replikator zuerst Atome aus Kohlenstoff, Wasserstoff, Stickstoff etc. formen, sie dann in Aminosäuren, Proteine und Zellen arrangieren und sie dann zu einem Stück Schweinefleisch zusammensetzen.
`http://en.wikipedia.org/wiki/Replicator_(Star_Trek)`

58. *Will 3D Printing Change The World?*, 2012. Forbes.
`http://www.forbes.com/sites/gcaptain/2012/03/06/will-3d`
`-printing-change-the-world/print/`

59. Objet Connex 3D printers.
`http://www.ops-uk.com/3d-printers/objet-connex`

60. *iPhone 4's Retina Display Explained*, Chris Brandrick, 2010. PC World.
`http://www.pcworld.com/article/198201/iphone_4s_retina_`
`display_explained.html`

61. 3D printing.
`http://www.explainingthefuture.com/3dprinting.html`

62. *A primer on 3D printing*, Lisa Harouni, 2001. TEDSalon London Spring 2011.
`http://www.ted.com/talks/lisa_harouni_a_primer_on_3d_pri`
`nting.html`

63. *3D-printed prosthetics offer amputees new lease on life*, 2012. Reuters.
`http://www.reuters.com/video/2012/02/27/3d-printed-prost`
`hetics-offer-amputees-ne?videoId=230878689`

64. *3D printer used to make bone-like material*, 2011. Washington State University.
`http://wsutoday.wsu.edu/pages/publications.asp?Action=D`
`etail&PublicationID=29002&TypeID=1`

65. *Making a bit of me, a machine that prints organs is coming to market*, 2010. The Economist.
`http://www.economist.com/node/15543683`

66. *Transplant jaw made by 3D printer claimed as first*, 2012. BBC News.
    http://www.bbc.com/news/technology-16907104

67. *What drives us.* Bespoke.
    http://www.bespokeinnovations.com/content/what-drives-us

68. Thingiverse.
    http://www.thingiverse.com

69. *First Downloaded and 3D Printed Pirate Bay Ship Arrives*, 2012.
    TorrentFreak.
    http://torrentfreak.com/first-downloaded-and-3d-printed
    -pirate-bay-ship-arrives-120205/

70. *30-storey building built in 15 days Construction time lapse.* YouTube.
    http://www.youtube.com/watch?&v=Hdpf-MQM9vY

71. *Time lapse captures 30-story hotel construction that took just 15 days
    to build*, 2012. The Blaze.
    http://www.theblaze.com/stories/time-lapse-captures-30-s
    tory-hotel-construction-that-took-just-15-days-to-build
    /

72. *Annenberg Foundation Puts Robotic Disaster Rebuilding Technology
    on Fast Track*, 2005. University of Southern California School of En-
    gineering.
    http://viterbi.usc.edu/news/news/2005/news_20051110.htm

73. *House-Bot*, December 30, 2005. The Science Channel.

74. *Census of Fatal Occupational Injuries Summary*, 2010. Bureau of La-
    bour Statistics.
    http://bls.gov/news.release/cfoi.nr0.htm

75. *Caterpillar Inc. Funds Viterbi 'Print-a-House' Construction Techno-
    logy*, 2008. University of Southern California School of Engineering.
    http://viterbi.usc.edu/news/news/2008/caterpillar-inc-f
    unds.htm

76. *Colloquium with Behrokh Khoshnevis*, 2009. Massachusetts Institute of
    Technology.
    http://www.media.mit.edu/node/2277

77. *GSP-09 Team Project: ACASA*, 2009. YouTube.
http://www.youtube.com/watch?v=172Wne1t_2Q

78. *Are Sportswriters Really Necessary? Narrative Science's software takes sports stats and spits out articles*, Justin Bachman, 2010. Newsweek.
http://www.businessweek.com/magazine/content/10_19/b4177037188386.htm

79. *Garry Kasparov vs. Deep Blue*, Frederic Friedel. Daily Chess Columns.
http://www.chessbase.com/columns/column.asp?pid=146

80. In der Computerwissenschaft ist Brute-Force oder die Erschöpfungsmethode auch bekannt als „generieren und testen". Es ist eine einfache, aber breite Problemlösungstechnik, die darauf baut, alle möglichen Kandidaten für eine Lösung systematisch aufzuzählen und zu prüfen, ob jeder Kandidat das gewünschte Ziel erreichen kann. Beispielsweise wird ein Brute-Force-Algorithmus, der die Teiler der natürlichen Zahl n finden soll, alle ganzen Zahlen von 1 bis zur Quadratwurzel von n aufzählen und prüfen, ob jede davon durch n ohne Rest teilbar ist.
http://en.wikipedia.org/wiki/Brute-force_search

81. *Chatbots versagen darin, die Juroren davon zu überzeugen, sie wären menschlich.*, 2011. New Scientist.
http://www.newscientist.com/blogs/onepercent/2011/10/turing-test-chatbots-kneel-bef.html

82. *Did you Know?*, Jeopardy!
http://www.jeopardy.com/showguide/abouttheshow/showhistory/

83. *Computer Program to Take On 'Jeopardy!'*, John Markoff, 2009. The New York Times.
http://www.nytimes.com/2009/04/27/technology/27jeopardy.html

84. Laut IBM ist Watson ein Workload optimiertes System, das für komplexe Analytik ausgelegt ist, was wiederum durch massive integrierte parallele POWER7-Prozessoren und der IBM DeepQA-Software für die Beantwortung der Fragen von Jeopardy! ermöglicht wird. Watson

setzt sich aus einem Cluster von 90 IBM Power 750 Servern zusammen (plus zusätzlich I/O, Netzwerk- und Cluster-Steuerungsknoten
in 10 Stellagen) mit insgesamt 2.880 POWER7 Prozessorkernen und
16 Terabyte RAM-Speicher. Jeder Power 750 Server nutzt einen
3,6 GHz POWER 7 Acht-Kern-Prozessor mit vier Windungen pro
Kern. Die massive parallele Verarbeitungskapazität des POWER7
Prozessors passt ideal zu Watsons IBM DeepQA-Software, die
peinlich genau parallel läuft (das ist ein Arbeitsvolumen, das einfach
in verschiedene parallele Aufgaben aufgeteilt wird.)
`http://www-03.ibm.com/systems/power/advantages/watson/in`
`dex.html`

85. *Instant Reaction: Man-Made Minds*, David Ferrucci, 2011. World
    SCience Festival.
    `http://worldsciencefestival.com/blog/instant_reaction_m`
    `an_made_minds`

86. *IBM's Watson heads to medical school*, Nick Wakeman, 2011. Wa-
    shington Technology.
    `http://washingtontechnology.com/articles/2011/02/17/ib`
    `m-watson-next-steps.aspx`
    Wikipedia, Watson.
    `https://en.wikipedia.org/wiki/Watson_%28computer`

87. *Mission Control, Built for Cities. I.B.M. Takes 'Smarter Cities'
    Concept to Rio de Janeiro*, Natasha Singer, 2012. New York Times.
    `http://www.nytimes.com/2012/03/04/business/ibm-takes-sma`
    `rter-cities-concept-to-rio-de-janeiro.html?pagewanted=a`
    `ll`

88. *Will IBM Watson Be Your Next Mayor?*, 2012. Slashdot.
    `http://yro.slashdot.org/story/12/04/27/0029256/will-ibm`
    `-watson-be-your-next-mayor`

89. *Computers to Acquire Control of the Physical World*, P. Magrassi, A.
    Panarella, N. Deighton, G. Johnson, 2001. Gartner research report.
    T-14-0301.

90. *A World of Smart Objects*, P. Magrassi, T. Berg, 2002. Gartner rese-
    arch report. R-17-2243.
    `http://www.gartner.com/DisplayDocument?id=366151`

91. *The Internet of Things*. Wikipedia.
    http://en.wikipedia.org/wiki/Internet_of_Things

92. *Study: Intelligent Cars Could Boost Highway Capacity by 273%*, 2012.
    Institute of Electrical and Electronics Engineers.
    http://spectrum.ieee.org/automaton/robotics/artificial-i
    ntelligence/intelligent-cars-could-boost-highway-capacit
    y-by-273

Kapitel 8 - Gesellschaftliche Akzeptanz

93. *INTERNET USAGE STATISTICS. The Internet Big Picture*. World
    Internet Users and Population Stats.
    http://www.internetworldstats.com/stats.htm

94. *Freedom on the Net 2011 – A Global Assessment of Internet and
    Digital Media Freedom*, 2011. Freedom House.
    http://www.freedomhouse.org/report/freedom-net/freedom-n
    et-2011

95. Internet censorship in the United States. Wikipedia.
    http://en.wikipedia.org/wiki/Internet_censorship_in_the
    _United_States

96. *PROTECT IP / SOPA Breaks The Internet*, Kirby Ferguson, 2012.
    http://vimeo.com/31100268

97. Stop Online Piracy Act. Wikipedia.
    http://en.wikipedia.org/wiki/Stop_Online_Piracy_Act

98. *Anti-Counterfeiting Trade Agreement What is ACTA?*. Electronic
    Frontier Foundation.
    https://www.eff.org/issues/acta

99. Auszüge aus der Slashdot-Diskussion zu SOPA, 2012. Slashdot.
    http://tech.slashdot.org/story/11/12/16/1943257/congress
    s-techno-ignorance-no-longer-funny

100. *The Top 0.1% Of The Nation Earn Half Of All Capital Gains*,
    Robert Lenzner, 2011. Forbes.
    http://www.forbes.com/sites/robertlenzner/2011/11/20/th
    e-top-0-1-of-the-nation-earn-half-of-all-capital-gains/

101. *A nationally representative and continuing assessment of English language literary skills of American Adults*, National Assessment of Adult Literacy (NAAL). National Center for Education Statistics.
http://nces.ed.gov/naal/kf_demographics.asp

102. *Human Development Report 2009: Overcoming barriers: Human mobility and development*, 2009. United Nations Development Programme.
http://hdr.undp.org/en/media/HDR_2009_EN_Complete.pdf

103. *Americans' Global Warming Concerns Continue to Drop*, 2010. Gallup.
http://www.gallup.com/poll/126560/americans-global-warming-concerns-continue-drop.aspx

104. *Climate scepticism 'on the rise', BBC poll shows*, 2010. BBC.
http://news.bbc.co.uk/2/hi/8500443.stm

105. *Climate change: How do we know?*. NASA.
http://climate.nasa.gov/evidence/

106. *Climate Change Skeptic Results Released Today*, 2011. Slashdot.
http://news.slashdot.org/story/11/10/31/1255205/climate-change-skeptic-results-released-today

107. *Robotic Nation*, Marshall Brain.
http://marshallbrain.com/robotic-nation.htm

Kapitel 9 - Die Arbeitslosigkeit von morgen

108. *Employed persons by detailed occupation, sex, race, and Hispanic or Latino ethnicity*. Bureau of Labor Statistics.
ftp://ftp.bls.gov/pub/special.requests/lf/aat11.txt

109. *Employment Situation Summary*. Bureau of Labor Statistics.
http://www.bls.gov/news.release/empsit.nr0.htm

110. *Employment status of the civilian noninstitutional population, 1940 to date*. Bureau of Labor Statistics.
ftp://ftp.bls.gov/pub/special.requests/lf/aat1.txt

111. *Eurozone Unemployment Hits 10.9%, A Record High*, 2012. Huffington post.
http://www.huffingtonpost.com/2012/05/02/eurozone-unemp
loyment-hits-record-high_n_1470237.html

112. *The 86 million invisible unemployed*, Annalyn Censky, 2012. CNN-Money.
http://money.cnn.com/2012/05/03/news/economy/unemploymen
t-rate/index.htm

113. *Ken Robinson says schools kill creativity*. Ken Robinson, 2006. TED Global.
http://www.ted.com/talks/ken_robinson_says_schools_kill
_creativity.html

114. *Sir Ken Robinson: Bring on the learning revolution!*, Ken Robinson, 2010. TED Global.
http://www.ted.com/talks/sir_ken_robinson_bring_on_the_
revolution.html

115. Ich denke natürlich nicht, dass Menschen „überschüssiges Gepäck" darstellen, sondern eben das Gegenteil. Doch in den Augen multinationaler Konzerne bedeuten ineffiziente Mitarbeiter Profitverluste und das ist, was ihnen am meisten weh tut. Es gibt nur einige wenige aufgeklärte Unternehmen, die Menschen mehr schätzen als Profite.

116. *Facebook faces EU curbs on selling users' interests to advertisers*, Jason Lewis, 2011. The Telegraph.
http://www.telegraph.co.uk/technology/facebook/8917836/
Facebook-faces-EU-curbs-on-selling-users-interests-to-a
dvertisers.html

117. *Does Facebook sell my information?*. Facebook.
https://www.facebook.com/help/?faq=152637448140583

118. Albert Einstein quotes. ThinkExist.
http://thinkexist.com/quotation/if_you_can-t_explain_it_
simply-you_don-t/186838.html

119. Neuroplastizität bezieht sich auf die Anfälligkeit für physiologische Veränderungen des Nervensystems aufgrund von Änderungen im Verhalten, der Umgebung, neuralen Prozessen oder Teilen des Körpers außer unseres Nervensystems. Es geschieht auf einer Vielzahl von Ebenen, beginnend bei zellularen Veränderungen durch Lernen bis hin zu großen Veränderungen, wie es bei der kortikalen Reorganisation als Antwort auf Verletzungen der Fall ist. Die Rolle der Neuroplastizität ist weitgehend anerkannt als gesunde Entwicklung, Lernen, Gedächtnis und Erholung von Hirnschäden. Jüngste Ergebnisse zeigen, dass viele Aspekte des Gehirns sogar bis zum Erwachsenenalter plastisch bleiben

Pascual-Leone, A., Freitas, C., Oberman, L., Horvath, J. C., Halko, M., Eldaief, M. et al. (2011). *Characterizing brain cortical plasticity and network dynamics across the age-span in health and disease with TMS-EEG and TMS-fMRI.* Brain Topography, 24, 302-315. Pascual-Leone, A., Amedi, A., Fregni, F., & Merabet, L. B. (2005). *The plastic human brain cortex.* Annual Review of Neuroscience, 28, 377-401. Rakic, P. (January 2002). *Neurogenesis in adult primate neocortex: an evaluation of the evidence.* Nature Reviews Neuroscience. and with training can greatly improve over time. But just as our physical strength, however much we may train, has been greatly surpassed by that of machines, so will our mental faculties. Biological evolution is simply too slow compared to the speed of growth of artificial and machine intelligence. Eventually this might change, but only if we allow ourselves to be ënhanced"by machines by merging with them. But I do not want to get into that discussion, which would require a book of its own just for the technical aspects, let alone the ethical implications. Let?s stay focused and grounded: we *know* that the second technology-enabled species (intelligent machines) is coming, and unless we prepare ourselves, we are going to be in trouble. Referenzen:

- Pascual-Leone, A., Freitas, C., Oberman, L., Horvath, J. C., Halko, M., Eldaief, M. et al. (2011). *Characterizing brain cortical plasticity and network dynamics across the age-span in health and disease with TMS-EEG and TMS-fMRI.* Brain Topography, 24, 302-315.

- Pascual-Leone, A., Amedi, A., Fregni, F., & Merabet, L. B. (2005). *The plastic human brain cortex.* Annual Review of Neuroscience, 28, 377-401.

- Rakic, P. (January 2002). *Neurogenesis in adult primate neocortex: an evaluation of the evidence.* Nature Reviews Neuroscience.

Kapitel 10 - Identität der Arbeit

120. Streumunition ist für die Nationen verboten, die die Convention on Cluster Munitions vom Mai 2008 in Dublin ratifiziert haben. Die Konvention ist in Kraft getreten und wurde verbindliches internationales Gesetz für ratifizierte Staaten am 1. August 2010, sechs Monate nachdem sie von 30 Staaten ratifiziert wurde; mit August 2011 haben 108 Staaten die Konvention unterzeichnet und 50 davon haben sie ratifiziert. Aber dennoch wird diese Art von Bomben nach wie vor umfangreich in Kriegen und internen Konflikten auf der ganzen Welt genutzt. Sie werden entweder von Staaten produziert und verteilt, die diese Konvention nicht ratifiziert haben oder sie werden am Schwarzmarkt gehandelt. Ich hätte auch ein anderes Beispiel nehmen können, aber ich denke, du verstehst, worum es geht.

121. *Corruption Perceptions Index 2010: In detail*, 2010. Transparency International.
http://www.transparency.org/policy_research/surveys_ind
ices/cpi/2010/in_detail

122. *Intergenerational mobility in Europe and North America*, Blanden J., Gregg P., Machin S., 2005. London: Centre for Economic Performance, London School of Economics.
http://cep.lse.ac.uk/about/news/IntergenerationalMobili
ty.pdf

123. *The problems of relative deprivation: why some societies do better than others*, Richard Wilkinson, Kate Pickett, 2007. Social Science and Medicine 2007; 65. pp. 1965-78.
http://www.equalitytrust.org.uk/docs/problems-of-relativ
e-deprivation.pdf

Kapitel 11 - Das Streben nach Glück

124. *A Treatise of the Laws of Nature*, Richard Cumberland, 2005. Indianapolis: Liberty Fund. pp. 523-24.

125. *Essay Concerning Human Understanding, Book 2, Chapter 21, Section 51*, John Locke, 1690.

126. *Justifying America: The Declaration of Independence as a Rhetorical Document*, Stephen Lucas in Thomas W. Benson, ed., *American Rhetoric: Context and Criticism*, 1989.

127. *City of Ruins*, Chris Hedges, 2010. The Nation.
http://www.thenation.com/article/155801/city-ruins

128. *Remaining Awake Through a Great Revolution*, Martin Luther King Jr., 31 March 1968, sermon at the National Cathedral; published in *A Testament of Hope*, 1986

129. American Idol war durchgängig die populärste Show der letzten Zeit im amerikanischen Fernsehen.
http://en.wikipedia.org/wiki/List_of_most_watched_telev
ision_broadcast

130. In den letzten Jahren wurden am amerikanischen Black Friday mehrere Gewalttaten angezeigt.

   - *Wal-Mart worker dies in rush; two killed at toy store*, 2008. CNN.
   http://edition.cnn.com/2008/US/11/28/black.friday.v
   iolence/index.html

   - *Black Friday shopper arrested on weapons, drug charges in Boynton Beach | boynton, arrested, beach - Top Story - WPEC 12 West Palm Beach*, 2011. CBS.
   http://www.cbs12.com/news/boynton-4729776-arrested-b
   each.html

   - Black Friday – Violence. Wikipedia.
   http://en.wikipedia.org/wiki/Black_Friday_(shopping
)#Violence

131. *Das 1% ist der beste Zerstörer von Wohlstand, den die Welt je gesehen hat*, George Monbiot, 2011. The Guardian. `http://www.guardian.co.uk/commentisfree/2011/nov/07/one-per-cent-wealth-destroyers.Emphasismine.`

132. *How cognitive illusions blind us to reason*, Daniel Kahneman, 2011. The Guardian. `http://www.guardian.co.uk/science/2011/oct/30/daniel-kahneman-cognitive-illusion-extract`

133. *Disordered Personalities at Work*, Belinda Jane Board and Katarina Fritzon, 2005. Psychology, Crime & Law, Vol. 11(1). pp. 17-32.

134. *The network of global corporate control*, Stefania Vitali, James B. Glattfelder, and Stefano Battiston, 2011. ETH Zurich, Kreuzplatz 5, 8032 Zurich, Switzerland. `http://arxiv.org/PS_cache/arxiv/pdf/1107/1107.5728v2.pdf`

Kapitel 12 - Der Skorpion und der Frosch

135. Adaptiert aus einem anonymen Kommentar bei Slashdot. `http://slashdot.org/comments.pl?sid=180945&cid=14970571`

Kapitel 13 - Wachstum und Zufriedenheit

136. *Quantitative Analysis of Culture Using Millions of Digitized Books*, Jean-Baptiste Michel, Yuan Kui Shen, Aviva Presser Aiden, Adrian Veres, Matthew K. Gray, William Brockman, The Google Books Team, Joseph P. Pickett, Dale Hoiberg, Dan Clancy, Peter Norvig, Jon Orwant, Steven Pinker, Martin A. Nowak, and Erez Lieberman Aiden, 2010. Science. `http://www.sciencemag.org/content/early/2010/12/15/science.1199644`

137. *Does Economic Growth Improve the Human Lot? Some Empirical Evidence*, Richard A. Easterlin, 1974. University of Pennsylvania. `http://graphics8.nytimes.com/images/2008/04/16/business/Easterlin1974.pdf`

138. *The happiness-income paradox revisited*, Richard A. Easterlin, Laura
     Angelescu McVey, Malgorzata Switek, Onnicha Sawangfa, and Jac-
     queline Smith Zweig, 2010. Proceedings of the National Academy of
     Sciences.
     http://www.pnas.org/cgi/doi/10.1073/pnas.1015962107

139. *Money Doesn't Make People Happy*, 2006. Forbes.
     http://www.forbes.com/2006/02/11/tim-harford-money_cz_th
     _money06_0214harford.html

140. *Psychology 110 Lecture 20 – The Good Life: Happiness*, Prof. Paul
     Bloom. Yale University.
     http://oyc.yale.edu/psychology/psyc-110/lecture-20

Kapitel 14 - Einkommen und Glück

141. • *Economic Growth and Subjective Well-Being: Re-Assessing the
        Easterlin Paradox*, Betsey Stevenson and Justin Wolfers, 2008.
        Brookings Panel on Economic Activity.
        http://bpp.wharton.upenn.edu/betseys/papers/Happine
        ss.pdf

      • *Income, Health, and Well-Being around the World: Evidence
        from the Gallup World Poll*, Angus Deaton, 2008. Journal of
        Economic Perspectives, 22(2). pp. 53-72.
        http://www.aeaweb.org/articles.php?doi=10.1257/jep.
        22.2.53

142. *Does Inequality Make Us Unhappy?*, Jonah Lehrer, 2011. Wired.
     http://www.wired.com/wiredscience/2011/11/does-inequalit
     y-make-us-unhappy/

143. *The Pursuit of Happiness: An Economy of Well-Being*, Carol Gra-
     ham, 2011. Brookings Institution Press. p. 22.

144. *High income improves evaluation of life but not emotional well-being*,
     Daniel Kahneman and Angus Deaton, 2010. Proceedings of the Na-
     tional Academy of Sciences.
     http://www.pnas.org/content/107/38/16489.full

Kapitel 15 - Glück

145. Adaptiert von Spike Milligans *Geld kann dir kein Glück kaufen, aber es bringt dir eine angenehmere Art von Misere* und vielen anderen Variationen.
    `http://thinkexist.com/quotation/money_can-t_buy_you_hap`
    `piness_but_it_does_bring/220031.html`

146. Dieses Zitat wird Jim Carrey zugeschrieben, aber ich konnte keine ausreichend verlässliche Quelle dafür finden. Ungeachtet dessen glaube ich, dass es ein großartiges Zitat ist.
    `http://goo.gl/7Am3s`

147. *Genes, Economics, and Happiness*, Jan-Emmanuel De Neve, James H. Fowler, Bruno S. Frey, 2010. CESifo Working Paper Series 2946, CESifo Group Munich.
    `http://jhfowler.ucsd.edu/genes_economics_and_happiness.`
    `pdf`

148. „Studien, die identische Zwillinge mit nicht identischen Zwillingen verglichen, haben dabei geholfen, unterschiedliche Aspekte des Verhaltens erblich zu begründen. Aktuelle Arbeiten legen nahe, dass rund ein Drittel der Schwankungen bei Menschen erblich bedingt sein könnten. Jan-Emmanuel De Neve hat die Studie noch einen Schritt weiter geführt und dabei einen bekannten Verdächtigen gewählt – das Gen, das den Serotonin-Transporteur Protein kodiert, ein Molekühl, das einen Hirnmittler namens Serotonin durch Zellmembrane umsetzt – und untersucht, wie Variationen des 5-HTT-Gens Zufriedenheits-Niveaus beeinflussen. Der Serotonin-Transporteur erscheint in zwei funktionellen Varianten – lang und kurz – und Menschen haben zwei Versionen (bekannt als Allele) von jedem Gen, eines von jedem Elternteil. Nach der Untersuchung der genetischen Daten von mehr als 2.500 Teilnehmern in der National Longitudinal Study of Adolescent Health, fand De Neve heraus, dass Menschen mit einem langen Allel zu 8% öfter beschrieben, dass sie mit ihrem Leben sehr zufrieden waren als solche ohne. Und Menschen mit zwei langen Allelen beschrieben zu 17% häufiger, sehr zufrieden zu sein. Als wäre dies noch nicht interessant genug, gibt es auch noch eine bemerkenswerte Variation über die Rassen hinweg, wobei

asiatische Amerikaner in dem Beispiel durchschnittlich 0,69 lange
Gene hatten, weiße Amerikaner 1,12 und schwarze Amerikaner 1,47.
Es wurde lange vermutet, dass diese Gene eine Rolle in Bezug auf
die mentale Gesundheit hätten, aber dies ist erst die erste Studie,
um zu zeigen, dass sie hilfreich sind, um unsere Glücks-Level zu
gestalten' beschreibt De Neve. 'Dieses Ergebnis hilft, zu erklären,
warum wir alle ein einzigartiges Grundniveau an Zufriedenheit
haben und warum manche Menschen dazu tendieren, von Natur
aus glücklicher zu sein als andere und das zu einem nicht geringen
Teil aufgrund unserer individuellen genetischen Struktur.", 2011.
Slashdot.
http://science.slashdot.org/story/11/10/18/0515236/the-g
enetics-of-happiness

149. Genetic Engineering, personalisierte Medizin, alles faszinierende Be-
     reiche, die es zu diskutieren gilt, die zweifellos in einigen Jahren im
     Zentrum meiner Aufmerksamkeit stehen werden.

150. *Glück ist die Häufigkeit, nicht die Intensität von positiven im Ver-
     gleich zu negativen Einflüssen*, Ed Diener, Ed Sandvik and William
     Pavot, 2009. Social Indicators Research Series, 2009, Volume 39. pp.
     213-231.
     http://dx.doi.org/10.1007/978-90-481-2354-4_10

151. *Discoveries at the Diener's Lab*, Prof. Ed Diener, University of
     Illinois.
     http://internal.psychology.illinois.edu/~ediener/discove
     ries.html

152. Das Beispiel ist abgewandelt von dem VortragDan Gilbert asks: Why
     are we happy?, Dan Gilbert, 2004. TED Global.
     http://www.ted.com/talks/dan_gilbert_asks_why_are_we_ha
     ppy.html

153. *Dan Gilbert, Why are we happy?*, Dan Gilbert, 2004. TED Global.
     http://www.ted.com/talks/dan_gilbert_asks_why_are_we_ha
     ppy.html. Emphasis mine.

Kapitel 16 - Arbeit und Glück

154. Für weitere Informationen, sieh dir Darity und Goldsmith, 1996. Björklund und Eriksson (1998) und Korpi (1997) an, die Fakten von skandinavischen Ländern liefern, Blanchflower und Oswald (2004) für Großbritannien und die USA, Winkelmann und Winkelmann (1998) für Deutschland und Ravallion und Lokshin (2001) für Russland.

155. *Unhappiness and Unemployment*, Andrew E. Clark and Andrew J. Oswald, 1994. The Economic Journal Vol. 104, No. 424 (May, 1994). pp. 648-659.
http://www.jstor.org/stable/2234639

156. Siehe z.B. Winkelmann und Winkelmann 1998 für deutsche Panel-Daten oder Marks und Fleming (1999) für australische Panel-Daten, letztere zieht im Detail verschiedene Auswirkungen auf die mentale Gesundheit in Betracht.

157. Zur weiteren Recherche, siehe Murphy und Athanasou (1999).

158. „Es gibt einige sehr interessante Ausnahmen. Zum Beispiel gewöhnen wir uns nicht an Lärm. Eine Menge Studien zeigen, dass wenn deine Umgebung laut ist und es z.B. Bauarbeiten in der Nähe gibt, du dich nicht daran gewöhnen kannst. Deine Zufriedenheit sinkt und kommt nicht wieder hoch. Dein System kann sich nicht an andauernden Lärm gewöhnen. Wir gewöhnen uns an gute Dinge wie in der Lotterie zu gewinnen, einen Preis zu gewinnen, eine '1' in einem Kurs zu bekommen. Wir passen uns an, wir gewöhnen uns daran und auch hier mit einigen überraschenden Ausnahmen. Eine der anderen Überraschungen der Glücksforschung sind die Auswirkungen kosmetischer Chirurgie wie bei Brustvergrößerungen oder Brustverkleinerungen. Eine der großen Überraschungen ist, dass sie Menschen glücklicher machen und sie glücklicher bleiben. Und eine Erklärung dafür ist, dass es sehr wichtig ist, wie wir aussehen. Es ist wichtig dafür, wie uns andere Menschen sehen und wie wir uns selbst sehen und du gewöhnst dich nicht einfach daran, dass du ein bestimmtes Aussehen hast. Wenn du also besser aussiehst, wird es dich immer glücklicher machen." – *Psychology 110 Lecture 20 - The Good Life: Happiness*, prof. Paul Bloom. Yale University.
http://oyc.yale.edu/psychology/psyc-110/lecture-20

159. Veum Goldsmith und Darity (1996).

160. Ruhm (2000).

161. Stutzer und Lalive (2004).

162. Clark und Oswald (1994).

163. *Handbook of Positive Psychology*, Jeanne Nakamura and Mihály Csíkszentmihályi, 2001. pp.89-101.

164. *Handbook of competence and motivation*, Mihály Csíkszentmihályi, Sami Abuhamdeh, and Jeanne Nakamura, 2005. Chapter 32 – Flow. http://academic.udayton.edu/jackbauer/CsikFlow.pdf

165. Bruno S. Frey (2008), Hamilton (2000), Ryan and Deci (2000).

166. Meier and Stutzer (2008).

167. *Table: The World's Happiest Countries*, 2010. Time Magazine. http://www.forbes.com/2010/07/14/world-happiest-countri es-lifestyle-realestate-gallup-table.html?partner=popsto ries

168. *Durchschnittliche Arbeitsstunden por Jahr und Beschäftigtem.* OECD library, Organisation for Economic Co-operation and Development. http://stats.oecd.org/Index.aspx?DatasetCode=ANHRS

Kapitel 17 - Der Sinn des Lebens

169. *The Essential 20: Twenty Components of an Excellent Health Care Team*, Dianne Dukette and David Cornish, 2009. RoseDog Books. pp. 72-73.

170. *The New York Magazine Environmental Teach-In*, Elizabeth Barlow, 30 March 1970. New York Magazine. p. 30. http://books.google.com/books?id=cccDAAAAMBAJ&printsec= frontcover#PPA30,M1. Fuller war natürlich auch ein Architekt, ein Ingenieur, ein Autor, ein Designer, ein sehr bemerkenswerter System-Theoretiker und einige meinen sogar, er wäre einer der größten Denker des letzten Jahrhunderts gewesen; der unter anderem die Begriffe „Raumschiff Erde", Ephemerisierung und Synergie geprägt hat.

171. Philippe Beaudoin, 2012.
https://plus.google.com/u/0/107988469357342173268/posts/2MVoo5KG1eP

172. *Rice University's 2012 commencement*, Salman Khan, 2012.
http://www.khanacademy.org/talks-and-interviews/v/salman-khan-at-rice-university-s-2012-commencement

173. *80% hassen ihre Jobs – Aber solltest du die Leidenschaft oder einen Gehaltszettel wählen?*, 2010. Business Insider.
http://articles.businessinsider.com/2010-10-04/strategy/30001895_1_new-job-passion-careers

Kapitel 18 - Praktische Ratschläge für jedermann

174. Virtue. Wikipedia.
http://en.wikipedia.org/wiki/Virtue

175. Durchschnittsgehalt in den USA
http://www.averagesalarysurvey.com/article/average-salary-in-united-states/15200316.aspx

176. *National Average Wage Index*. The United States Social Security Administration.
http://www.ssa.gov/oact/COLA/AWI.html

177. Leider ist der Ursprung dieses Zitats unbekannt, obwohl es häufig als Chinesisch zitiert wird. Über die Jahre wurde es fälschlicherweise Konfuzius, Lao Tzu, Laozi und Guan Zhong zugeschrieben. Es ist ein Sprichwort, das allgemein sagt „Es ist besser, jemandem zu zeigen, wie er etwas macht als es für ihn zu tun".
http://goo.gl/XdvT9

178. *Decline in fish stocks*, 1999. World Resources Institute.
http://www.wri.org/publication/content/8385

179. *iPhone 5 announcement: 3 important things to watch*, 2012. MSN Finance.
http://finance.ninemsn.com.au/newsbusiness/motley/8531541/iphone-5-announcement-3-important-things-to-watch

180. *Why MIT decided to give away all its course materials via the Internet*, C. M. Vest, 2004. The Chronicle of Higher Education, 50(21), B20.

181. See *The Empathic Civilization: The Race to Global Consciousness in a World in Crisis*, Jeremy Rifkin, 2009. Tarcher.

182. Wolfram Alpha ist ein Online-Service, der sachliche Anfragen direkt beantwortet, indem die Antwort aus strukturierten Daten direkt berechnet wird, anstatt eine Liste von Dokumenten oder Webseiten bereitzustellen, die die Antwort vielleicht enthalten wie es eine Suchmaschine tun würde. Das Ziel ist es, „das gesamte systematische Wissen sofort berechenbar und für jeden zugänglich zu machen."
`http://www.wolframalpha.com/about.html`

183. *College 2.0: A Self-Appointed Teacher Runs a One-Man 'Academy' on YouTube*, Jeffrey R. Young, 2010. The Chronicle of Higher Education.
`http://chronicle.com/article/A-Self-Appointed-Teacher-R`
`uns/65793/`

184. Journal of the American Dietetic Association.
`http://eatright.org/cps/rde/xchg/ada/hs.xsl/home_7018_EN`
`U_HTML.htm`

185. *FAO – Cattle ranching is encroaching on forests in Latin America*, 2005. Food and Agriculture Organization of the United Nations.
`http://www.fao.org/newsroom/en/news/2005/102924/`

186. *Ethics and Climate Change in Asia and the Pacific (ECCAP) Project*, Robert A. Kanaly, Lea Ivy O. Manzanero, Gerard Foley, Sivanandam Panneerselvam, Darryl Macer, 2010. Working Group 13 Report, Energy Flow, Environment and Ethical Implications for Meat Production.
`http://unesdoc.unesco.org/images/0018/001897/189774e.pdf`

187. *Livestock's Long Shadow: Environmental Issues and Options*, H. Steinfeld et al, 2006. Livestock, Environment and Development. Food and Agriculture Organization of the United Nations.
`ftp://ftp.fao.org/docrep/fao/010/a0701e/a0701e00.pdf`

188. *Water footprints of nations*, AK Chapagain, AY Hoekstra, 2004. Value of Water Research Report Series (UNESCO-IHE) 6.
http://www.waterfootprint.org/Reports/Report16Vol1.pdf

189. *Eating Lots of Red Meat Linked to Colon Cancer*. American Cancer Society.
http://209.135.47.118/docroot/NWS/content/NWS_1_1x_Eatin g_Lots_of_Red_Meat_Linked_to_Colon_Cancer.asp

190. *Food, Nutrition, Physical Activity, and the Prevention of Cancer: a Global Perspective*, 2007. World Cancer Research Fund. p. 116.

191. *Breast Cancer Risk Linked To Red Meat, Study Finds*, Rob Stein, 2006. The Washington Post.
http://www.washingtonpost.com/wp-dyn/content/article /2006/11/13/AR2006111300824.html

192. *Study Links Meat Consumption to Gastric Cancer*. National Cancer Institute.
http://www.cancer.gov/cancertopics/prevention-genetics-c auses/causes/meatconsumption

193. *Study links red meat to some cancers*. CNN.
http://www.cnn.com/US/9604/30/meat.cancer/

194. *Associations between diet and cancer, ischemic heart disease, and all-cause mortality in non-Hispanic white California Seventh-day Adventists*. The American journal of clinical nutrition 70 (3 Suppl): 532S-538S.
http://www.ajcn.org/cgi/pmidlookup?view=long&pmid =10479227

195. *Lung cancer risk and red meat consumption among Iowa women*, M. C. R. Alavanja et al, 2011. Lung Cancer 34.1. pp. 37-46.

196. *Relationship between meat intake and the development of acute coronary syndromes: the CARDIO2000 case-control study*, Kontogianni et al, 2007. European journal of clinical nutrition 62.2. pp. 171-177.

197. *Dietary Fat and Meat Intake in Relation to Risk of Type 2 Diabetes in Men*, R.M. Van Dam, W. C. Willett, E.B. Rimm, M. J. Stampfer, F. B. Hu, 2002. Diabetes Care 25 (3).

198. *Meat consumption is associated with obesity and central obesity among US adults*, Y. Wang, M. A. Beydoun, 2009. International Journal of Obesity 33 (6). pp. 621-628.

199. *Dietary risk factors for the development of inflammatory polyarthritis: evidence for a role of high level of red meat consumption*, D.J. Pattison et al, 2004. Arthritis & Rheumatism 50.12. pp. 3804-3812.

200. The Nest, ein Beispiel für einen lernenden Thermostaten
     http://www.nest.com

201. 'Matten' für Warmwasser-Boiler.
     http://www.greenandsave.com/utility_savings/gas/hot_wat
     er_heater_blanket.html

202. Standby Power Reduction.
     http://www.greenandsave.com/utility_savings/electric/st
     andby_power_reduction.html

203. Master ROI Table.
     http://www.greenandsave.com/master_roi_table.html

204. *Integrative Design: A Disruptive Source of Expanding Returns to Investments in Energy Efficiency*, Amory Lovins, 2010. Rocky Mountain Institute.
     http://www.rmi.org/Knowledge-Center/Library/2010-09_Inte
     grativeDesign

205. *Solar and Nuclear Costs – The Historic Crossover*, John O. Blackburn and Sam Cunningham, 2010. Duke University. NC WARN: Waste Awareness & Reduction network.
     http://www.ncwarn.org/wp-content/uploads/2010/07/NCW-Sol
     arReport_final1.pdf

206. *Mapping Solar Grid Parity*, John Farrell.
     http://energyselfreliantstates.org/content/mapping-solar
     -grid-parity

207. *Re-Mapping Solar Grid Parity*, John Farrell.
     http://www.energyselfreliantstates.org/content/re-mappi
     ng-solar-grid-parity-incentives

208. *Kleiner, billiger, schneller: Gilt Moores Gesetz auch für Solarzellen?,,* Ramez Naam, 2011. Scientific American.
`http://blogs.scientificamerican.com/guest-blog/2011/03/16/smaller-cheaper-faster-does-moores-law-apply-to-sol ar-cells/`

209. *The True Cost Of Owning A Car*, 2008. Investopedia.
`http://www.investopedia.com/articles/pf/08/cost-car-own ership.asp#axzz1u18EBznk`

210. *Road accident statistics in Europe*, 2007. CARE and national data, European Union.
`http://ec.europa.eu/sverige/documents/traffic_press_sta ts.pdf`

211. *Cars and community – is it possible to have both?*, 2009.
`http://makewealthhistory.org/2009/06/22/cars-and-communi ty-is-it-possible-to-have-both/`

212. *National Obesity Trends*, 2010. CDC – National Center for Health Statistics.
`http://www.cdc.gov/obesity/data/trends.html`

213. *Mehr als die Hälfte der Vereinigten Staaten werden bis 2015 übergewichtig sein*, YouTube.
`http://www.youtube.com/watch?v=rXNe3LHlVxU`

214. Peer-to-peer car rental. Wikipedia.
`http://en.wikipedia.org/wiki/Peer-to-peer_car_rental`

Kapitel 19 - Die Zukunft gestalten

215. Dieses Zitat wird Peter Drucker zugeschrieben, aber viele Menschen haben ähnliche Gedanken formuliert – Alan Curtis Kay sagte bei einem PARC-Treffen 1971: „Der beste Weg, um die Zukunft vorherzusagen, ist es, sie zu *erfinden*". In jüngerer Zeit wurde Peter Diamandis für seinen berühmten Satz bekannt: „Der beste Weg, die Zukunft vorherzusagen, ist es, sie selbst zu gestalten."

216. Unterschätze nicht die Bedeutung von Software. Die meisten Dinge, die uns helfen, besser zu leben, sind Software. Medizinische Ausstattung, Server, PCs, Handys, Elektronik, Straßenbeleuchtung, das Internet... denke daran, wie viele Dinge wir als selbstverständlich ansehen, die nicht ohne Software existieren könnten.

217. Open Source. Wikipedia.
http://en.wikipedia.org/wiki/Open_source

218. *Können wir alles als Open Source behandeln? The Future of the Open Philosophy.* University of Cambridge.
http://www.sms.cam.ac.uk/media/517352;jsessionid=62FE4C
CB3807753999235E2EA54E5009

219. LATEX– ein Dokumenten-Vorbereitungssystem.
http://www.latex-project.org/
offen verfügbar unter dieser Quelle. Apple.
http://www.apple.com/opensource/

220. *Kickstarter Expects To Provide More Funding To The Arts Than NEA,* Carl Franzen, 2012.
http://idealab.talkingpointsmemo.com/2012/02/kickstarte
r-expects-to-provide-more-funding-to-the-arts-than-nea
.php

221. *Marcin Jakubowski: Open-sourced blueprints for civilization,* Marcin Jakubowski. TED.
http://www.ted.com/talks/marcin_jakubowski.html

222. Jimmy Wales interviewed by Miller, Rob 'Roblimo'. *Wikipedia Founder Jimmy Wales Responds,* 2004. Slashdot.
http://slashdot.org/story/04/07/28/1351230/wikipedia-fou
nder-jimmy-wales-responds

223. *Gin, Television, and Social Surplus,* Clay Shirky, 2010. Archived from the original on 2010-10-16.
http://replay.web.archive.org/20101016111844/http:
//www.herecomeseverybody.org//2008//04//looking-for-t
he-mouse.html

224. *21 hours Why a shorter working week can help us all to flourish in the 21st century,* Anna Coote, Jane Franklin and Andrew Simms, 2010. new economics foundation.
http://neweconomics.org/sites/neweconomics.org/files/21_
Hours.pdf

225. *Graham Hill: Why I'm a weekday vegetarian,* Graham Hill, 2010. TED.
http://www.ted.com/talks/graham_hill_weekday_vegetarian
.html

Kapitel 20 - Wie man glücklich ist

226. Während der letzten Jahre ist mir aufgefallen, dass New-Age-Spirituelle, Mystiker, verschiedene Scharlatane, Selbsthilfe-Gurus und eine ganze Reihe von Pseudowissenschaftlern sich die Freiheit genommen haben, das Wort Quanten in sehr befremdlichen Kontexten zu verwenden, es mit neuen Dingen in Verbindung zu bringen, die rein gar nichts mit Quantenmechanik zu tun haben und überhaupt in keiner Beziehung zur Wissenschaft stehen. Falls du dich dafür interessierst, was Quantenmechanik wirklich bedeutet, empfehle ich diese exzellenten kostenlosen Online-Vorlesungen von Prof. Leonard Susskind von der Stanford University.

- Course | Modern Physics: Quantum Mechanics
  `http://www.youtube.com/playlist?list=PL84C10A9CB1D13841`

- Course | Quantum Entanglements: Part 1 (Fall 2006)
  `http://www.youtube.com/playlist?list=PLA27CEA1B8B27EB67`

- Course | Quantum Entanglements: Part 3 (Spring 2007)
  `http://www.youtube.com/playlist?list=PL5F9D6DB4231291BE`

227. Die wissenschaftliche Untermauerung der Liste findest du bei *The Happiness Advantage: The Seven Principles of Positive Psychology That Fuel Success and Performance at Work*, Shawn Achor, 2010; and *Help!: How to Become Slightly Happier and Get a Bit More Done*, Oliver Burkeman, 2011.

228. *23 and ¹/₂ hours: What is the single best thing we can do for our health?*, Dr. Mike Evans.
`http://www.youtube.com/watch?&v=aUaInS6HIGo`

229. *If money doesn't make you happy, then you probably aren't spending it right*, Elizabeth W. Dunn, Daniel T. Gilbert, Timothy D. Wilson, 2011. Journal of Consumer Psychology.
`http://www.wjh.harvard.edu/~dtg/DUNN%20GILBERT%20&%20WILSON%20(2011).pdf`

Kapitel 21 - Die Zukunft ist schön

230. Waking Life ist ein amerikanischer Animationsfilm (Rotoskopie basierend auf Echtaufnahmen) vom Regisseur Richard Linklater, der 2001 veröffentlicht wurde. Der gesamte Film wurde als digitales Video gedreht, das von einem Künstlerteam bearbeitet wurde, die computergezeichnete Linien und Farben über jedes Bild gesetzt haben. Der Film handelt vom Wesen der Träume, Bewusstsein, Existenzialismus. Der Titel setzt einen Bezug auf die Maxime von George Santayana: „Geistige Gesundheit ist ein Wahnsinn, der für Gutes genutzt wird; Wachleben ist ein kontrollierter Traum". Wikipedia.
`http://en.wikipedia.org/wiki/Waking_Life`

Anhang A - Wie eine Familie durch Budgetplanung besser leben kann

231. Laut Konsumentenreporten beträgt die durchschnittliche Lebensdauer für Autos 8 Jahre oder 200.000 km.
`http://www.consumerreports.org`

Anhang B - Wachstum

232. *Galactic-Scale Energy*, Prof. of Physics Tom Murphy, 2011. Do the Math.
`http://physics.ucsd.edu/do-the-math/2011/07/galactic-sca`
`le-energy`

233. Erinnere dich an die Regel der 70, die Zahl der Jahre, um eine Menge zu verdoppeln bei einer fixen Wachstumsrate wurde abgeleitet durch den 100-fachen Logarithmus von 2. $100ln(2) = 69,3147181$. Um den Faktor 10 zu bekommen, rechnen wir $100ln(10) = 230,258509$. Jetzt nimm $230/100 = 2,3$. Daher ist 2,3% die Wachstumsrate, bei der wir eine Steigerung um den Faktor 10 alle 100 Jahre erleben.

234. *Energy Use pro capita*, 2012. Weltbank. Erforsche es interaktiv mit Google Public Data.
`http://goo.gl/olcMQ`

235. *Galactic-Scale Energy*, Prof. of Physics Tom Murphy, 2011. Do the Math.

http://physics.ucsd.edu/do-the-math/2011/07/galactic
-scale-energy/

236. *Can Economic Growth Last?*, Prof. Tom Murphy, 2011.
http://physics.ucsd.edu/do-the-math/2011/07/can-economi
c-growth-last

Literaturverzeichnis

[1] Achor, Shawn. The Happiness Advantage: The Seven Principles of Positive Psychology That Fuel Success and Performance at Work (2010), Crown Business. ISBN-10: 0307591549, ISBN-13: 978-0307591548

[2] Brown, Lester R. Plan B 4.0: Mobilizing to Save Civilization (2009). W. W. Norton & Company. ISBN: 978-0393071030. http://www.earth-policy.org/books/pb4

[3] Brynjolfsson, Erik and McAfee, Andrew. Race Against the Machi- ne: How the Digital Revolution is Accelerating Innovation, Driving Productivity, and Irreversibly Transforming Employment and the Eco- nomy (2012). Digital Frontier Press. ISBN-10: 0984725113, ISBN-13: 978-0984725113.

[4] Burkeman, Oliver. Help!: How to Become Slightly Happier and Get a Bit More Done (2011). Canongate Books Ltd. ISBN-10: 0857860267, ISBN-13: 978-0857860262.

[5] Cumberland, Richard. A Treatise of the Laws of Nature (2005). Indianapolis: Liberty Fund.

[6] Ford, Martin. The Lights in the Tunnel: Automation, Accelerating Tech- nology and the Economy of the Future, (2009). ISBN-10: 1448659817, ISBN-13: 978-1448659814.

[7] Frey, Bruno S. Happiness: A Revolution in Economics, (2008). The MIT Press. ISBN-10: 0262062771, ISBN-13: 978-0262062770.

[8] Gilbert, Dan. Stumbling on Happiness (2007), Vintage. ISBN-10: 1400077427, ISBN-13: 978-1400077427.

[9] Graham, Carol. Happiness Around the World: The Paradox of Happy Peasants and Miserable Millionaires, (2010). Oxford University Press, USA. ISBN-10: 0199549052, ISBN-13: 978-0199549054.

[10] Graham, Carol. The Pursuit of Happiness: An Economy of Well-Being Publisher, (2011). Brookings Institution Press. ISBN-10: 0815721277, ISBN-13: 978-0815721277.

[11] Locke, John. Essay Concerning Human Understanding, Vol. 2 (1690). http://www.gutenberg.org/ebooks/10616

[12] Lucas, Stephen E., Justifying America: The Declaration of Independence as a Rhetorical Document. American Rhetoric: Context and Criticism, Thomas W. Benson, ed. Carbondale: Southern Illinois Uni- versity Press. (1989).

[13] King, Martin Luther Jr. Remaining Awake Through a Great Revolution, sermon at the National Cathedral, 31 March 1968, published in A Testament of Hope: The Essential Writings and Speeches of Martin Luther King, Jr. (1990). HarperOne. ISBN-10: 0060646918, ISBN-13: 978-0060646912.

[14] Kurzweil, Ray. The Age of Spiritual Machines: When Computers Exceed Human Intelligence (1999). Viking Adult. ISBN 0-670-88217-8.

[15] Kurzweil, Ray. The Singularity Is Near: When Humans Transcend Biology (2005). Viking Adult. ISBN 978-0670033843.

[16] Pink, Daniel. Drive: The Surprising Truth About What Motivates Us (2009). Riverhead. ISBN-10: 1594488843, ISBN-13: 978-1594488849.

[17] Reich, Robert B. Aftershock: The Next Economy and America?s Future (2011). ISBN-10: 0307476332, ISBN-13: 978-0307476333.

[18] Rifkin, Jeremy. The End of Work: The Decline of the Global Labor Force and the Dawn of the Post-Market Era (1995). Putnam Publishing Group. ISBN 0-87477-779-8.

[19] Rifkin, Jeremy. The Empathic Civilization: The Race to Global Consciousness In a World In Crisis (2010). Jeremy P. Tarcher. ISBN 1-58542-765-9.

[20] Rifkin, Jeremy. The Third Industrial Revolution: How Lateral Power Is Transforming Energy, the Economy, and the World (2011). Palgrave Macmillan. ISBN 978-0-230-11521-7.

[21] Sapolsky, Robert M. Why Zebras Don?t Get Ulcers: An Updated Guide to Stress, Stress-Related Diseases, and Coping. (2006). The Norton Psychology Reader. Edited by Gary Marcus. New York: W. W. Norton & Company.

[22] Shirky, Clay. Here Comes Everybody: The Power of Organizing Without Organizations (2008). Penguin Group. ISBN 978-1594201530.

[23] Shirky, Clay. Cognitive Surplus: Creativity and Generosity in a Connected Age (2010). Penguin Group. ISBN 978-1594202537.